Frank E. Callies

750 Tests für die
Grundschule

Mathematik · Deutsch · Englisch

FRANZIS ... macht fit fürs Gymnasium

© 2009 Franzis Verlag GmbH, 85586 Poing

Alle Rechte vorbehalten, auch die der fotomechanischen Wiedergabe und der Speicherung in elektronischen Medien. Das Erstellen und Verbreiten von Kopien auf Papier, auf Datenträgern oder im Internet, insbesondere als PDF, ist nur mit ausdrücklicher Genehmigung des Verlags gestattet und wird widrigenfalls strafrechtlich verfolgt.

Die meisten Produktbezeichnungen von Hard- und Software sowie Firmennamen und Firmenlogos, die in diesem Werk genannt werden, sind in der Regel gleichzeitig auch eingetragene Warenzeichen und sollten als solche betrachtet werden. Der Verlag folgt bei den Produktbezeichnungen im Wesentlichen den Schreibweisen der Hersteller.

Bildnachweise Mathematik:
© 2008 soft.art GmbH, Gummersbach, Deutschland
© 2008 JupiterImages Corporation: Fotos und Abbildungen bei den folgenden Tests 1, 15, 18, 30, 37, 61, 100, 121, 154, 170, 171, 172, 177, 178, 179, 187, 212, 258, 259, 265

Bildnachweise Deutsch:
© 2008 soft.art GmbH, Gummersbach, Deutschland
© 2008 JupiterImages Corporation: Fotos und Abbildungen bei den folgenden Tests 23, 29, 36, 42, 44, 47, 50, 52, 54, 57, 59, 63, 67, 69, 74, 80, 85, 86, 88, 93, 105, 108, 113, 116, 120, 122, 126, 129, 143, 144, 145 , 146, 151, 159,161, 163, 164, 165, 168, 183, 184, 236, 237, 253, 254

Bildnachweise Englisch:
© 2008 soft.art GmbH, Gummersbach, Deutschland
© 2008 JupiterImages Corporation: Fotos und Abbildungen bei den folgenden Tests 4, 17, 20, 26, 30, 33, 36, 37, 38 , 39, 46, 52, 71, 74, 75, 84, 85, 86, 102, 103, 104, 109, 114, 118, 119, 121, 122, 123,124 ,126, 133, 141, 142, 146, 149, 150, 151, 152, 153, 156, 157, 158, 159, 163, 164, 165, 166, 167, 168, 169, 170, 171, 172, 173, 176,177, 178, 182, 184, 185, 186, 187, 188, 189, 191, 193, 194, 195, 196, 199, 200, 203, 208, 209, 210, 211, 212, 213, 214, 215, 216, 217, 218, 219, 220, 229, 233, 234, 235, 236, 237, 238, 239, 240, 243, 244, 247, 248, 249, 250, 251, 252, 253

Satz: DTP-Satz A. Kugge, München
art & design: www.ideehoch2.de
Druck: NOVATISK a.s. Letovice
Printed in Czech Republic

Frank E. Callies

250 Tests 1.- 4. Klasse

Mathematik

Zahlen und Mengen
Addition und Subtraktion
Multiplikation und Division
Geometrie

FRANZIS ... macht fit fürs Gymnasium

Hinweis

Alle Angaben in diesem Buch wurden vom Autor mit größter Sorgfalt erarbeitet bzw. zusammengestellt und unter Einschaltung wirksamer Kontrollmaßnahmen reproduziert. Trotzdem sind Fehler nicht ganz auszuschließen. Der Verlag und der Autor sehen sich deshalb gezwungen, darauf hinzuweisen, dass sie weder eine Garantie noch die juristische Verantwortung oder irgendeine Haftung für Folgen, die auf fehlerhafte Angaben zurückgehen, übernehmen können. Für die Mitteilung etwaiger Fehler sind Verlag und Autor jederzeit dankbar.

Internetadressen oder Versionsnummern stellen den bei Redaktionsschluss verfügbaren Informationsstand dar. Verlag und Autor übernehmen keinerlei Verantwortung oder Haftung für Veränderungen, die sich aus nicht von ihnen zu vertretenden Umständen ergeben. Evtl. beigefügte oder zum Download angebotene Dateien und Informationen dienen ausschließlich der nicht gewerblichen Nutzung. Eine gewerbliche Nutzung ist nur mit Zustimmung des Lizenzinhabers möglich.

Bildnachweise:
© 2008 soft.art GmbH, Gummersbach, Deutschland
© 2008 JupiterImages Corporation: Fotos und Abbildungen bei den folgenden Tests 1, 15, 18, 30, 37, 61, 100, 121, 154, 170, 171, 172, 177, 178, 179, 187, 212, 258, 259, 265

Satz: DTP-Satz A. Kugge, München
art & design: www.ideehoch2.de
Druck: NOVATISK a.s. Letovice
Printed in Czech Republic

Inhaltsverzeichnis

Vorwort

Liebe Eltern,

Lernen kann und soll Spaß machen. Der Lerneffekt ist erwiesenermaßen deutlich größer, wenn Lernstoff spielerisch und abwechslungsreich vermittelt wird.
Aus diesem Grund finden Sie in dem vorliegenden Buch eine große Zahl unterschiedlicher Tests und Übungen, mit denen das Grundschulwissen im Fach Mathematik spielerisch eingeübt werden kann.

Die einzelnen Übungen sind jeweils einzelnen Schuljahren zugeordnet. Die Zuordnung erkennen Sie an den Ziffern am rechten Seitenrand. Die Zuordnungen stellen einen Richtwert dar. Natürlich können Sie mit Ihren Kindern die Übungseinheiten in der für Ihr Kind idealen Reihenfolge bearbeiten. Die Übungen für die Schuljahre 1 und 2 sollten in jedem Fall auch von Schülerinnen und Schülern der Schuljahre 3 und 4 regelmäßig wiederholt werden.

Zum Lernen und Üben in der Grundschule noch ein wichtiger Hinweis:
Wir leben in einer Zeit, in der die schulischen Leistungen bereits in der Grundschule wesentlichen Einfluss auf die spätere Schullaufbahn und die Karriere haben. Aus diesem Grund ist es verständlich, wenn Eltern ihren Kindern durch zusätzliches Üben zu Hause bessere Startchancen ermöglichen möchten.
Wichtig ist dabei allerdings, dass Sie Ihr Kind nicht überfordern. Versuchen Sie beim gemeinsamen Üben, Spaß zu haben. Ermutigen Sie Ihr Kind, statt schlechte Leistungen zu kritisieren. Betonen Sie Lernfortschritte und erarbeiten Sie neues Wissen gemeinsam mit Ihrem Kind.

Die Fehlerliste:
Beim Üben mit Ihrem Kind oder bei der Auswertung von Klassenarbeiten werden Sie feststellen, dass sich bestimmte Fehler ständig wiederholen. In der Regel ist es sogar so, dass eine kleine, überschaubare Menge von Problemen und Regeln für die allermeisten Fehler eines Kindes verantwortlich ist.
Nutzen Sie dieses Wissen und legen Sie gemeinsam mit Ihrem Kind eine Liste schwieriger Aufgabentypen und Regeln an.
Bearbeiten und wiederholen Sie diese Liste jedes Mal, wenn Sie mit Ihrem Kind üben, und auch vor jeder Klassenarbeit.
Sie werden überrascht sein, welchen Erfolg diese kleine Übung haben wird.

Test 1: Zahlen suchen

Hier ist einiges durcheinandergeraten. Finde alle Zahlen und kreise sie ein.

Test 2: Formen Dreiecke

Male alle **Dreiecke** blau aus.

Test 3: Formen Kreise

Male alle **Kreise** rot aus.

Test 4: Formen Rechtecke

Male alle **Rechtecke** grün aus.

Test 5: Formen Vielecke

Male alle **Vielecke** grün aus.

Test 6: Noch mehr Zahlen

Zeichne die Zahlen nach.

0 1 2 3 4 5 6 7 8 9

Test 7: Malen nach Zahlen

Finde die versteckten Zahlen und male sie bunt an.

Test 8: Addition / Subtraktion bis 10

			=					=					=	
2	+	2	=			7	–	6	=			8	+	2	=	
8	+	1	=			5	+	1	=			9	+	1	=	
4	+	5	=			6	–	5	=			9	–	8	=	
1	+	3	=			10	–	2	=			2	–	1	=	
8	–	7	=			2	+	4	=			10	–	3	=	
5	+	5	=			4	–	2	=			7	–	3	=	
4	–	1	=			2	+	5	=			8	–	6	=	
7	+	2	=			10	–	1	=			3	–	1	=	

Test 9: Mengenlehre

Wie viele Elemente befinden sich in den Mengen? Zähle nach und schreibe die Zahl auf.

Test 10: Mengenlehre

Zeichne die Anzahl von Gegenständen in die Mengen ein:

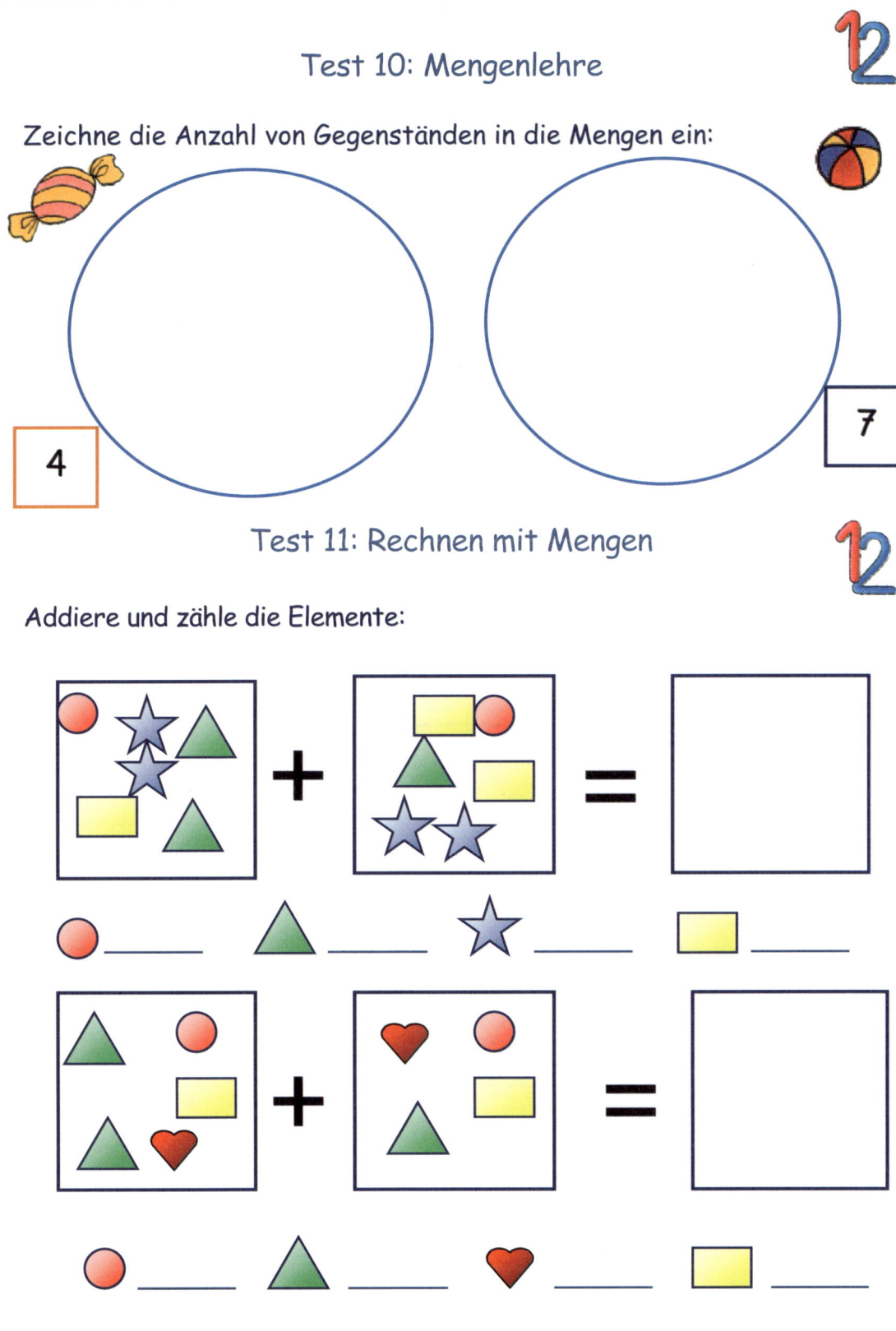

Test 11: Rechnen mit Mengen

Addiere und zähle die Elemente:

Test 12: Rechnen mit Mengen

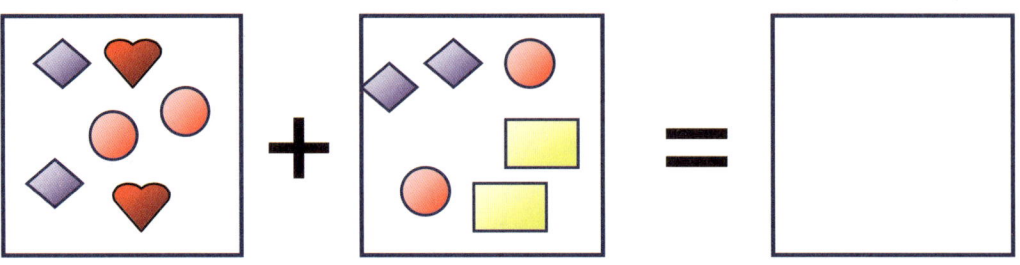

Test 13: Logikrätsel

Wie werden die Reihen fortgesetzt? Male selbst das nächste Zeichen.

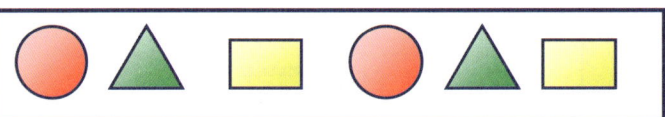 

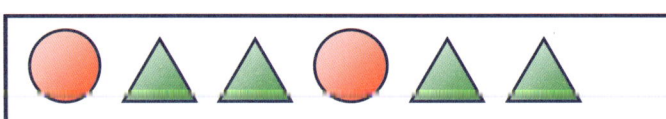 

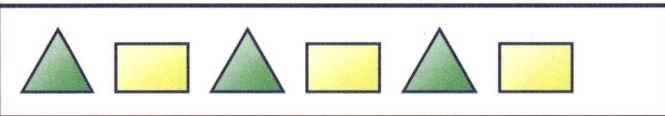

Test 14: Zählen und zuordnen

Zähle und verbinde die richtige Anzahl mit den Bildern.

| 1 | 2 | 3 | 4 | 5 |

Test 15: Zählen und zuordnen

Zähle und verbinde die richtige Anzahl mit den Bildern.

| 6 | 7 | 8 | 9 | 10 |

Test 16: Zählen

Zähle und trage die Anzahl in die Kästchen ein.

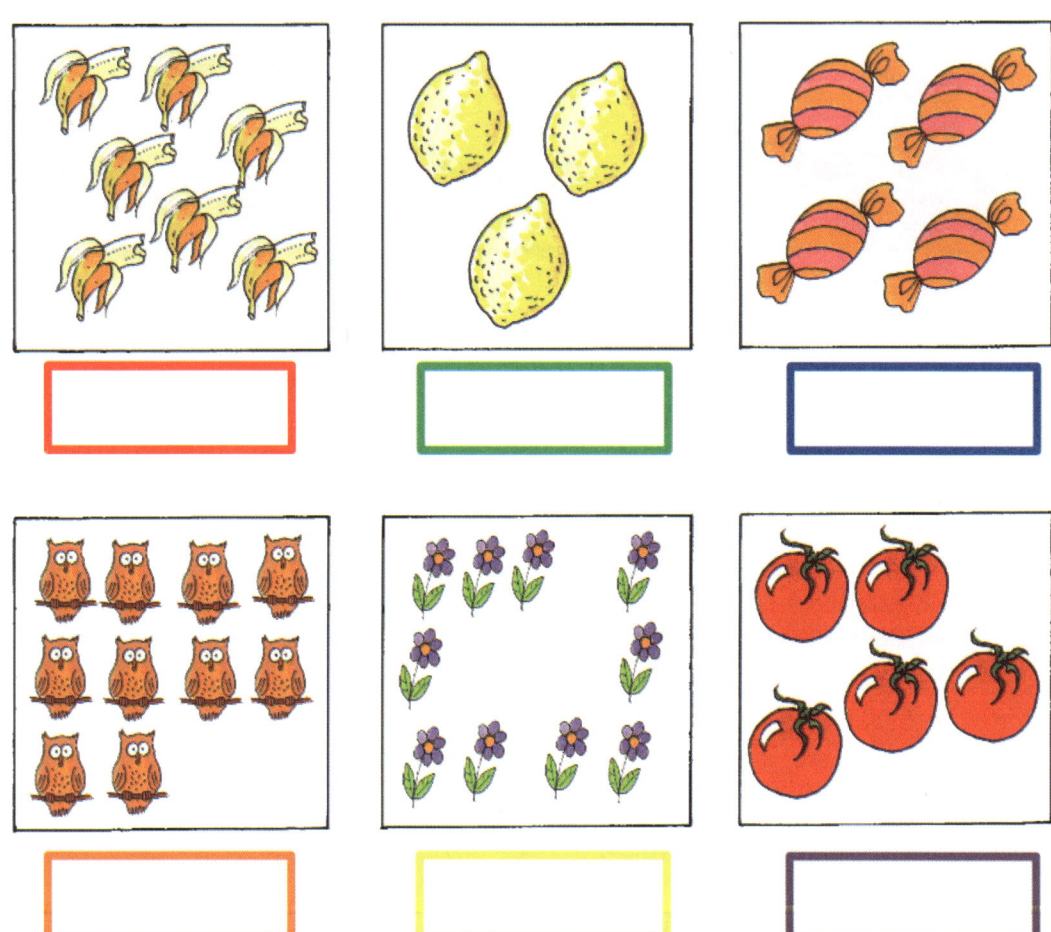

Test 17: Zahlenreihen

12

Fülle die fehlenden Zahlen aus.

0			3		5		7	8	
	1			4		6			9
	2	3					7	8	
	1			4	5	6			

Test 18: Nachbarzahlen

12

Aufgabe: Finde die Nachbarzahlen und trage sie in die Häuschen ein.

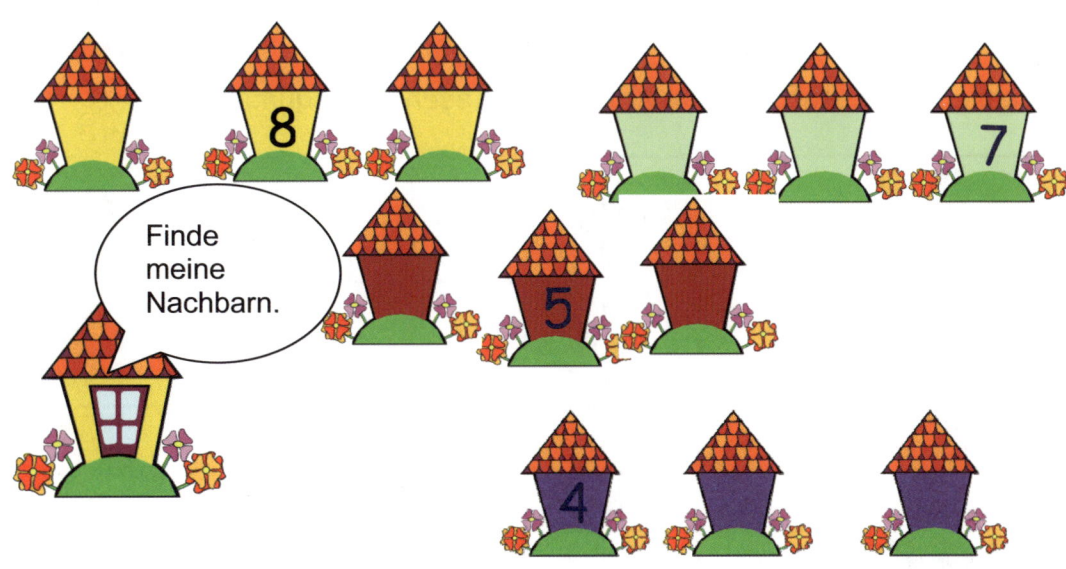

Test 19: Zahlenreihen

Ergänze die Zahlenreihen:

2					
	6				
		4			
				8	
				9	
3					
			5		
1					

Test 20: Zahlen zerlegen

Schreibe die Aufgaben in Zahlen zu diesen Zerlegungen.

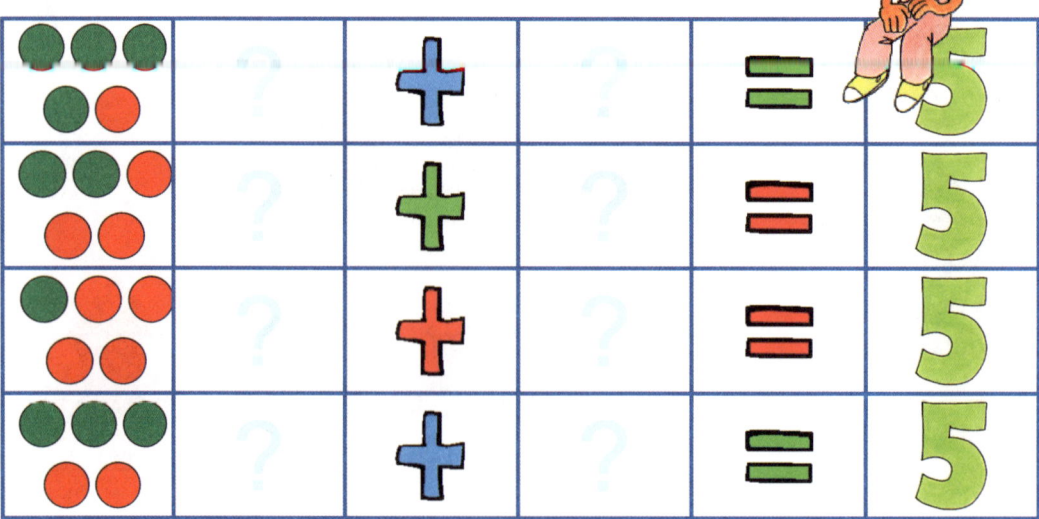

Test 21: Zahlen zerlegen

Male hier die Zerlegungen, die den Aufgaben entsprechen.

⬤⬤⬤ ⬤⬤⬤	3	✚	3	═	6
⬤⬤⬤ ⬤⬤⬤	2	✚	4	═	6
⬤⬤⬤ ⬤⬤⬤	1	✚	5	═	6
⬤⬤⬤ ⬤⬤⬤	4	✚	2	═	6

Test 22: Addition mit Pinguinen

Löse diese Aufgaben. Schreibe die richtige Anzahl der Pinguine in das letzte Feld.

🐧🐧🐧	✚	🐧	═	4
🐧🐧	✚	🐧🐧	═	
🐧	✚	🐧	═	
🐧🐧🐧🐧	✚	🐧	═	

Test 23: Zahlenhäuser

Fülle diese Zahlenhäuser aus.

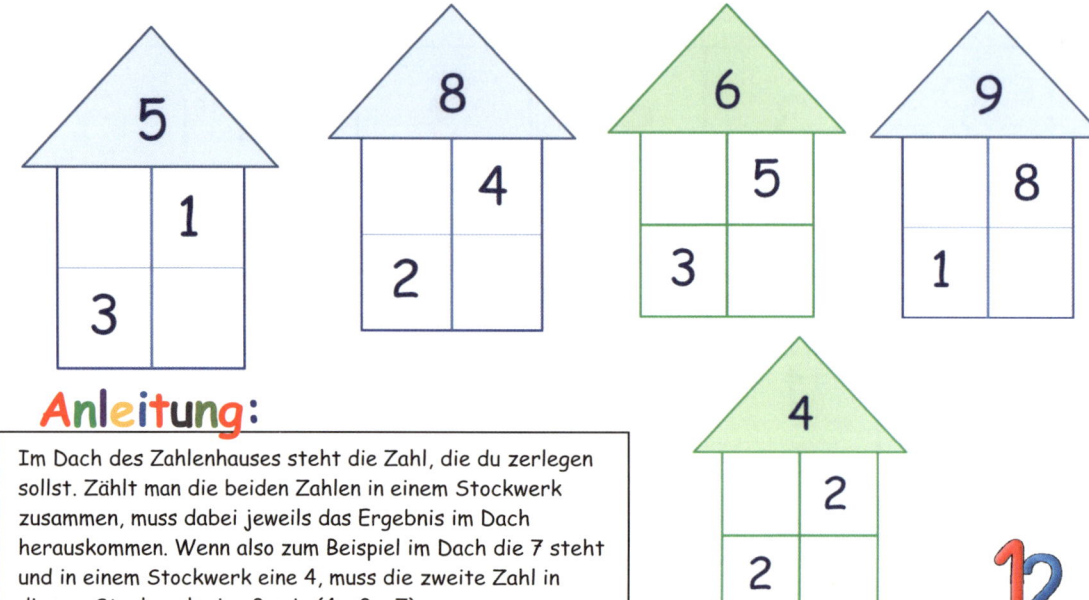

Anleitung:

Im Dach des Zahlenhauses steht die Zahl, die du zerlegen sollst. Zählt man die beiden Zahlen in einem Stockwerk zusammen, muss dabei jeweils das Ergebnis im Dach herauskommen. Wenn also zum Beispiel im Dach die 7 steht und in einem Stockwerk eine 4, muss die zweite Zahl in diesem Stockwerk eine 3 sein (4 + 3 = 7).

Test 24: Addition mit Kindern

Zähle hier die Kinder und schreibe die richtige Zahl in das leere Feld.

Test 25: Addition

Rechne aus:

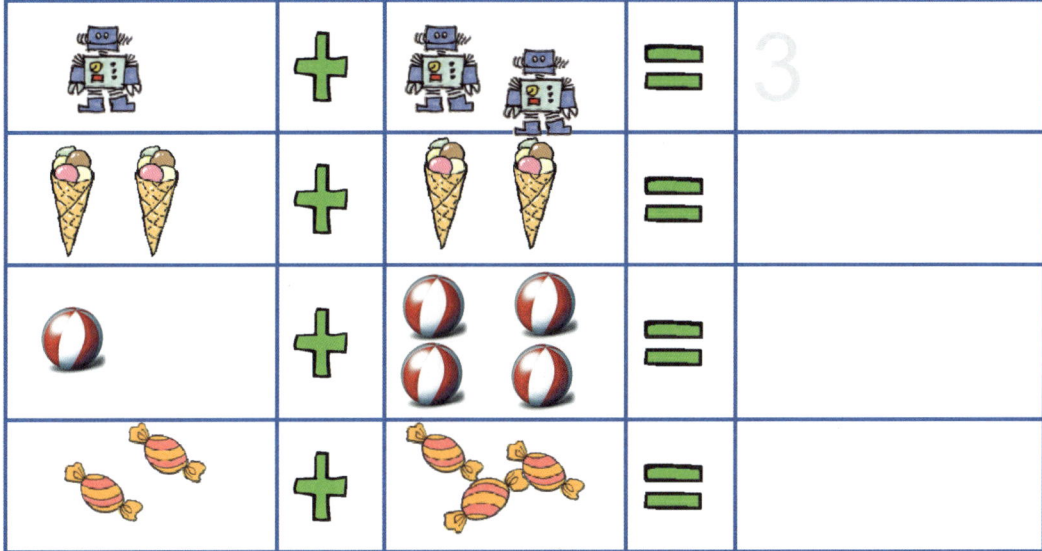

Test 26: Was fehlt?

Finde heraus, was fehlt:

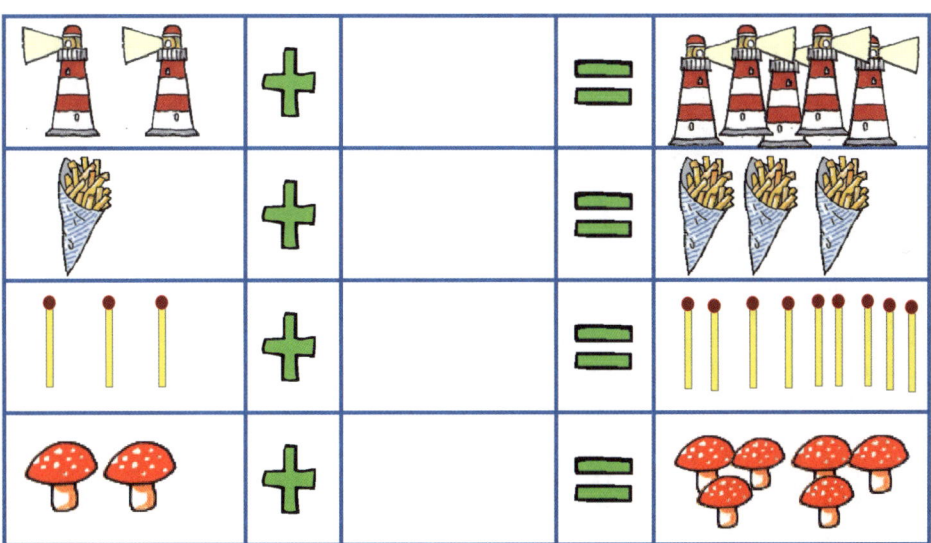

Test 27: Malen nach Zahlen

Rechne die Aufgaben aus und male den Papagei den Ergebnissen entsprechend bunt an.

9	7
8	10

Test 28: Malen nach Zahlen

Rechne die Aufgaben aus und male die Ente den Ergebnissen entsprechend bunt an.

Test 29: Noch mehr Additionen

Wie lautet diese Rechenaufgabe? Schreibe die Zahlen auf und löse die Aufgabe:

🥮🥮🥮		🥮🥮🥮	⚌	
3	+	3	=	6
🍓🍓🍓🍓🍓🍓	✚	🍓🍓	⚌	
▮▮▮▮▮	✚	▮▮	⚌	

Test 30: Noch mehr Additionen

	✚	🎃🎃🎃	⚌	🎃🎃🎃🎃🎃
🌼🌼🌼	✚		⚌	🌼🌼🌼🌼🌼🌼🌼🌼
	✚	🌭🌭🌭	⚌	🌭🌭🌭🌭🌭🌭🌭🌭🌭

Test 31: Einfache Addition

Beginnen wir mit einigen ganz einfachen Additionsaufgaben.

1 + 3 =    2 + 7 =

3 + 5 =    4 + 3 =

2 + 6 =   2 + 5 =

Test 32: Einfache Addition

Additionsaufgaben kann man übrigens ganz einfach umdrehen. Das Ergebnis bleibt dabei das gleiche.

7 + 3 =   3 +   = 10

6 + 2 =   2 ı   = 8

9 + 1 =   1 +   = 10

Tipp:

Addition bedeutet Zusammenzählen. Das Zeichen für Addition ist das Pluszeichen.

Test 33: Subtraktion

Löse diese Aufgaben. Schreibe die richtige Anzahl der Pinguine in das letzte Feld.

Test 34: Subtraktion

Was fehlt hier? Schreibe auf

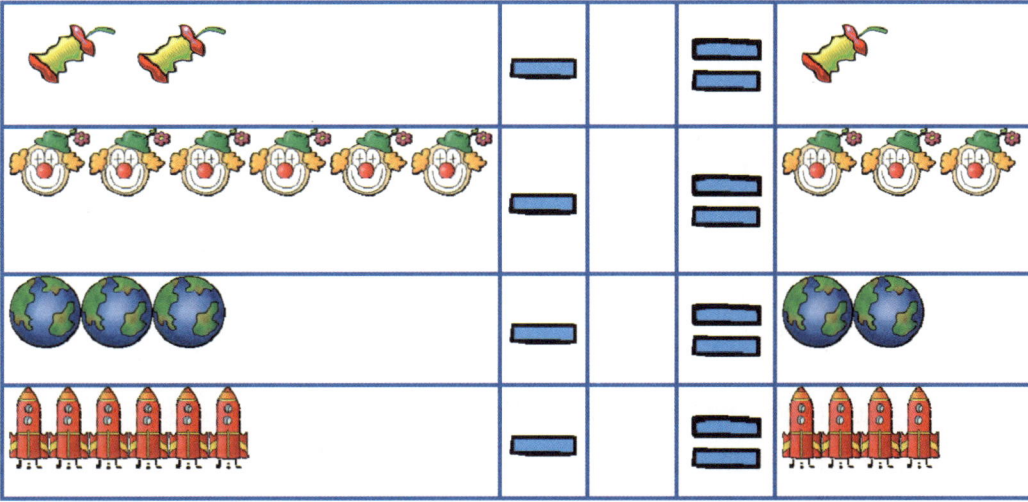

Test 35: Einfache Subtraktion

Löse die Aufgaben:

10 – 3 = ▢   5 – 2 = ▢

8 – 4 = ▢   9 – 3 = ▢

6 – 5 = ▢   3 – 1 = ▢

8 – 1 = ▢   2 – 1 = ▢

Test 36: Einfache Subtraktion

Achtung! Bei der Subtraktion kann man die Aufgaben nicht, wie bei der Addition, einfach umdrehen.

6 – 5 = ▢   9 – 8 = ▢

5 – 1 = ▢   8 – 4 = ▢

3 – 2 = ▢   5 – 3 = ▢

9 – 6 = ▢   4 – 1 = ▢

Tipp: Subtrahieren bedeutet Abziehen. Das Zeichen für Subtraktion ist das Minuszeichen. ▬

Test 37: Addition und Subtraktion

Löse diese
Aufgaben:

5 + 3 =   7 – 2 =
8 – 4 =   2 + 7 =
3 + 6 =   6 – 5 =
1 + 8 =   3 + 3 =
5 – 4 =   8 – 1 =

Test 38: Halbieren

Halbiere die Anzahl dieser Dinge. Nimm einen Stift und zeichne jeweils
die halbe Anzahl in die Kästchen. Schreibe die richtige Zahl in das
zweite Kästchen:

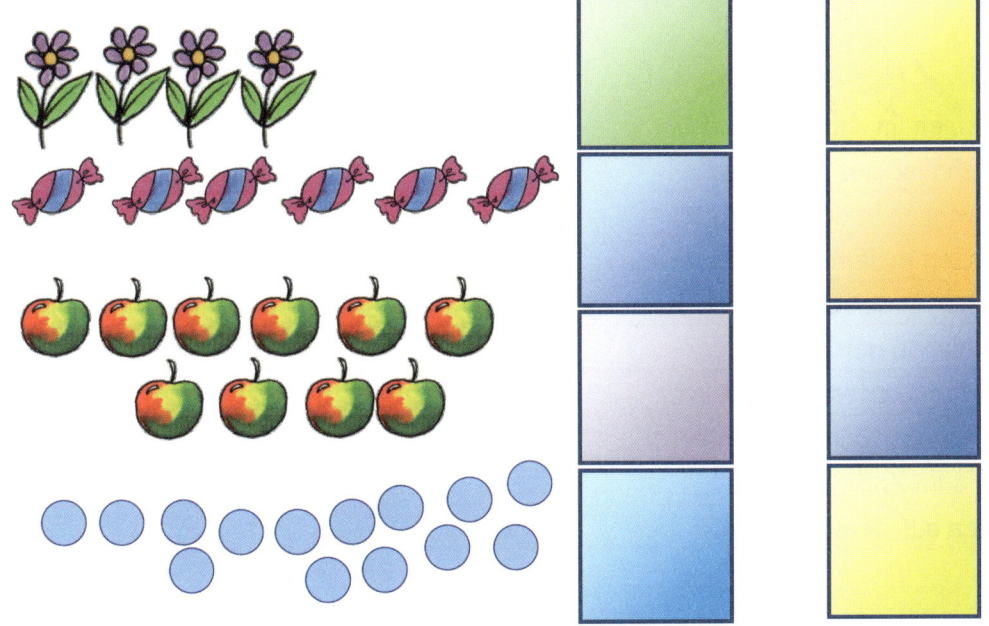

Test 39: Sachaufgaben

Denke gut nach und rechne aus:

Beim Fußball hat Jana in der ersten Halbzeit 2 Tore geschossen. Kurz vor Ende des Spiels schießt sie noch einmal 2 Tore. Wie viele Tore hat Jana im gesamten Spiel geschossen?

In einer Hausaufgabe soll Tim 12 Aufgaben rechnen. Nach der Hälfte macht er eine Pause. Wie viele Aufgaben muss Tim nach der Pause noch ausrechnen?

Frederik hat zum Geburtstag 5 Tafeln Schokolade bekommen. Er schenkt seinen beiden Geschwistern je eine Tafel. Wie viele hat er dann noch für sich?

Test 40: Schätzen

Schätze doch mal. Handelt es sich bei den Beispielen um mehr oder weniger als 100?

	mehr als 100	weniger als 100
Ameisen im Ameisenhaufen		
Grashalme auf der Wiese		
Einwohner in deiner Stadt		
Münzen in deinem Sparschwein		
Bücher in der Schulbibliothek		
Schüler in der Schule		
Spielzeugautos in der Kiste		
Socken der ganzen Familie		
Tiere im Zoo		
Enten auf dem Teich		

Test 41: Addition / Subtraktion bis 10

Trage die Ergebnisse in den äußeren Kreis ein.

Test 42: Addition / Subtraktion bis 10

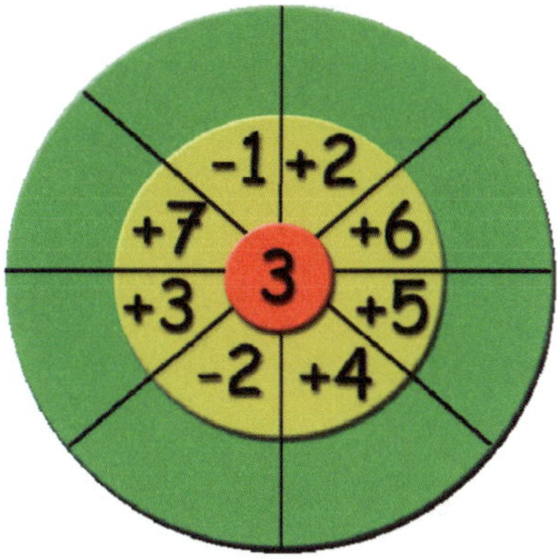

Test 43: Addition bis 20 ohne Zehnerüberschreitung

Rechne aus:

+	1	2	3	4	5
6					
7					
8					
9					

+	3	4	5	6	7
10					
11					
12					
13					

Test 44: Subtraktion bis 20 ohne Zehnerüberschreitung

Rechne aus:

−	1	2	3	4	5
10					
11					
12					
13					

−	6	7	8	9	10
14					
15					
16					
17					

Test 45: 5-Minuten-Aufgaben: Addition bis 20

8 + 5 =	4 + 8 =	2 + 9 =
7 + 7 =	6 + 5 =	9 + 9 =
6 + 9 =	9 + 5 =	6 + 7 =
8 + 7 =	9 + 7 =	6 + 6 =
5 + 7 =	8 + 3 =	3 + 9 =
6 + 4 =	3 + 7 =	1 + 8 =

 Test 46: 5-Minuten-Aufgaben: Gemischt bis 20

12	–	6	=		3	+	8	=		5	+	6	=	
11	–	3	=		12	–	8	=		9	+	6	=	
12	–	5	=		17	–	9	=		5	+	8	=	
14	–	7	=		6	+	7	=		14	–	6	=	
12	–	7	=		18	–	9	=		4	+	9	=	
18	–	6	=		19	+	0	=		17	+	1	=	

 Test 47: 5-Minuten-Aufgaben: Gemischt bis 20

18	+	2	=		3	+	4	=		13	+	6	=	
20	–	7	=		16	–	9	=		9	+	3	=	
9	+	8	=		17	–	8	=		7	+	9	=	
8	+	7	=		12	+	7	=		17	–	8	=	
14	+	5	=		11	–	6	=		4	+	4	=	
15	+	5	=		13	–	3	=		14	+	2	=	

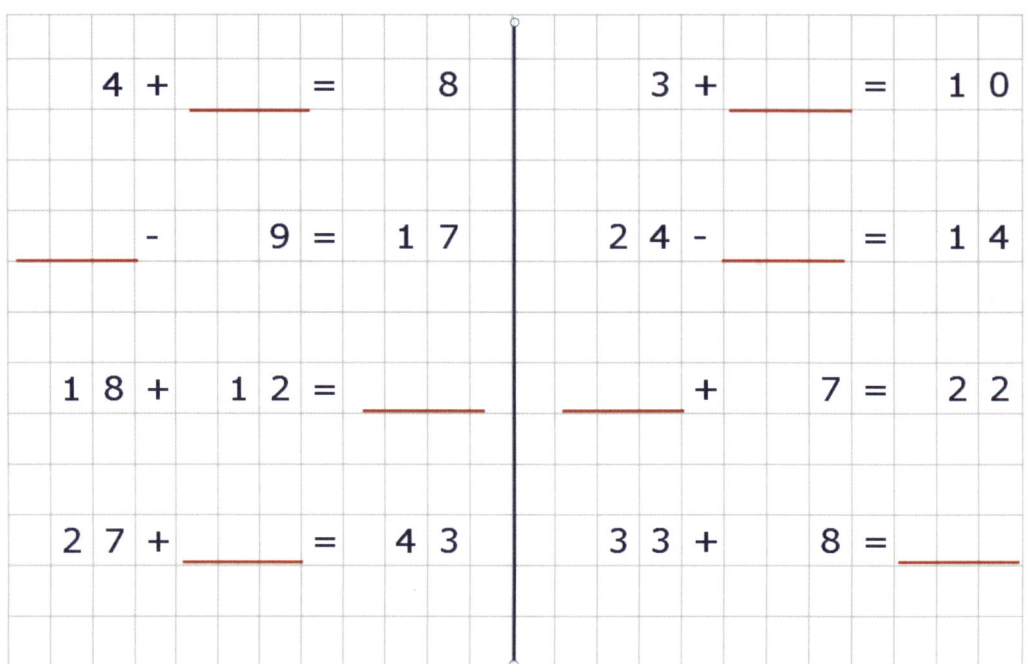

$4 + \underline{\hspace{2cm}} = 8$ $\quad$ $3 + \underline{\hspace{2cm}} = 1\ 0$

$\underline{\hspace{2cm}} - 9 = 1\ 7$ $\quad$ $2\ 4 - \underline{\hspace{2cm}} = 1\ 4$

$1\ 8 + 1\ 2 = \underline{\hspace{2cm}}$ $\quad$ $\underline{\hspace{2cm}} + 7 = 2\ 2$

$2\ 7 + \underline{\hspace{2cm}} = 4\ 3$ $\quad$ $3\ 3 + 8 = \underline{\hspace{2cm}}$

Test 49: Einfache Addition / Subtraktion

5	+		=	10	7	-	5	=	12	+	=	20
	-	1	=	7		+	3	=	19		+	3	=	11
4	+	4	=		9	+		=	10	3	+	4	=
3	-	1	=		17	-	6	=		-	6	=	11
14	+		=	19		-	5	=	3	5	+		=	9
18	-		=	10	13	-		=	10	9	-	3	=

Test 50: Addition bis 20 ohne Zehnerüberschreitung

19	+	1	=		4	+	5	=		18	+	2	=	
12	+	4	=		10	+	6	=		10	+	4	=	
14	+	1	=		1	+	4	=		18	+	1	=	
10	+	7	=		10	+	1	=		15	+	1	=	
6	+	12	=		7	+	1	=		16	+	2	=	
14	+	3	=		14	+	6	=		12	+	3	=	
17	+	3	=		17	+	2	=		15	+	4	=	
10	+	8	=		4	+	14	=		2	+	17	=	
3	+	1	=		2	+	6	=		18	+	2	=	
7	+	2	=		8	+	2	=		17	+	1	=	
1	+	9	=		1	+	9	=		12	+	6	=	

Test 51: Addition bis 20 mit Zehnerüberschreitung

5	+	6	=		5	+	8	=		2	+	9	=	
5	+	7	=		7	+	8	=		8	+	9	=	
5	+	9	=		4	+	7	=		7	+	7	=	
3	+	8	=		6	+	6	=		9	+	6	=	
6	+	7	=		3	+	9	=		7	+	8	=	
4	+	9	=		6	+	8	=		9	+	7	=	
8	+	8	=		9	+	9	=		4	+	5	=	
8	+	5	=		9	+	2	=		7	+	5	=	
9	+	8	=		7	+	4	=		5	+	9	=	
9	+	7	=		12	+	6	=		11	+	8	=	
8	+	8	=		13	+	7	=		6	+	11	=	

Test 52: Addition / Subtraktion bis 20
ohne Zehnerübergang

Rechne die Zahlenräder aus. Subtrahiere die Zahlen im zweiten Ring von der Zahl in der Mitte:

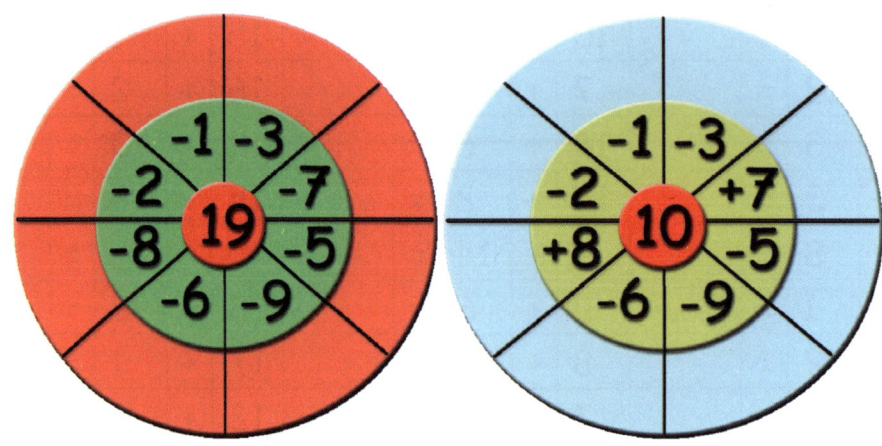

Test 53: Addition / Subtraktion bis 20
mit Zehnerübergang

Rechne aus:

14	-	6	=		13	-	6	=		14	-	9	=	
3	+	8	=		5	+	8	=		12	-	8	=	
17	-	9	=		5	+	7	=		7	+	8	=	
12	-	9	=		9	+	6	=		13	-	4	=	
4	+	8	=		4	+	7	=		11	-	2	=	
14	-	8	=		18	-	9	=		7	+	7	=	
3	+	9	=		16	-	9	=		12	-	5	=	
2	+	9	=		13	-	9	=		5	+	6	=	

Kreise immer 4 ein und zähle, wie viele Gruppen bei jeder Aufgabe entstehen. Schreibe die Zahl dann in die Aufgaben.

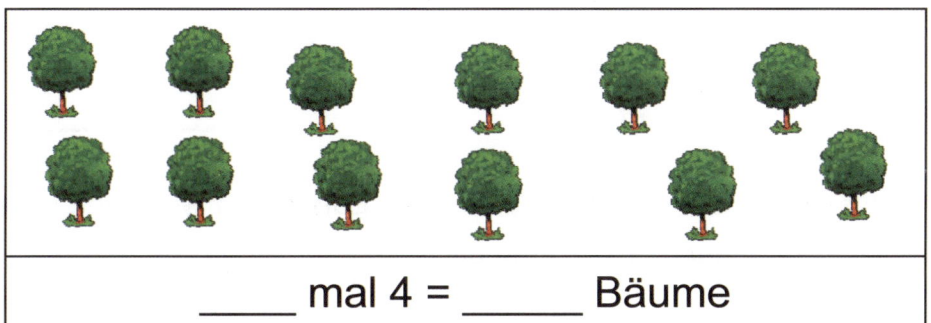

_____ mal 4 = _____ Bäume

_____ mal 4 = _____ Fische

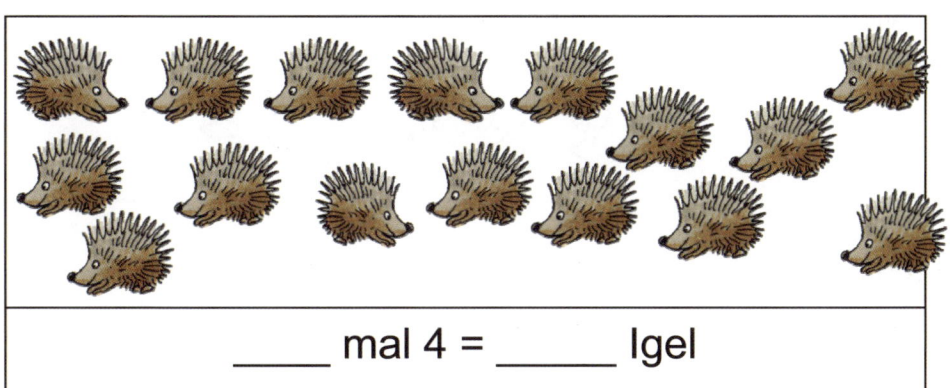

_____ mal 4 = _____ Igel

Test 55: Rechengeschichten

Rechne aus:

1) Anne hat 4 Katzen. Sie schenkt ihrer Freundin Antonia 1 Katze. Wie viele Katzen hat Anne noch?

_____

2) Auf einem Baum sitzen 3 Eulen. Eine Eule fliegt weg. Wie viele Eulen sitzen noch auf dem Baum?

_____

3) Tim hat fünf Flaschen Cola. Zwei davon trinkt er aus. Wie viele volle Flaschen hat er noch?

_____

4) Zum Frühstück gibt es 6 Eier. Drei Eier werden gegessen. Wie viele Eier gibt es dann noch?

_____

5) Im Zoo verteilt ein Pfleger 7 Bananen. Die Affen futtern ganz schnell 4 davon weg. Wie viele sind übrig?

Test 56: Malen nach Formen

Jeder Fläche ist eine geometrische Form zugeordnet, die eine bestimmte Farbe hat. Male das Bild aus:

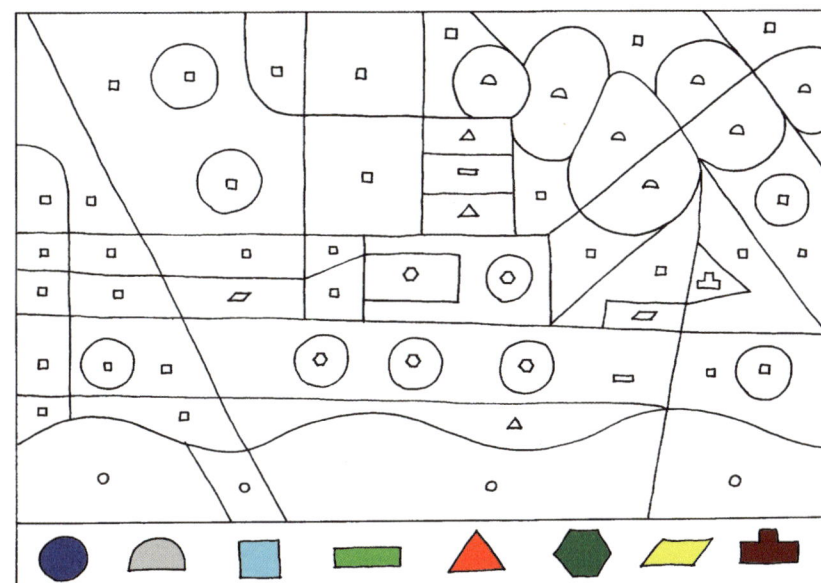

Test 57: Malen nach Formen

Im Straßenverkehr gibt es jede Menge Schilder. Manche haben eine runde Form, manche eine dreieckige oder eine achteckige Form. Welche Schilder fallen dir ein? Zeichne:

rund	dreieckig	achteckig

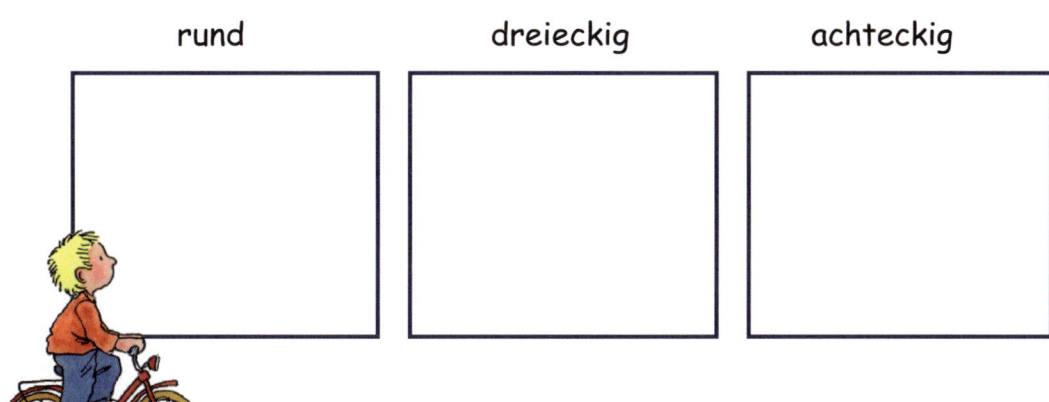

Test 58: Malen nach Formen

Finde im Bild die Formen, die rechts am Rand abgebildet sind.

Test 59: Labyrinth

Konzentrationsübung: Finde den Weg durch das Labyrinth.
Starte am grünen Punkt. Das Ziel ist der rote Punkt.

Test 60: Geometrische Formen zeichnen: „Rechteck"

Verbinde die Punkte, um ein Rechteck zu zeichnen.

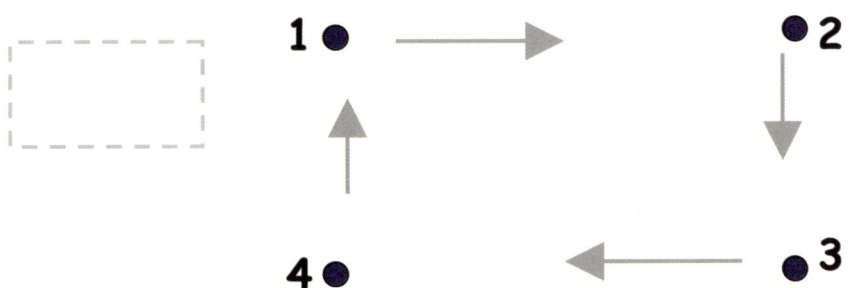

Test 61: Geometrische Formen zeichnen: „Dreieck"

Verbinde die Punkte, um ein Dreieck zu zeichnen.

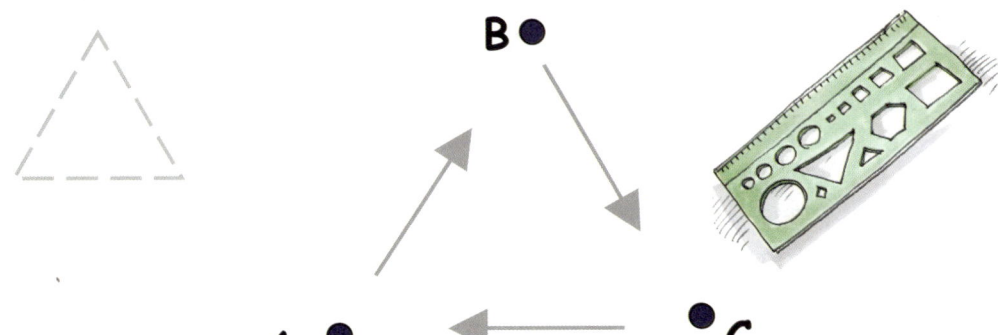

Test 62: Geometrische Formen zeichnen: „Quadrat"

Verbinde die Punkte, um ein Quadrat zu zeichnen.

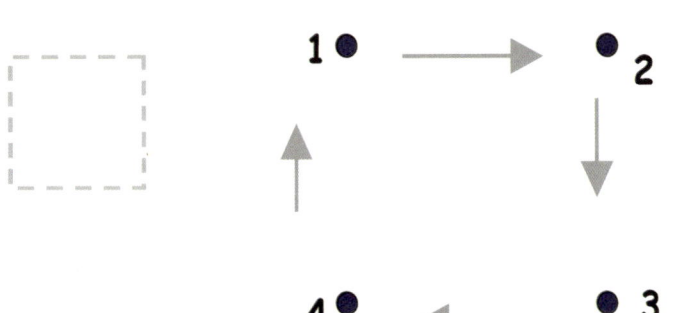

Test 63: Größer, kleiner oder gleich?

Trage jeweils das richtige Zeichen ein
(> größer als, < kleiner als, = gleich):

Test 64:. Größer, kleiner oder gleich?

Rechne aus, trage die fehlenden Zahlen in die Felder ein und vergleiche die beiden Seiten miteinander:

5	+	3	=	8	<	5	+	5	=	10
2	+	7	=				+	2	−	3
3	+		=	6		4	+		=	6
2	+		=	9		6	+		=	8
4	+	4	=			1	+	9	=	
	+	2	=	4			+	5	=	9
	+	8	=	9			+	1	=	10
5	+		=	9		6	+		=	10

Test 65: Doppelt gemoppelt

Verdoppele diese Zahlen:

Einfach	4	8	3	6	5	1	9
Doppelt							

Einfach	1	7	5	3	8	2	6
Doppelt							

Einfach	97	4	7	5	3	8	2
Doppelt							

Test 66: Verdoppeln

Male die doppelte Anzahl in die Kästchen.

Test 67: Malen nach Zahlen

Aufgabe: Verbinde die
Zahlen, beginnend mit 1,
der Reihenfolge nach.

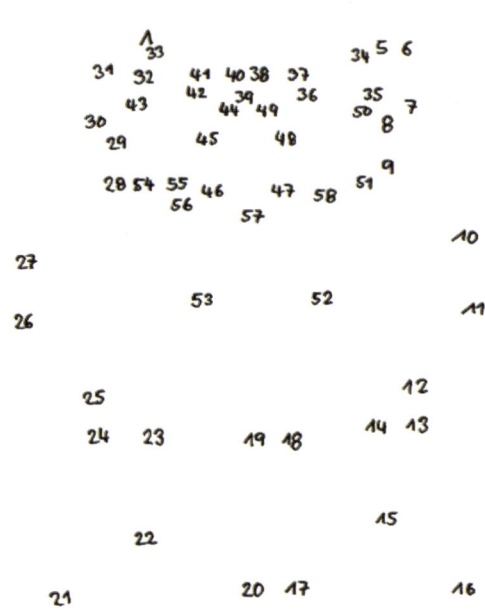

Test 68: Rechengeschichte

Verwandle diese Bilder in Rechenaufgaben:

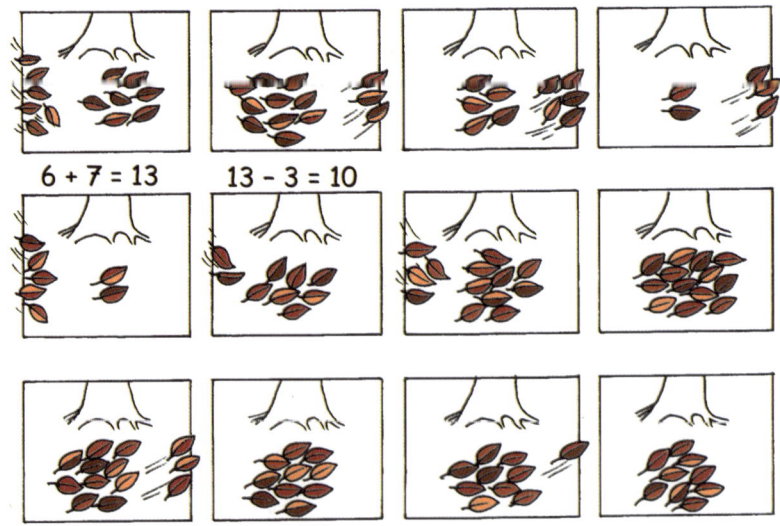

6 + 7 = 13   13 − 3 = 10

Test 69: Addition bis 30 mit Zehnerüberschreitung

Rechne aus:

+	10	11	12	13	14
1					
2					
3					
4					

+	15	16	17	18	19
5					
6					
7					
8					

Test 70: Uhrzeiten – volle Stunden

Zeichne die Zeiger so in die Uhren, dass sie die darunterstehende Uhrzeit anzeigen.

12:00

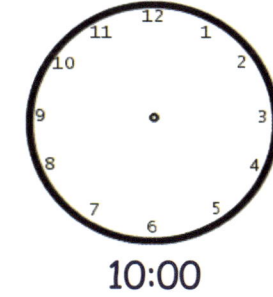

10:00

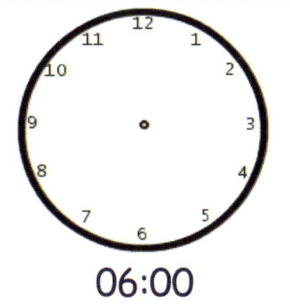

06:00

Test 71: Uhrzeiten – halbe Stunden

Zeichne die Zeiger so in die Uhren, dass sie die darunterstehende Uhrzeit anzeigen.

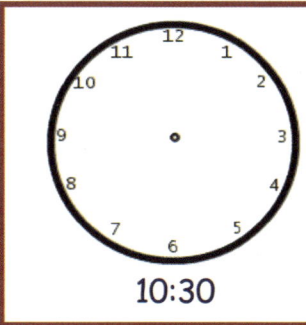

10:30

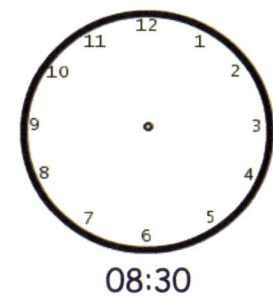

08:30

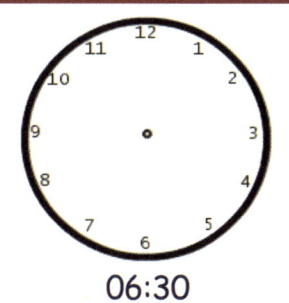

06:30

Test 72: Uhrzeiten – viertel Stunden

2

Zeichne die Zeiger so in die Uhren, dass sie die darunterstehende Uhrzeit anzeigen.

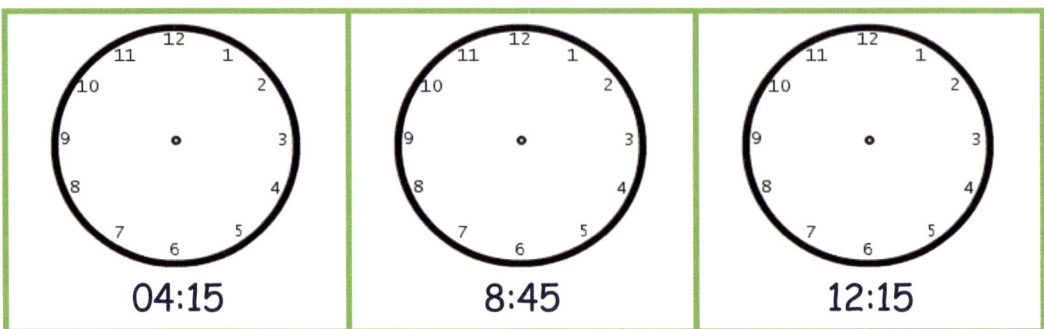

04:15   8:45   12:15

Test 73: Rechenpuzzle Multiplikation

2

Multipliziere die Zahlen an den Schnittstellen. Trage die Ergebnisse ein.

●	3	2	7	5	8
2					
6					
3					
5					
8					

●	5	9	6	8	3
7					
2					
1					
9					
8					

Rechne aus:

Sam ist ein niedlicher kleiner Hund. Am liebsten liegt er auf seinem Kissen und schläft. So lange hat Sam in der letzten Woche geschlafen:
Montag: 12 Stunden, Dienstag: 13 Stunden, Mittwoch: 11 Stunden, Donnerstag: 9 Stunden, Freitag: 14 Stunden, Samstag: 10 Stunden und Sonntag: 15 Stunden. Wie lange hat Sam in der letzten Woche insgesamt geschlafen?

Am Fahrradausflug der Schule nehmen 58 Schüler, 14 Lehrer und 8 Eltern teil. Mit wie vielen Teilnehmern startet der Ausflug?

Die Klasse zählt die Tiere im Schulgarten. Sie finden 12 Schmetterlinge, 4 Bienen, 3 Grashüpfer und 39 Ameisen. Wie viele Tiere werden insgesamt gezählt?

Die Abfahrt zum Schulausflug sollte um 12:00 Uhr mittags erfolgen. Leider hatte der Bus 2 Stunden Verspätung. Wie spät fuhr der Bus los?

Frederike hat schon 33 Songs ihrer Lieblingsband gesammelt. Zum Geburtstag bekommt sie eine CD mit weiteren 24 Songs. Wie viele Songs kann sich Frederike jetzt insgesamt anhören?

1) In der Klasse sind 10 Jungen und 20 Mädchen. Im neuen Schuljahr kommen 10 Jungen dazu.
Rechnung:
Wie viele Kinder sind jetzt insgesamt in der Klasse? Wie viele davon sind Mädchen?

2) Anne hat 40 Murmeln. Sie verschenkt einige an ihre beste Freundin. Danach hat Anne noch 30 Murmeln.

Rechnung: Wie viele Murmeln hat Anne ihrer Freundin geschenkt?

3) Auf dem Kilometerzähler an Dominiks Fahrrad stehen 80 Kilometer. Er macht mit seinem Vater eine Fahrradtour. Sie fahren 10 Kilometer weit.

Rechnung: Wie viele Kilometer stehen jetzt auf Dominiks Kilometerzähler?

Expertenaufgabe:

4) In Wiebkes Aquarium schwimmen 60 Fische. Ein Raubfisch frisst einige Fische auf. Danach sind noch 30 Fische im Aquarium.
Rechnung: Wie viele Fische hat der Raubfisch gefressen?

Test 76: Der Zahlenstrahl

Zeichne die Zahlen 20, 45, 62 und 79 im Zahlenstrahl ein.

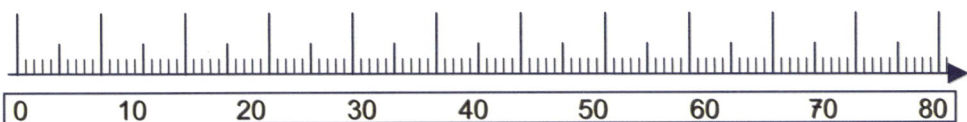

Zeichne die Zahlen 5, 25, 41 und 66 im Zahlenstrahl ein.

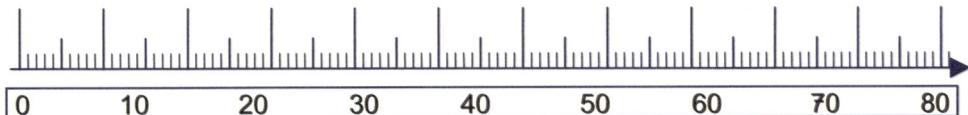

Test 77: Sachaufgaben

Löse diese Sachaufgaben.

Deine Schwester und du habt von eurer Tante eine Tüte Bonbons geschenkt bekommen. Von den 10 Bonbons habt ihr schon 6 aufgegessen. Wie viele Bonbons sind noch in der Tüte?

Im Auto gibt es insgesamt 5 Sitzplätze. Du willst mit deinen Eltern, deiner Schwester und deiner Freundin einen Ausflug machen. Wie viele Sitzplätze sind noch im Auto übrig?

Mit deinem Freund machst du einen Kinderflohmarkt. 2 Euro habt ihr schon eingenommen. Jetzt kauft ein Kind ein Spielzeugauto für 3 Euro. Wie viel Euro habt ihr nun insgesamt?

Test 78: Gleich und Gleich gesellt sich gern

Jeweils 2 Kärtchen haben das gleiche Ergebnis.
Verbinde sie.

Test 79: Addition

Wie lauten die Ergebnisse der Aufgaben?

3	+	9	=		8	+	8	=	
6	+	5	=		2	+	10	=	
13	+	2	=		14	+	13	=	
9	+	6	=		11	+	1	=	
6	+	10	=		7	+	4	=	
4	+	13	=		9	+	3	=	

Test 80: Malen nach Zahlen

Rechne und male die Felder dann mit den richtigen Farben aus.

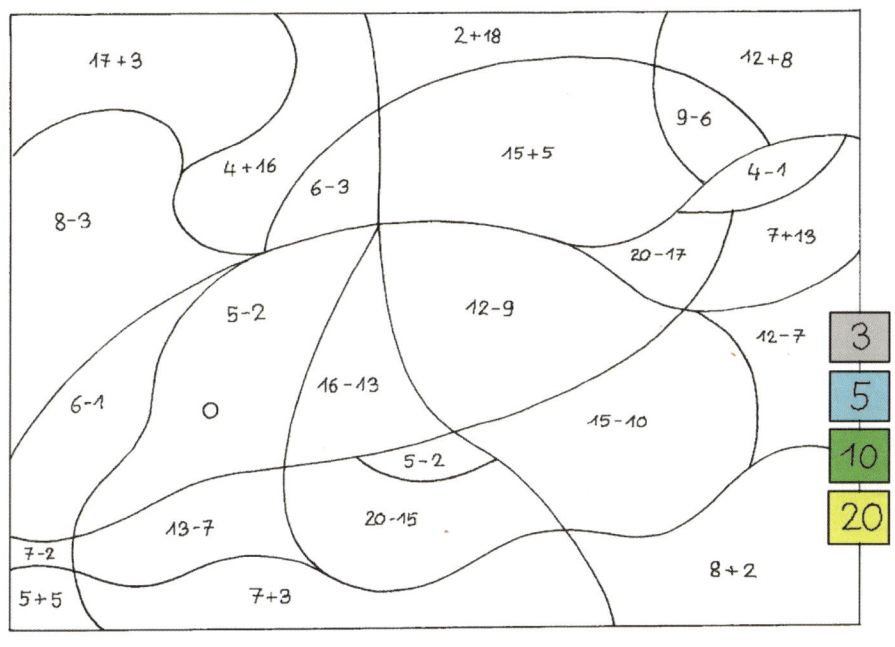

Test 81: Subtraktion

Rechne diese Minusaufgaben aus. Trage die Ergebnisse ein.

17 – 4	=	
18 – 10	=	
11 – 8	=	
19 – 9	=	
12 – 8	=	
11 – 9	=	
14 – 7	=	

12 – 3	=	
20 – 5	=	
9 – 8	=	
20 – 8	=	
13 – 7	=	
19 – 10	=	
17 – 8	=	

Test 82: Kettenaufgaben Addition (2/3)

Rechne die Kettenaufgaben aus und trage das Ergebnis ein:

3 + 7 + 9 =		13 + 2 + 4 =	
5 + 11 + 2 =		14 + 2 + 2 =	
11 + 7 + 1 =		9 + 5 + 4 =	
2 + 2 + 2 =		12 + 4 + 4 =	
10 + 2 + 4 =		7 + 3 + 8 =	
14 + 1 + 1 =		3 + 12 + 2 =	
17 + 1 + 2 =		16 + 2 + 2 =	

Test 83: Kettenaufgaben Subtraktion

Rechne die Kettenaufgaben aus und trage das Ergebnis ein:

12 − 5 − 3 =		15 − 6 − 3 =	
20 − 6 − 9 =		13 − 3 − 3 =	
8 − 1 − 5 =		20 − 13 − 5 =	
17 − 12 − 2 =		14 − 9 − 4 =	
17 − 7 − 5 =		11 − 1 − 1 =	
16 − 4 − 4 =		19 − 4 − 2 =	
20 − 13 − 3 =		20 − 9 − 9 =	

Test 84: Kettenaufgaben Addition / Subtraktion

Rechne aus:

8 – 2 + 6 =	11 + 1 – 6 =	
4 + 9 – 6 =	14 + 1 – 5 =	
10 – 7 + 1 =	3 + 8 – 5 =	
10 + 1 – 5 =	13 – 1 + 6 =	
12 – 5 + 2 =	6 + 4 – 7 =	
5 + 8 – 4 =	4 + 11 – 12 =	

Test 85: Kettenaufgaben Addition / Subtraktion

Wie viele Schüler sind in der Klasse?

Beim Klingeln sind 15 Kinder in der Klasse, 10 Minuten später kommen 6 Kinder hinzu, der Bus hatte Verspätung. Die Lehrerin schickt zwei Kinder zum Büro, um eine Landkarte zu holen. Wie viele Kinder sind jetzt in der Klasse?

Test 86: Multiplikation (Malnehmen)

Löse diese Aufgaben.

3 · 4 = □   2 · 2 = □   4 · 1 = □

2 · 3 = □   2 · 4 = □   4 · 2 = □

5 · 3 = □   4 · 4 = □   6 · 3 = □

4 · 5 = □   3 · 6 = □   2 · 9 = □

7 · 2 = □   3 · 5 = □   6 · 2 = □

Test 87: Aufgaben vergleichen < >

Trage die richtigen Zeichen für größer, kleiner oder gleich ein.

5 · 2 4 · 5   9 3·3

4 · 4 3 · 5   5 2·2

3 · 6 4 · 5   17 2·9

2 · 8 4 · 4   12 4·3

Tipp:

Auch beim Multiplizieren können die beiden Zahlen, die multipliziert werden, vertauscht werden, ohne dass sich das Ergebnis ändert.

Test 88: In der Fabrik

Ein Gabelstapler kann immer 2 Kisten gleichzeitig transportieren. Rechne aus, wie oft der Stapler fahren muss, um alle Kisten abzutransportieren.

8	Kisten:	Mal	16	Kisten:	Mal
20	Kisten:	Mal	18	Kisten:	Mal
12	Kisten:	Mal	14	Kisten:	Mal
6	Kisten:	Mal	10	Kisten:	Mal
4	Kisten:	Mal	22	Kisten:	Mal

Test 89: Kistentransport

Auf diesen Lastwagen passen immer 3 Kisten.
Wie oft muss der Wagen fahren,
um alle Kisten zu transportieren?

9	Kisten:	Mal	18	Kisten:	Mal
15	Kisten:	Mal	21	Kisten:	Mal
6	Kisten:	Mal	24	Kisten:	Mal
12	Kisten:	Mal	30	Kisten:	Mal
3	Kisten:	Mal	27	Kisten:	Mal

Test 90: Rechenpyramiden

Dies sind Rechenpyramiden. Zerlege die an der Spitze stehende Zahl. Trage die beiden Zahlen in der zweiten Reihe ein. Bilde in der Reihe darunter zwei unterschiedliche Plusaufgaben, die die Zahlen in der zweiten Reihe ergeben. Wenn es darunter noch eine Reihe gibt, mache es dort genauso.

Test 91: Halbieren

Trage jeweils die Hälfte ein:

Zahl	10	4	8	2	6	12
halbiert						

Zahl	20	16	22	14	18	24
halbiert						

Zahl	30	28	36	40	34	26
halbiert						

Test 92: Kettenaufgaben

Fülle die Kästchen mit der richtigen Lösung aus.

10+10+10	=	3	•	10
4+4+4+4+4	=		•	
8+8+8+8+8+8+8	=		•	
3+3+3+3+3+3+3+3	=		•	
5+5+5+5+5+5	=		•	
7+7+7+7+7+7+7+7+7+7	=		•	
9+9+9+9+9+9+9+9+9	=		•	
1+1+1+1+1+1+1	=		•	

Test 93: Rechenpyramiden

Rechenpyramiden: Rechne und ergänze die fehlenden Zahlen:

Test 94: Malen nach Zahlen

Aufgabe: Jede Rechenaufgabe in diesem Bild steht für eine Farbe. Rechne und male das Bild aus. Das x steht für ein Malzeichen. Hier sollst du also addieren und multiplizieren.

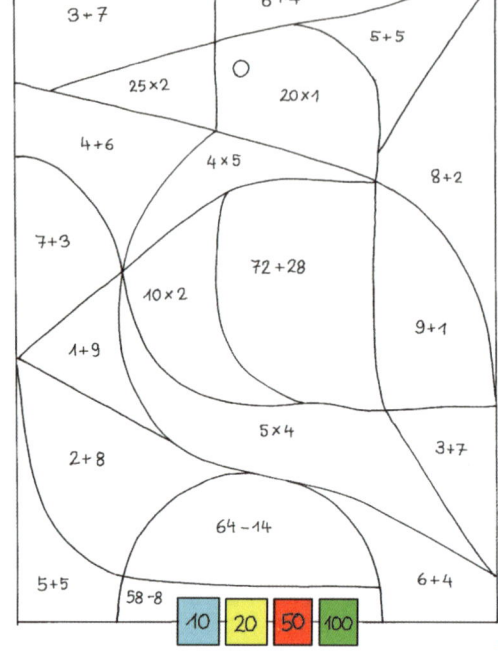

Test 95: Malen nach Zahlen

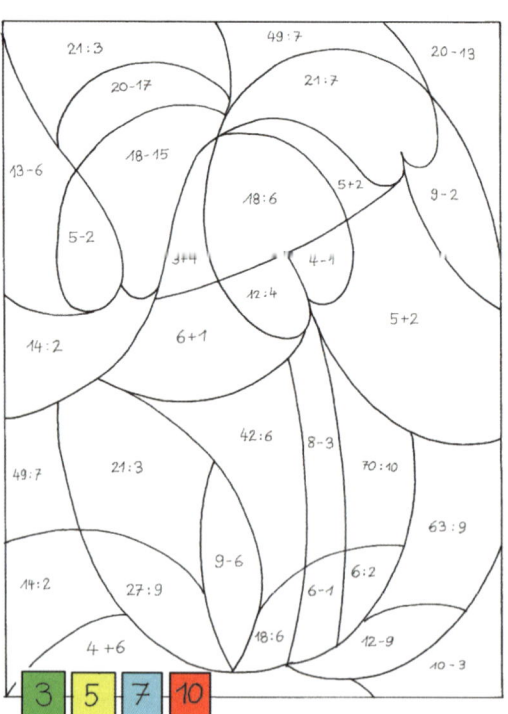

Test 96: Division (Teilen)

Rechne aus:

30 : 5	=	
40 : 4	=	
16 : 2	=	
6 : 3	=	
21 : 3	=	
25 : 5	=	
64 : 8	=	
56 : 8	=	

14 : 7	=	
28 : 7	=	
30 : 3	=	
100 : 10	=	
70 : 7	=	
20 : 4	=	
18 : 6	=	
18 : 9	=	

Test 97: Division (Teilen)

Rechne aus:

15 :		= 5
10 :		= 5
8 :		= 2
2 :		= 2
10 :		= 2
8 :		= 2
80 :		= 8
50 :		= 10

12 :		= 6
20 :		= 10
56 :		= 7
40 :		= 10
21 :		= 7
48 :		= 8
36 :		= 6
49 :		= 7

Wichtiger Tipp: Du darfst nie durch 0 teilen. Das wäre ein Fehler!

Test 98: Malen nach Zahlen

Jede Aufgabe in diesem Bild steht für eine Farbe. Rechne und male das Bild aus:

4 × 20

79 - 59

13 + 7

63-43

46-26

5×4

16+4

32-12

2+18

80 - 60

84 64

21 - 1

67 + 33

10+10

68-48

20+60

15+5

31-11

18

98 - 78

88 + 12

17+3

65 - 45

39 - 19

12+8

80:4

40:2

49

40 19

100:5

16+4

60 3

12+8

26-6

20 0

5 × 4

70 + 10

50 30

18 + 2

6+14

10 × 2

5 × 4

2 × 10

27 - 7

10×10

24-4

24-4

79 + 1

8×10

11 + 9

8 + 12

21 - 1

70 + 10

10×8

99-11

17

100 20

50+30

77 + 3

17 63

-80+0

79+1

91-11

2×40

40 + 40

31-11

80 + 10

20-0

25×4

19+1

| 100 | 60 | 80 | 20 |

Test 99: Rechenräder Multiplikation

Vervollständige diese Rechenräder. Die Zahlen im ersten Ring werden mit der Zahl in der Mitte malgenommen. Im äußeren Ring steht das Ergebnis.

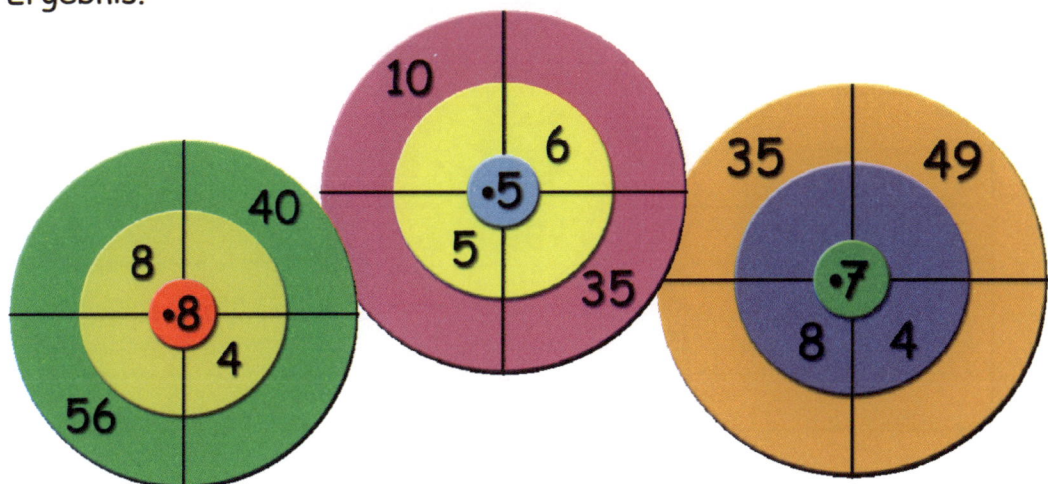

Test 100: Geld wechseln

Schreibe auf, wie viele Geldstücke du bekommst, wenn du den Geldbetrag auf der linken Seite in die Geldstücke rechts umwechselst.

Beispiel: = __2__

= ?   = ?

= ?   = ?

Test 101: Zahlennachbarn finden

Finde die Nachbarn der Zahlen.

197	198	199
	102	
	226	
	299	
	300	
	799	
	162	
	480	
	110	
	999	

Test 102: Zahlennachbarn finden

Trage auch hier die Nachbarzahlen ein.

888		
		166
	600	
168		
	270	
398		
	125	
		777
	499	
579		
		1000

Test 103: Addieren / Subtrahieren bis 100

1)
56 + 5 =	37 + 7 =	28 + 6 =
56 + 4 =	37 + 3 =	+ 2 =
+ 1 =	+ 4 =	+ 4 =

2)
82 – 4 =	66 – 8 =	92 – 7 =
82 – 2 =	66 – 6 =	– =
– 2 =	– 2 =	– =

3)
35 + 8 =	65 – 8 =	48 + 6 =
+ =	– =	+ =
+ =	– =	+ =

4)
92 – 5 =	59 + 4 =	27 – 8 =
– =	+ =	– =
– =	+ =	– =

Test 104: Addieren / Subtrahieren bis 100

5)
63 + 8 =	74 – 7 =	53 + 9 =
+ =	– =	+ =
+ =	– =	+ =

6)
33 – 8 =	66 – 8 =	33 – 8 =
– =	– =	– =
– =	– =	– =

7)
81 – 8 =	88 + 8 =	67 – 9 =
– =	+ =	– =
– =	+ =	– =

8)
45 + 6 =	46 – 7 =	58 + 6 =
+ =	– =	+ =
+ =	– =	+ =

Test 105: Addieren bis 100

Rechne:

1) $57 + 36 =$ ——
2) $32 + 62 =$ ——
3) $16 + 60 =$ ——
4) $48 + 31 =$ ——
5) $19 + 2 =$ ——
6) $56 + 10 =$ ——
7) $62 + 28 =$ ——

8) $84 + 2 =$ ——
9) $53 + 30 =$ ——
10) $63 + 19 =$ ——
11) $56 + 2 =$ ——
12) $34 + 22 =$ ——
13) $15 + 78 =$ ——
14) $51 + 37 =$ ——

15) $68 + 14 =$ ——
16) $57 + 37 =$ ——
17) $98 + 2 =$ ——
18) $8 + 86 =$ ——
19) $68 + 32 =$ ——
20) $96 + 2 =$ ——
21) $20 + 32 =$ ——

Test 106: Subtrahieren bis 100

Rechne aus:

1) $84 - 70 =$ ——
2) $100 - 10 =$ ——
3) $40 - 35 =$ ——
4) $60 - 14 =$ ——
5) $78 - 20 =$ ——
6) $38 - 30 =$ ——
7) $15 - 10 =$ ——

8) $80 - 76 =$ ——
9) $52 - 30 =$ ——
10) $69 - 40 =$ ——
11) $42 - 10 =$ ——
12) $100 - 40 =$ ——
13) $39 - 30 =$ ——
14) $74 - 20 =$ ——

15) $81 - 40 =$ ——
16) $90 - 37 =$ ——
17) $94 - 80 =$ ——
18) $30 - 26 =$ ——
19) $100 - 80 =$ ——
20) $100 - 70 =$ ——
21) $62 - 40 =$ ——

Test 107: Addieren und subtrahieren bis 100

Rechne:

1) 80 + 17 = _____   8) 50 + 29 = _____   15) 30 - 15 = _____

2) 100 - 90 = _____   9) 10 + 32 = _____   16) 82 + 10 = _____

3) 20 - 19 = _____   10) 47 + 40 = _____   17) 10 + 16 = _____

4) 40 - 28 = _____   11) 44 + 10 = _____   18) 30 + 55 = _____

5) 80 - 63 = _____   12) 31 - 30 = _____   19) 100 - 50 = _____

6) 88 - 20 = _____   13) 76 - 30 = _____   20) 52 + 20 = _____

7) 40 + 42 = _____   14) 10 + 42 = _____   21) 86 + 10 = _____

 Test 108: Addieren und subtrahieren bis 100

Rechne:

1) 50 - 25 = _____   8) 30 - 17 = _____   15) 47 + 20 = _____

2) 95 - 80 = _____   9) 90 - 88 = _____   16) 21 - 20 = _____

3) 18 + 60 = _____   10) 100 - 20 = _____   17) 34 + 10 = _____

4) 30 + 53 = _____   11) 98 - 90 = _____   18) 85 + 10 = _____

5) 100 - 80 = _____   12) 28 - 10 = _____   19) 18 + 20 = _____

6) 70 - 57 = _____   13) 59 - 30 = _____   20) 60 + 19 = _____

7) 80 - 29 = _____   14) 100 - 70 = _____   21) 70 + 27 = _____

Test 109: Division mit Zehnerzahlen

: 10	
50	
120	
100	
80	
60	
150	
40	
90	
70	
10	

:20	
40	
80	
200	
160	
100	
60	
120	
180	
240	
140	

Test 110: Division

Rechne diese Aufgaben aus:

4 5 : 9 =		4 2 : 6 =	
6 4 : 8 =		8 1 : 9 =	
4 9 : 7 =		2 1 : 3 =	

8 8 : 8 =		7 2 : 8 =	
3 5 : 5 =		2 4 : 4 =	
3 6 : 3 =		6 3 : 7 =	

Test 111: Kettenaufgaben Addition

Rechne diese Kettenaufgabe aus:

44 + 35 + 55 + 58 =

82 + 55 + 22 + 64 =

22 + 19 + 36 + 66 =

25 + 69 + 45 + 56 =

16 + 98 + 56 + 58 =

48 + 28 + 63 + 68 =

17 + 38 + 66 + 95 =

Test 112: Subtraktion

Rechne diese Aufgaben aus. Subtrahiere von jeder Zahl in der Liste die Zahl, die oben über den Aufgaben steht.

− 7	
33	
82	
90	
24	
65	

− 9	
12	
44	
89	
71	
39	

− 12	
67	
83	
22	
73	
50	

Test 113: Subtraktion

− 11	
25	
67	
48	
21	
81	

− 18	
55	
38	
97	
51	
69	

− 25	
68	
58	
39	
99	
28	

Test 114: Subtraktion

− 17	
30	
45	
76	
79	
80	

− 33	
86	
80	
78	
64	
96	

− 47	
99	
88	
77	
66	
55	

Test 115: Addition / Subtraktion bis 100
mit Zehnerübergang

Rechne in 10 Minuten aus:

50	–	15	=		75	–	73	=		82	+	1	=	
69	+	15	=		34	–	30	=		16	+	44	=	
34	–	17	=		25	+	45	=		46	+	38	=	
93	+	3	=		77	+	2	=		74	–	9	=	
25	+	54	=		44	+	23	=		23	–	16	=	

Rechne in 10 Minuten aus:

18	–	6	=		4	+	13	=		19	+	67	=	
13	–	7	=		39	–	20	=		16	+	42	=	
96	–	67	=		78	+	7	=		17	+	25	=	
1	+	34	=		30	–	13	=		84	–	11	=	
94	–	35	=		30	–	16	=		29	–	19	=	

Rechne in 10 Minuten aus:

77	–	60	=		17	+	34	=		99	+	1	=	
67	–	40	=		20	–	7	=		94	–	38	=	
72	–	60	=		3	–	2	=		19	+	62	=	
30	+	26	=		37	–	19	=		92	+	1	=	
68	+	24	=		12	–	5	=		12	–	2	=	

Rechne in 10 Minuten aus:

19	+	23	=		36	+	25	=		36	+	15	=
38	−	19	=		51	−	19	=		59	−	11	=
46	−	20	=		87	−	18	=		28	+	31	=
53	+	41	=		43	−	24	=		47	+	19	=
79	+	18	=		21	−	3	=		14	−	7	=

Test 116: Addition

Addiere alle Zahlen im Kreis und schreibe das Ergebnis in den Kasten daneben.

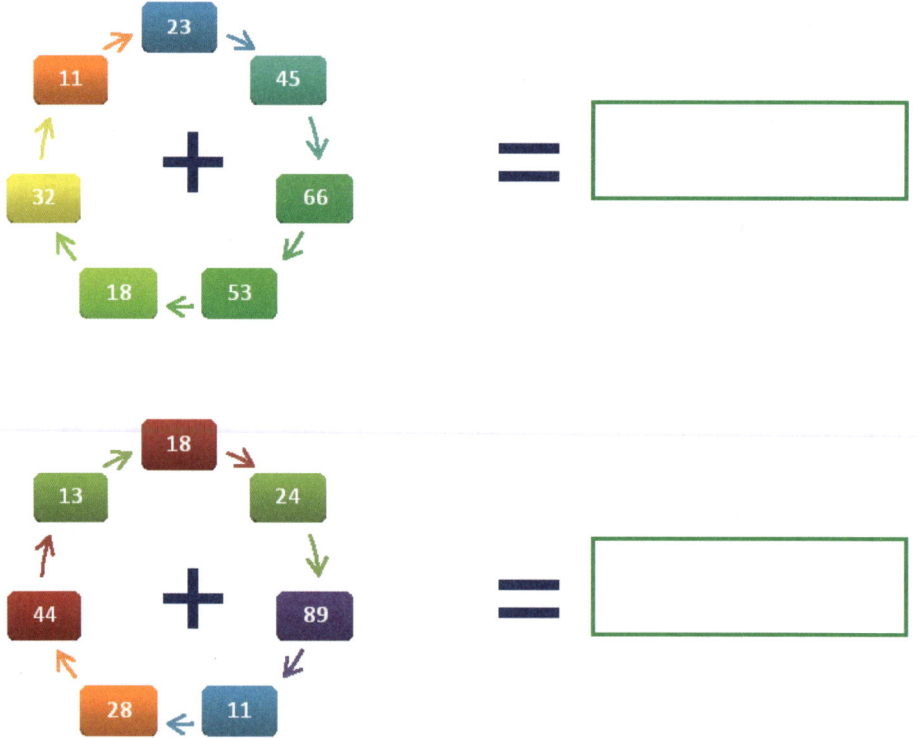

Test 117: Uhrzeit

Bei diesen Uhren ist nur der Minutenzeiger zu sehen. Trage ein, wie viele Minuten seit der letzten vollen Stunde vergangen sind.

15 Minuten

Test 118: Minuten in Sekunden umrechnen

1	Minuten	=		Sekunden
$1\frac{1}{2}$	Minuten	=		Sekunden
2	Minuten	=		Sekunden
18	Minuten	=		Sekunden

Test 119: Minuten in Stunden umrechnen

60	Minuten	=		Stunden
90	Minuten	=		Stunden
120	Minuten	=		Stunden
180	Minuten	=		Stunden

Test 120: Sachaufgaben für Experten

1) **Der Esel und das Maultier**
   Es waren einmal ein Esel und ein Maultier. Beide sollten schwere Säcke mit Getreide in die Mühle bringen.
   Als der Esel unter der Last stöhnte, sprach das Maultier: „Wenn du mir einen Sack abgibst, trage ich doppelt so viele Säcke wie du. Wenn ich aber dir einen Sack gebe, tragen wir beide gleich viele Säcke. Wie viele Säcke trugen die beiden jeweils?

   Esel: _____   Maultier: _____

2) Mario wiegt 56 Kilo. Sein Freund Moritz wiegt 64 Kilo. Wie schwer sind beide zusammen?

3) Lisa und Jasmin stehen zusammen auf einer Waage. Die Waage zeigt 115 Kilo an. Lisa springt von der Waage. Die zeigt jetzt noch 60 Kilo an. Wie viel wiegen Jasmin und Lisa?

   Lisa: _____   Jasmin:_____

4) Torbens Vater wiegt doppelt so viel wie Torben. Der Vater wiegt 120 Kilo. Wie viel wiegt Torben?

   Torbens Gewicht: _____

5) In einer Stunde werden in einer Fabrik 850 Kilo Bonbons hergestellt. Wie viel produziert die Fabrik in 4 Stunden?

Test 121: Sachaufgaben

Löse diese Textaufgaben:

Sarah erhält jede Woche 1 Euro Taschengeld, von dem sie jedes Mal 50 Cent spart. Wie viel Geld hat Sarah am Monatsende gespart?

Das Fahrrad, das sich Jan dringend wünscht, kostet 279 Euro. In seinem Sparschwein hat Jan 186 Euro. Wie viel Geld fehlt Jan noch für das Fahrrad?

Test 122: Sachaufgaben

Alina geht einkaufen. Sie kauft zwei Tüten Bonbons, einen Lutscher und drei Brötchen für insgesamt 4 Euro. Sie bezahlt mit einem 10-Euro-Schein. Wie viel Wechselgeld bekommt Alina zurück?

Am Eiswagen kauft Alinas Vater 5 Portionen Eis. Jedes Eis kostet 2 Euro. Wie viel muss Alinas Vater insgesamt bezahlen? Wie viel Geld bekommt er zurück, wenn er mit einem 20-Euro-Schein bezahlt?

Test 123: Division

Rechne aus:

: 5	
25	
45	
20	
10	
15	
35	
40	
5	
50	
30	

: 3	
9	
6	
12	
18	
3	
15	
30	
24	
27	
21	

Test 124: Division

Rechne aus:

: 2	
18	
12	
6	
16	
10	
4	
14	
2	
20	
8	

: 4	
16	
24	
40	
32	
20	
36	
24	
28	
12	
2	

Test 125: Division

Löse alle Aufgaben in den Kästen.

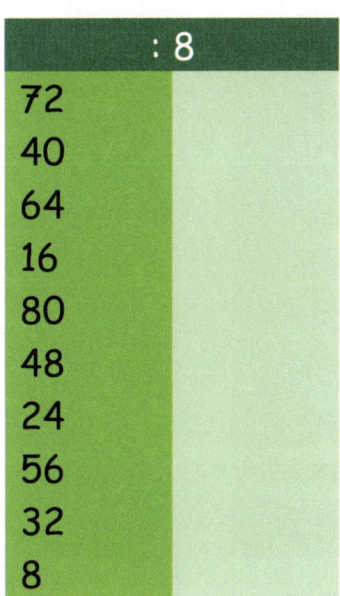

: 6	
54	
30	
18	
60	
24	
12	
48	
36	
6	
42	

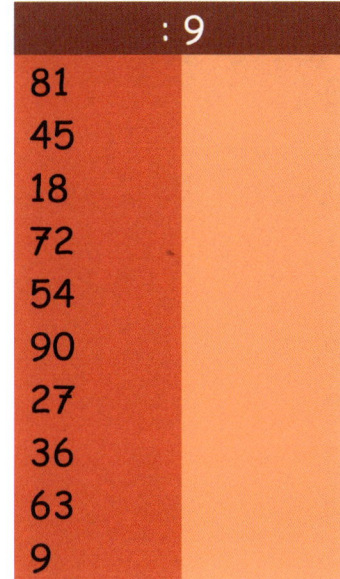

: 7	
56	
21	
42	
70	
14	
35	
7	
63	
28	
49	

Test 126: Division

: 8	
72	
40	
64	
16	
80	
48	
24	
56	
32	
8	

: 9	
81	
45	
18	
72	
54	
90	
27	
36	
63	
9	

Test 127: Division

: 30	
90	
60	
150	
210	
120	
30	
180	
270	
360	
300	

: 40	
400	
320	
160	
80	
200	
360	
480	
640	
40	
120	

Test 128: Division mit Zehnerzahlen

: 50	
300	
400	
500	
250	
150	
50	
750	
600	
700	
350	

: 60	
720	
360	
420	
180	
60	
120	
600	
840	
240	
300	

Test 129: Division

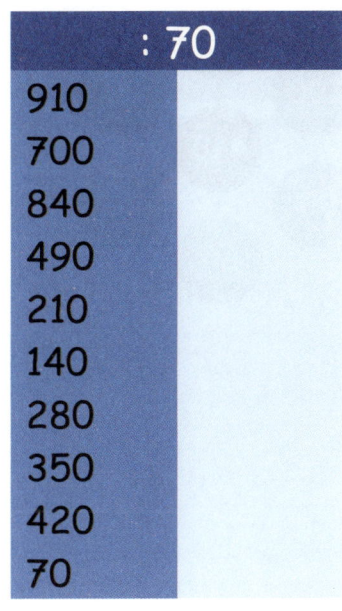

: 70	
910	
700	
840	
490	
210	
140	
280	
350	
420	
70	

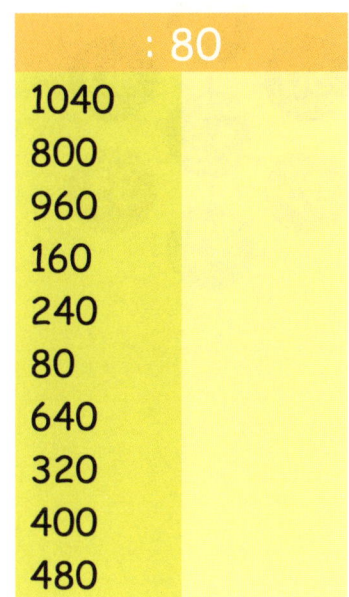

: 80	
1040	
800	
960	
160	
240	
80	
640	
320	
400	
480	

Test 130: Einfaches Dividieren

Schreibe die Aufgaben auf und rechne:

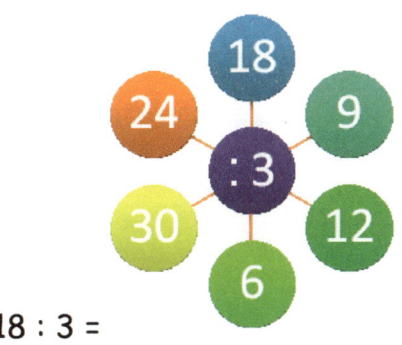

18 : 3 =

Test 131: Einfaches Multiplizieren

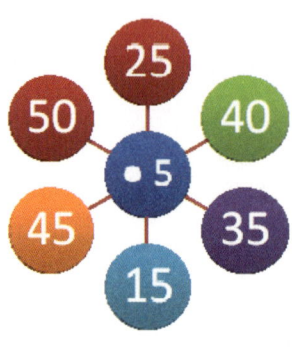
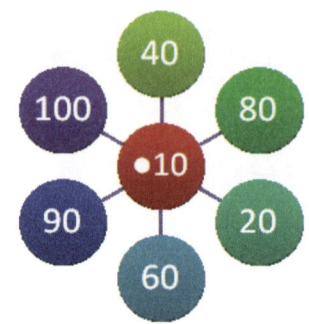

25 • 5 =

Test 132: Einfaches Dividieren

Schreibe die Aufgaben auf und rechne:

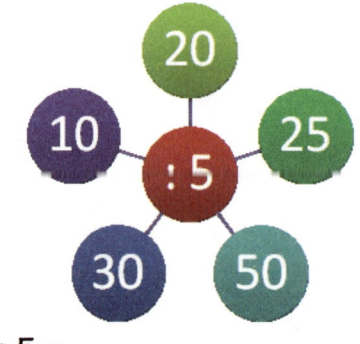
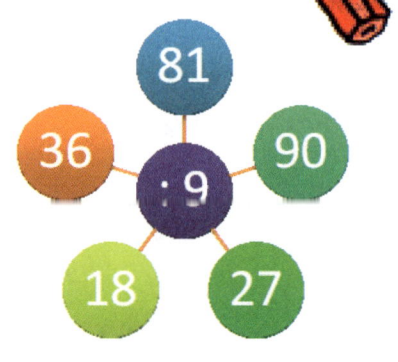

20 : 5 =

Test 133: Einfaches Dividieren

3

24 : 6 =

Test 134: Einfaches Multiplizieren

3

Schreibe die Aufgaben auf und rechne:

6 • 9 =

Test 135: Einfaches Multiplizieren

3 • 6 =

_____

_____

_____

Test 136: Einfaches Multiplizieren

Schreibe die Aufgaben auf und rechne:

5 • 4 =

_____

_____

_____

_____

Test 137: Einfaches Multiplizieren

3 • 3 =

_____

_____

_____

Test 138: Rechenpuzzles

Trage die fehlenden Zahlen ein. Beginne jeweils in der ersten Reihe.

21	+	71	+	46	=			68	+	17	+	42	=	
+		+		+		+		+		+		+		+
6	+	46	+ –	45	=			22	+	72	+	69	=	
+		+		+		+		+		+		+		+
13	+	57	+	13	=			19	+	95	+	15	=	
=		=		=		=		=		=		=		=
	+		+		=				+		+		=	

Test 139: Rechenpuzzles

Trage die fehlenden Zahlen ein. Beginne jeweils in der ersten Reihe.

4	+	97	+	48	=		37	+	13	+	5	=	
+		+		+		+	+		+		+		+
81	+	61	+	55	=		87	+	60	+	45	=	
+		+		+		+	+		+		+		+
82	+	35	+	8	=		6	+	27	+	81	=	
=		=		=		=	=		=		=		=
	+		+		=			+		+		=	

Test 140: Sachaufgaben

Rechne aus.

Tom hat schon 87 Fotos seiner Lieblingsband gesammelt. Tina hat 53 Fotos derselben Band. Wie viele Fotos haben die beiden, wenn sie ihre Sammlungen zusammenlegen?

Beim Weihnachtsbasar wird gesammelt. In der 4a kommen 277 Euro zusammen, in der 4b 223 Euro und in der 4c 300 Euro. Wie viele Euro wurden in 4a, 4b und 4c insgesamt gesammelt?

Für das Schulfest wurden 520 Flaschen Limo für 572 Euro gekauft. Was kostete eine Flasche? Wie viel Gewinn würde erzielt werden, wenn alle Flaschen zu einem Preis von 1,50 Euro verkauft würden?

Test 141: Multiplikation

3

Rechne das Ergebnis aus:

3	•	12	=		
5	•	17	=		
8	•	14	=		
6	•	16	=		
3	•	19	=		
9	•	18	=		
4	•	15	=		
6	•	12	=		
8	•	13	=		
9	•	13	=		

5	•	13	=
7	•	11	=
6	•	15	=
8	•	17	=
7	•	13	=
9	•	14	=
4	•	19	=
8	•	11	=
6	•	17	=
3	•	12	=

3

Test 142: Multiplikation

Finde den Multiplikator:

		•	12	=	144		5	•		:	95
		•	17	=	153		7	•		:	112
		•	14	=	126		6	•		:	120
		•	16	=	112		8	•		:	144
		•	19	=	133		7	•		:	133
		•	18	=	162		9	•		:	117
		•	15	=	120		4	•		:	72
		•	12	=	108		8	•		:	88
		•	13	=	117		6	•		:	96
		•	13	=	65		3	•		:	57

Test 143: Addition

Addiere alle Zahlen im Kreis und schreibe die Ergebnisse in die leeren Kästchen.

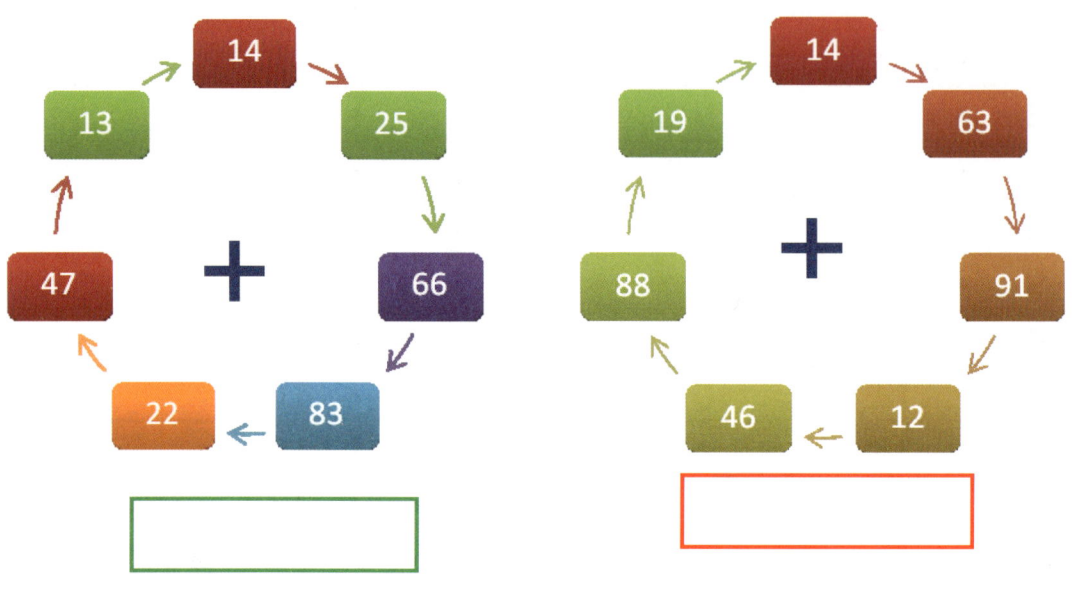

Test 144: Addition

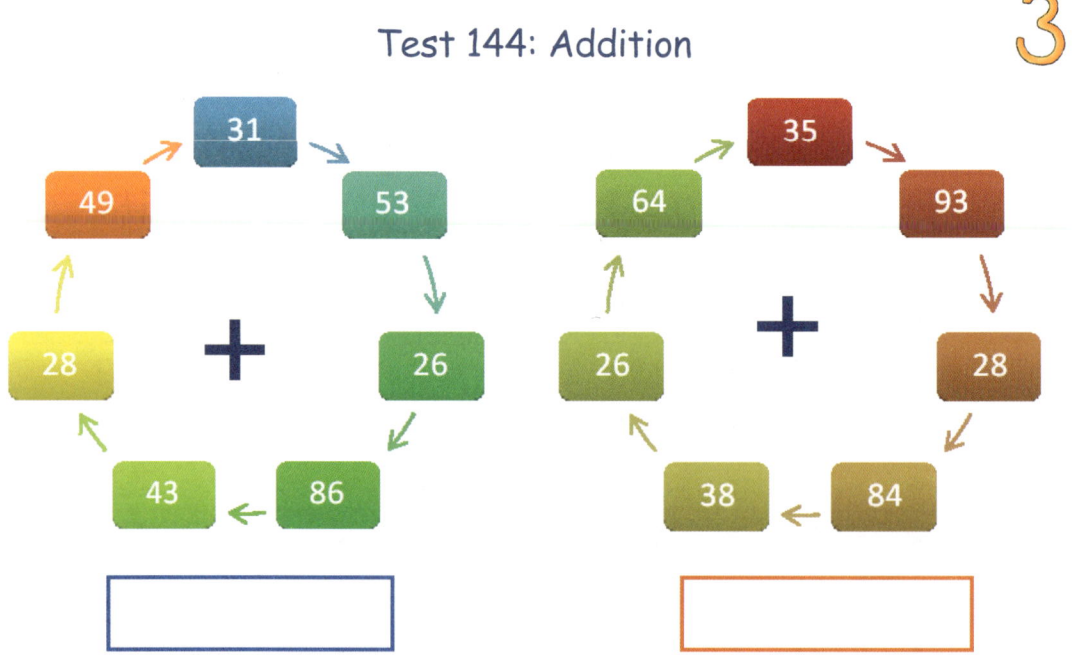

Test 145: Rechenpyramiden im Zahlenraum 100

Dies sind Rechenpyramiden. Zerlege die an der Spitze stehende Zahl. Trage die beiden Zahlen in der zweiten Reihe ein. Bilde in der Reihe darunter zwei unterschiedliche Plusaufgaben, die die Zahlen in der zweiten Reihe ergeben. Wenn es darunter noch eine Reihe gibt, mache es dort genauso.

100

44

50

64

80

Test 146: Logikrätsel

Setze die Reihe fort:

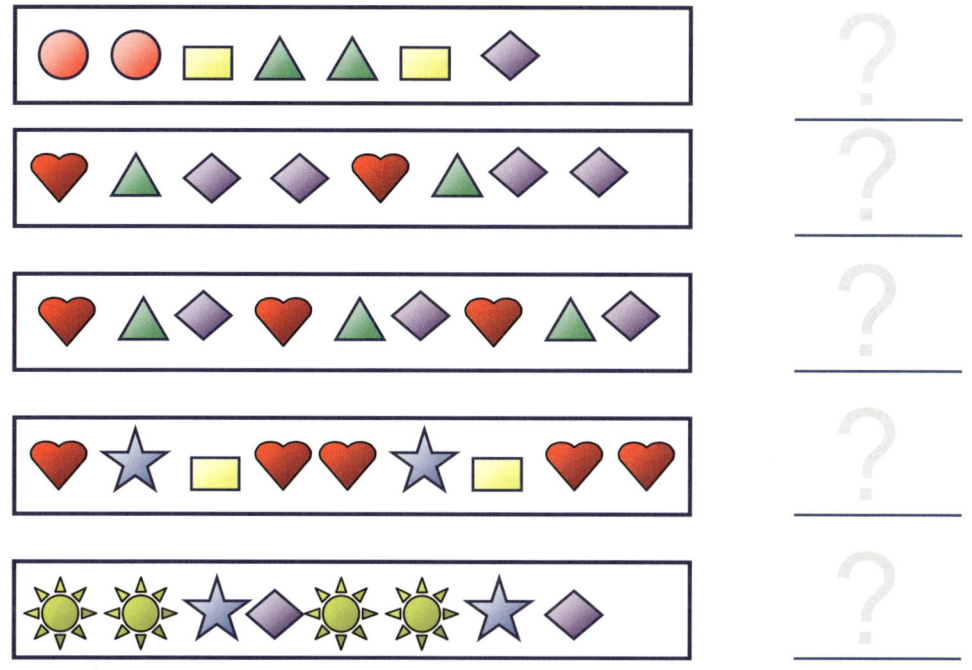

Test 147: Rechenpyramiden

Ergänze die folgenden
Rechenpyramiden:

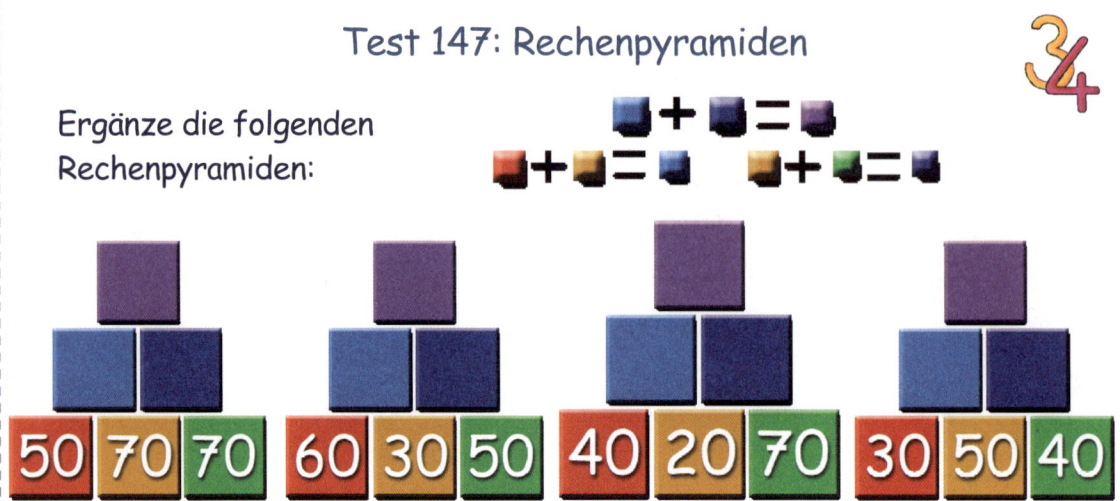

Test 148: Geometrische Formen

Welche geometrische Form ist gemeint?
Trage die Namen ein:

Eigenschaften	Name?
Drei Ecken, alle Seiten sind gleich lang.	
Vier Ecken, alle Seiten sind gleich lang.	
Drei Ecken, zwei Seiten sind gleich lang.	
Keine Ecken.	
Vier Ecken, die gegenüberliegenden Seiten sind gleich lang.	
Drei Ecken, zwei Seiten stehen rechtwinklig aufeinander.	
Mehr als vier Ecken.	

Test 149: Geometrische Formen

Zeichne:

Ein Quadrat:

Ein Rechteck:

Ein Dreieck:

Test 150: Geometrische Formen

Wie heißen diese geometrischen Formen?

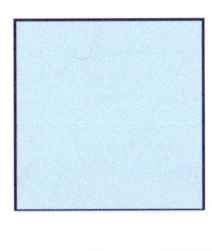 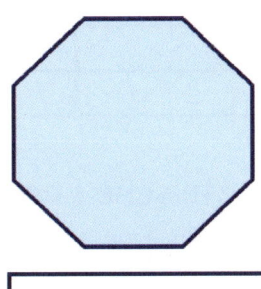 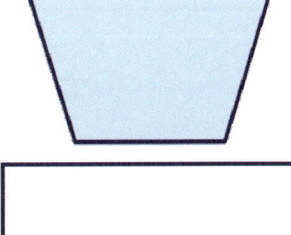

Test 151: Umrechnungen

In der Schule ist Sportfest. Rechne die
Ergebnisse der einzelnen Wettbewerbe um:

	Weitsprung in cm	Weitsprung in mm
Tina	82	
Jan	92	
Philipp	99	
Alina	51	
Meike	65	
Johannes	85	

Test 152: Umrechnungen

Rechne um und fülle die Lücken aus:

dm	cm	mm
		1000
2		
	10	
		500
	80	
18		

Test 153: Geometrische Formen finden

Aus diesen Formen kannst du je zwei Rechtecke und ein Quadrat
erzeugen. Wie viele Kästchen beinhalten Rechtecke und Quadrate?
Zeichne die Linien ein und zähle:

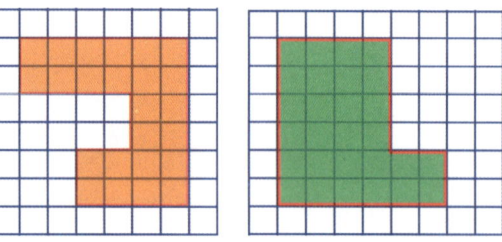

Test 154: Addition und Subtraktion

Rechne diese Aufgaben:

7	9	5	+		6	=			
4	8	8	+	1	4	=			
8	9	9	+		5	=			
5	9	0	+	1	2	=			
2	0	3	-		5	=			
8	0	7	-	1	1	=			
7	0	9	-	1	0	=			
6	1	2	-	1	6	=			
2	2	5	+		9	=			
8	9	0	+	1	5	=			
7	6	0	+	1	3	=			
5	6	0	-	4	5	=			

(Tafel: 199+14=?)

Test 155: Addition und Subtraktion

Rechne diese Aufgaben:

3	8	4	+	2	0	=			
	9	9	+	1	1	=			
1	8	7	+	2	3	=			
9	8	0	+	2	0	=			
2	5	9	-	1	2	=			
1	0	2	-		4	=			
6	0	8	-	1	3	=			
4	1	9	-	2	1	=			
8	8	9	+	1	9	=			
	3	7	-	2	9	=			
1	1	8	-	1	9	=			
2	0	0	-	1	1	3	=		

Test 156: Stellenwerttafeln

Trage die Zahlen in die Tabelle ein. Schreibe dann die Zahlen in die Kästchen auf der rechten Seite.

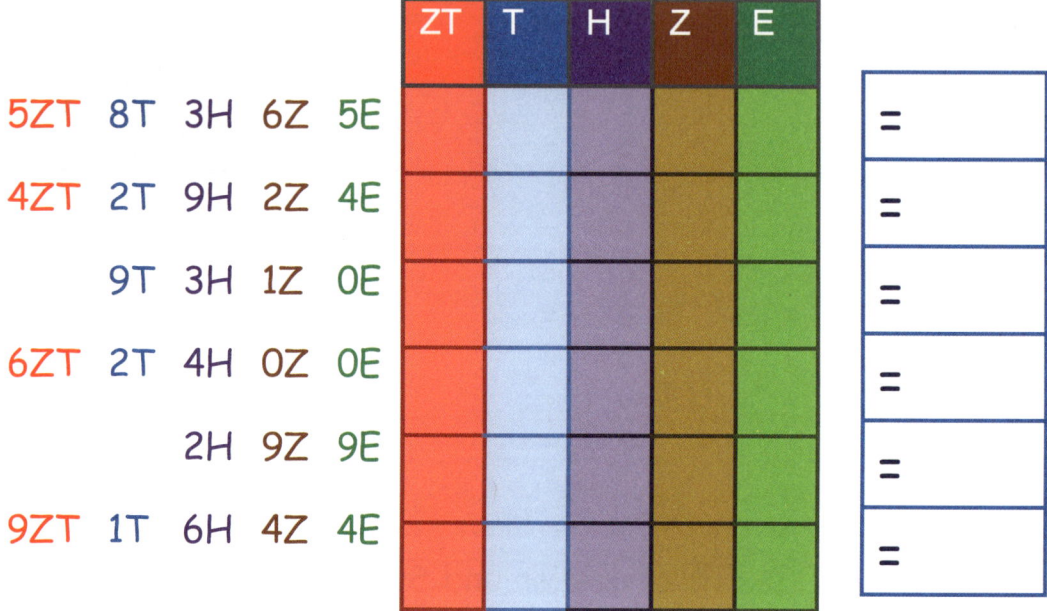

	ZT	T	H	Z	E		=
5ZT 8T 3H 6Z 5E							=
4ZT 2T 9H 2Z 4E							=
9T 3H 1Z 0E							=
6ZT 2T 4H 0Z 0E							=
2H 9Z 9E							=
9ZT 1T 6H 4Z 4E							=

Test 157: Stellenwerttafel

Trage in die Stellenwerttafel ein:

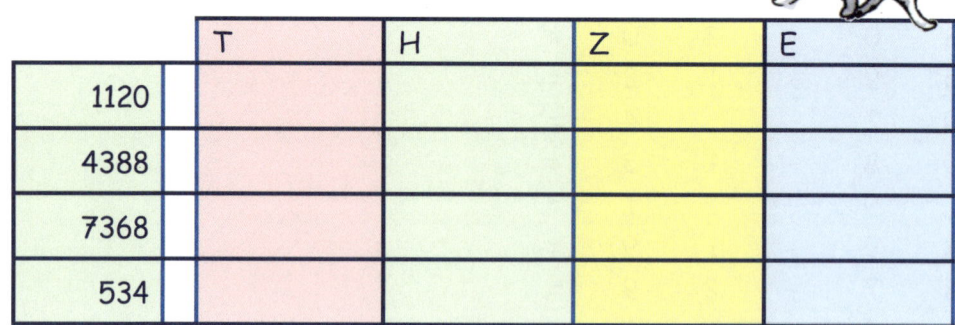

	T	H	Z	E
1120				
4388				
7368				
534				

Test 158: Hier fehlt noch was

Löse die Aufgaben:

1	0	0	+	2	2	0	=			
2	0	0	+	2	0	0	=			
3	0	0	+					4	0	0
2	0	0	+				=	4	0	0
			+	1	0	0	=	5	0	0
3	0	0	+				=	6	0	0
			+	2	0	0	=	5	0	0
1	0	0	+					5	0	0
1	0	0	+				=	4	0	0
			+	1	0	0	=	5	0	0
			+	2	0	0	=	9	0	0

Test 159: Hier fehlt noch was...

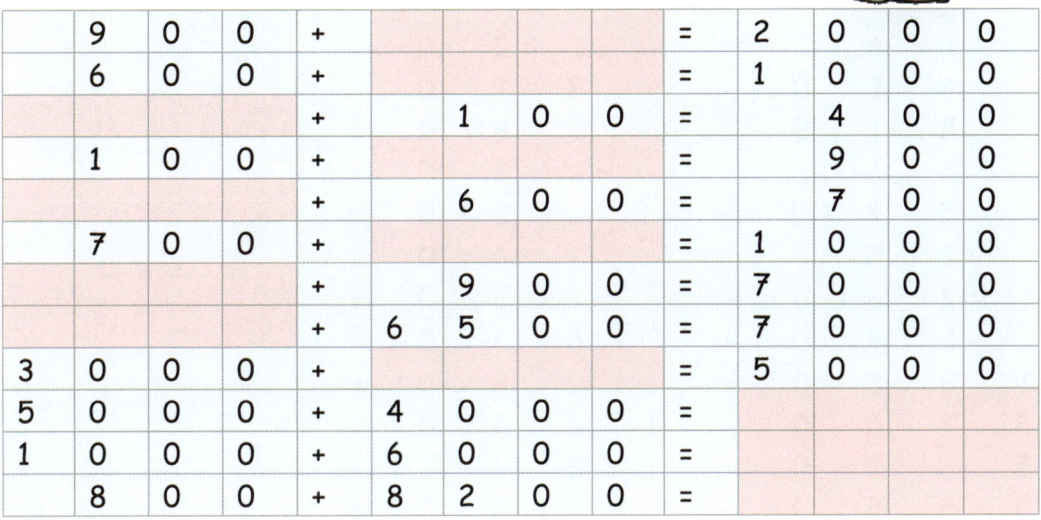

Hier werden die Zahlen größer.

	9	0	0	+					=	2	0	0	0
	6	0	0	+					=	1	0	0	0
				+		1	0	0	=		4	0	0
	1	0	0	+					=		9	0	0
				+		6	0	0	=		7	0	0
	7	0	0	+					=	1	0	0	0
				+		9	0	0	=	7	0	0	0
				+	6	5	0	0	=	7	0	0	0
3	0	0	0	+					=	5	0	0	0
5	0	0	0	+	4	0	0	0	=				
1	0	0	0	+	6	0	0	0	=				
	8	0	0	+	8	2	0	0	=				

Test 160: Addition

Hier rechnest du mit glatten Zehnern:

6	2	0	+	1	7	0	=			
1	3	0	+	2	5	0	=			
2	6	0	+	3	2	0	=			
1	6	0	+	1	2	0	=			
6	1	0	+	3	1	0	=			
8	1	0	+	1	8	0	=			
5	6	0	+	2	3	0	=			
2	0	0	+	3	4	0	=			
5	2	0	+	1	7	0	=			
1	3	0	+	2	5	0	=			
2	6	0	+	3	2	0	=			

Test 161: Addition

Hier rechnest du mit glatten Zehnern bis 10.000:

	1	6	0	+		1	2	0	=			
	6	1	0	+		3	1	0	=			
	8	1	0	+		1	8	0	=			
	5	6	0	+		2	3	0	=			
	5	7	0	+		1	2	0	=			
	2	5	0	+		1	4	0	=			
	2	6	0	+		1	5	0	=			
	6	7	0	+		5	3	0	=			
1	8	2	0	+		2	8	0	=			
3	7	6	0	+	1	2	4	0	=			
5	6	2	0	+	1	2	4	0	=			
3	5	5	0	+		4	5	0	=			
1	6	4	0	+	3	4	6	0	=			

Test 162: Addition mit Zwischenrechnungen

Rechne aus. Notiere dabei die Zwischenrechnungen:

4	6	+	5	3	=					
6	7	+	3	1	=					
2	1	+	6	8	=					
3	8	+	3	0	=					
7	3	+	1	6	=					
1	7	+	1	2	=					
8	8	+	1	1	=					
6	9	+	1	0	=					
1	7	+	2	8	=					
3	9	+	4	1	=					
1	5	+	2	7	=					
2	3	+	3	7	=					
4	9	+	3	3	=					

Test 163:
Addition mit Zwischenrechnungen

1	5	+	3	4	=					
4	2	+	1	7	=					
5	8	+	2	1	=					
2	0	+	7	9	=					
5	5	+	3	4	=					
1	9	+	4	0	=					
6	0	+	2	3	=					
9	0	+		9	=					
7	8	+	1	1	=					
8	9	+	1	0	=					
7	8	+	1	3	=					

Test 164: Halbschriftliche Addition

Löse diese Aufgaben mittels halbschriftlicher Addition ohne Übertritt:

		3	2
+		4	6

	3	5	6
+	5	2	1

	1	4	5
+	8	3	4

	7	3	2
+	1	3	5

	4	4	2
+	2	4	7

	7	5	3
+	2	3	4

	6	5	6
+	2	3	1

	5	3	7
+	3	4	2

	2	6	4
+	7	3	5

Test 165: Halbschriftliche Addition

Löse diese Aufgaben mittels halbschriftlicher Addition mit Übertritt:

	8	7	3
+		5	5

	4	5	6
+		4	9

	7	4	5
+	1	9	6

	6	5	5
+	1	4	5

	4	6	0
+	3	4	0

	7	5	0
+	4	6	0

Test 166: Halbschriftliche Subtraktion

Löse diese Aufgaben mittels halbschriftlicher Subtraktion ohne Übertritt:

	5	3	4
-	1	2	2

	9	5	2
-	5	2	1

	3	2	7
-	2	3	2

	3	5	6
-	1	4	4

	7	4	7
-	2	4	7

	9	3	7
-	2	3	5

	4	3	6
-	2	3	6

	8	3	4
-	6	1	2

	6	2	7
-	4	1	5

Test 167: Halbschriftliche Subtraktion

Löse diese Aufgaben mittels halbschriftlicher Subtraktion mit Übertritt:

	6	5	3
-	2	4	9

	3	4	6
-		3	9

	7	4	5
-	1	2	6

	6	5	5
-	1	4	5

	4	6	1
-	3	0	9

	7	5	0
-	4	6	0

Test 168: Geometrie

Trage die Namen für diese geometrischen Körper ein.

Test 169: Geometrie

Zeichne diese geometrischen Körper. Du kannst als Hilfsmittel dein Lineal und einen Zirkel benutzen.

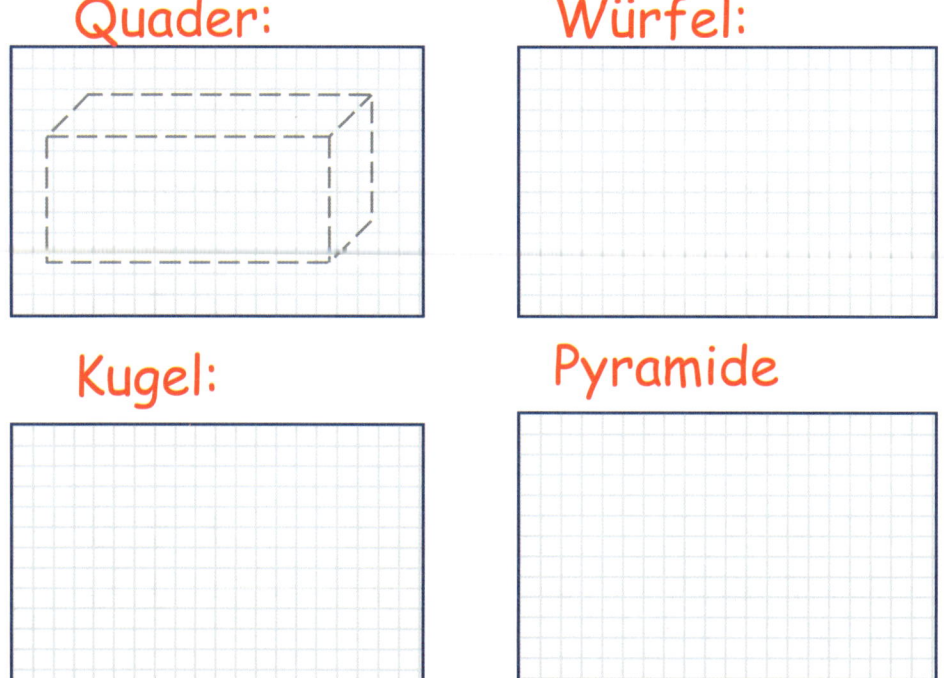

Quader:

Würfel:

Kugel:

Pyramide

Test 170: Rechnen mit Geld

Schreibe den Betrag als Euro-Zahl mit Komma auf:

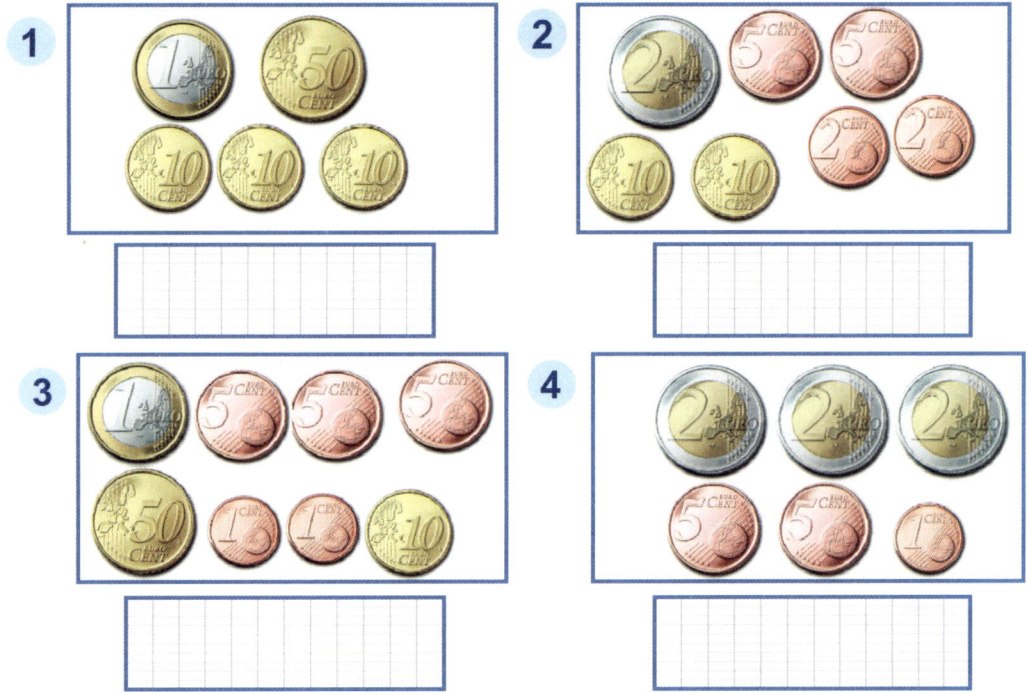

Test 171: Wechselgeld

In diesen Textaufgaben geht es ums Wechselgeld. Mal schauen, ob du alles richtig ausrechnen kannst.

Beim Einkaufen im Supermarkt muss Antonia 16 Euro bezahlen. Sie gibt der Verkäuferin einen 20-Euro-Schein. Wie viel Wechselgeld bekommt Antonia

Auf dem Trödelmarkt kauft Marc drei Comic-Hefte. Jedes Heft kostet 1 Euro. Er gibt der Verkäuferin 5 Euro. Wie viel bekommt er zurück?

Test 172: Wechselgeld

Im Kino kauft Mikes Vater 4 Karten für jeweils 8 Euro. Er gibt dem Kassierer 2 20-Euro-Scheine. Was muss der Kassierer ihm zurückgeben?

In einem Burger-Restaurant muss Tania 6,20 Euro für zwei Portionen Pommes bezahlen. Sie bezahlt mit einem 5-Euro-Schein und einem 2-Euro-Stück. Wie hoch ist das Wechselgeld?

Test 173: Rechnen mit Geld

Wandle die Cent-Beträge ohne Komma in Euro-Beträge mit Komma um.
Beispiel: 480 ct = 4,80 €

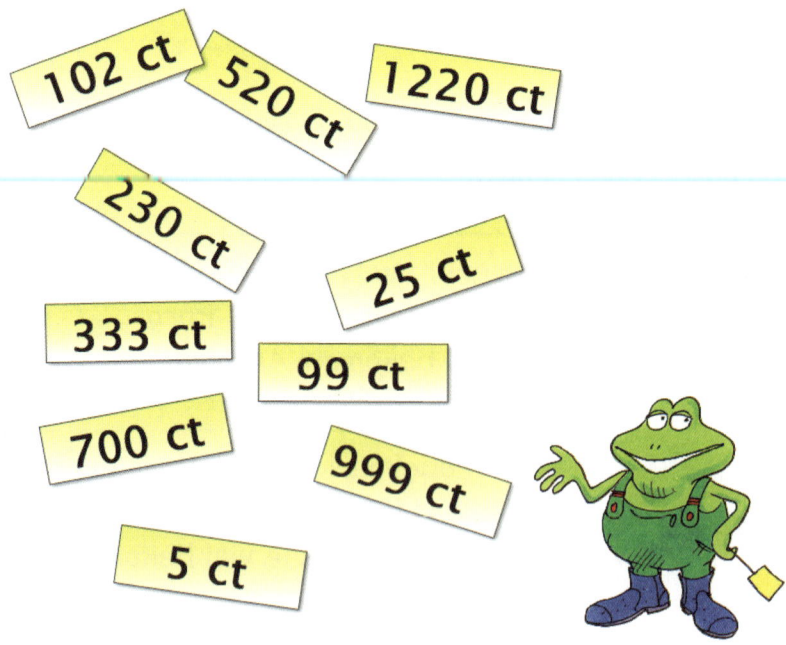

102 ct   520 ct   1220 ct

230 ct

25 ct

333 ct

99 ct

700 ct

999 ct

5 ct

Test 174: Rechnen mit Geld

Beim Schulfest verkaufen die Schüler Getränke an die Besucher. Moritz hat sich eine Liste gemacht, von der er ganz schnell ablesen kann, was die Getränke kosten. Hilf ihm, die Liste zu vervollständigen.

Kaffee

1 Tasse:	0,80 €
2 Tassen:	_ _ _ _ _
3 Tassen:	_ _ _ _ _
4 Tassen:	_ _ _ _ _
5 Tassen:	_ _ _ _ _
6 Tassen:	_ _ _ _ _

Cola

1 Glas:	0,50 €
2 Gläser:	_ _ _ _ _
3 Gläser:	_ _ _ _ _
4 Gläser:	_ _ _ _ _
5 Gläser:	_ _ _ _ _
6 Gläser:	_ _ _ _ _

Test 175: Rechnen mit Geld

Eistee

1 Glas:	0,65 €
2 Gläser:	_ _ _ _ _
3 Gläser:	_ _ _ _ _
4 Gläser:	_ _ _ _ _
5 Gläser:	_ _ _ _ _
6 Gläser:	_ _ _ _ _

Apfelsaft

1 Glas:	0,40 €
2 Gläser:	_ _ _ _ _
3 Gläser:	_ _ _ _ _
4 Gläser:	_ _ _ _ _
5 Gläser:	_ _ _ _ _
6 Gläser:	_ _ _ _ _

Test 176: Umkehrrechnungen

Um herauszufinden, ob zum Beispiel ein Preis korrekt ist, kannst du oft eine Umkehrrechnung vornehmen.

Beispiel: 1 Schulheft kostet 0,70 Euro. Tom kauft 4 Hefte und muss 2,80 Euro bezahlen. 2,80 : 4 = 0,70. Die Rechnung stimmt also.

Tims Vater kauft am Eiswagen 5 Portionen Eis zu je 0,60 Euro. Der Verkäufer will dafür 3,00 Euro haben. Hat er richtig gerechnet?

Für 7 Schulhefte à 0,80 Euro möchte der Verkäufer 5,80 Euro haben. Stimmt der Betrag?

6 Kinokarten zu je 8 Euro sollen zusammen 50 Euro kosten. Das kommt Sven merkwürdig vor. Zu Recht?

Test 177: Umkehrrechnungen

Für 4 neue Ventile für sein Fahrrad bezahlt Mirko 3,60 Euro. Das Preisschild zeigt an, dass ein Ventil 0,90 Euro kostet. Stimmt die Rechnung?

Anna will sich heute 4 Päckchen mit Sammelkarten kaufen. Ein Päckchen kostet 1,20 Euro. Die Verkäuferin will insgesamt 4,90 Euro haben. Stimmt der Preis?

Test 178: Rechnen mit Geld

Kathrin hat zum Geburtstag Geld geschenkt bekommen. Rechne aus, wie viel sie insgesamt bekommen hat:

Kathrin hat genau

bekommen.

Test 179: Rechnen mit Geld

Zähle das Geld und trage ein, wie viel noch fehlt.

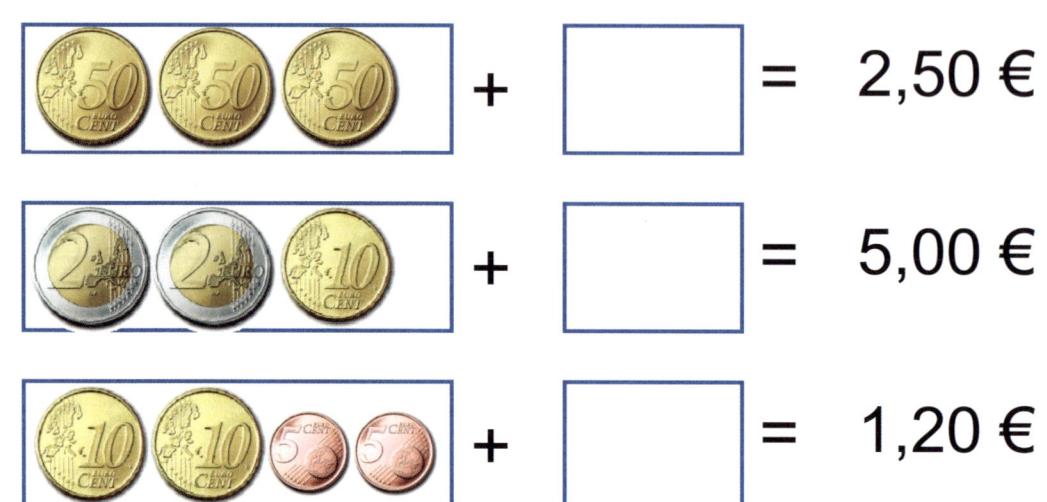

$+$ [ ] $= $ 2,50 €

$+$ [ ] $= $ 5,00 €

$+$ [ ] $= $ 1,20 €

Test 180: Konzentration

Konzentrationsübung: Löse dieses Sudoku. In jeder Zeile, in jeder Spalte und in jedem Unterrechteck kommen die Zahlen 1 bis 6 genau einmal vor.

2	3	4		5	
1					
4	1		2	6	
	5	2		3	4
					6
	4		5	1	2

Test 181: Schriftliche Addition

Löse die Aufgaben schriftlich:

	H	Z	E
	1	5	5
+	7	2	3
=			

	H	Z	E
	3	6	8
+	3	3	1
=			

	H	Z	E
	4	7	1
+	5	2	8
=			

	H	Z	E
	6	7	4
+	2	1	5
=			

	H	Z	E
	1	1	9
+	8	4	0
=			

	H	Z	E
	2	9	7
+	7	0	2
=			

Test 182: Addition

Löse die Aufgaben schriftlich:

	H	Z	E
	3	5	5
+	2	2	6
=			

	H	Z	E
	4	3	8
+	3	8	4
=			

	H	Z	E
	2	6	3
+	4	5	7
=			

	H	Z	E
	7	2	8
+	1	7	5
=			

	H	Z	E
	1	5	9
+	7	7	3
=			

	H	Z	E
	6	2	3
+	2	7	8
=			

Test 183: Addition

Noch mehr Aufgaben. Viel Spaß beim Rechnen.

		7	5	7
	+	5	6	8

		7	2	7
	+	2	2	4

		2	8	5
	+	3	7	6

		5	2	7
	+	2	5	5

		2	7	8
+		7	9	9

		3	5	3
	+	4	5	7

Test 184: Addition

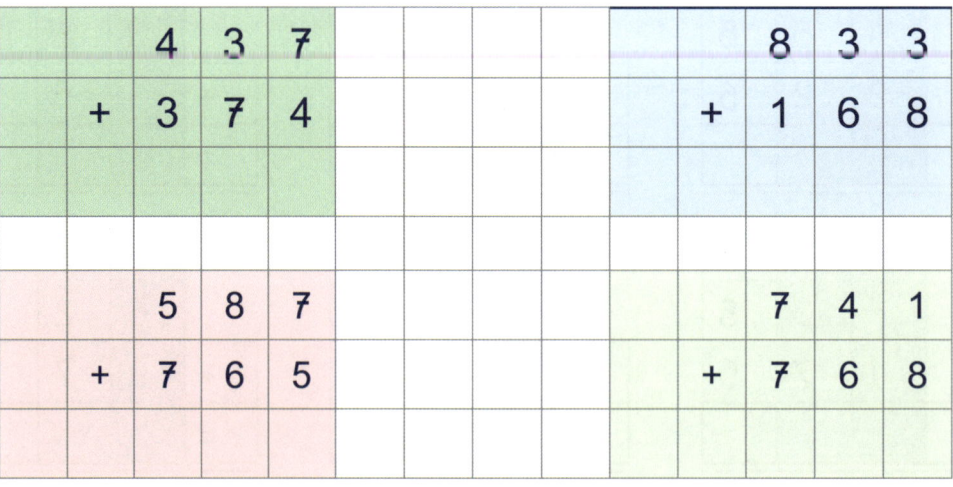

		4	3	7
	+	3	7	4

		8	3	3
	+	1	6	8

		5	8	7
	+	7	6	5

		7	4	1
	+	7	6	8

Test 185: Rechnen mit Gewichten

Rechne die folgenden Gewichtsangaben um:

> 1 Tonne = 1000 Kilogramm / 1 t = 1000 kg
> 1 Kilogramm = 1000 Gramm / 1 kg = 1000 g

500 g = ___ kg   2 t = ___ kg   1000 kg = ___ t

750 kg = ___ t   0,5 t = ___ kg   1 kg = ___ g

0,5 t = ___ kg   2 kg = ___ g   4000 g = ___ t

Test 186: Rechnen mit Gewichten

Finde heraus:

Wie schwer ist:

1 Packung Margarine _____ g oder _____ kg
1 Packung Mehl _____ g oder _____ kg
1 Packung Zucker _____ g oder _____ kg
1 Packung Butter _____ g oder _____ kg
1 Tafel Schokolade _____ g oder _____ kg

Test 187: Rechnen mit Gewichten

Vier Schiffbrüchige wollen mit einem Floß von ihrer Insel entkommen. Das Floß trägt höchstens 160 kg. Rechne aus, bei welchen Kombinationen das Höchstgewicht überschritten wird. Damit es nicht zu einfach ist, sind die Gewichte der Männer in Gramm angegeben.

 Max: 70000 Gramm

Hank: 75000 Gramm

Bert: 85000 Gramm

Sepp: 90000 Gramm

Test 188: Rechnen mit Litern und Millilitern

Rechne die Literangaben in Milliliter um:

				ml					ml
0,7	l	=		ml	11	l	=		ml
0,33	l	=		ml	7,77	l	=		ml
1	l	=		ml	0,02	l	=		ml
5	l	=		ml	14	l	=		ml
$2\frac{1}{2}$	l	=		ml	$3\frac{3}{4}$	l	=		ml

Tipp: 1 Liter (l) = 1000 Milliliter (ml)

Test 189: Rechnen mit Metern und Zentimetern

Wandle die Meterangaben in Zentimeter um:

				cm					cm
2,3	m	=		cm	10,5	m	=		cm
0,74	m	=		cm	12,74	m	=		cm
4	m	=		cm	22	m	=		cm
5,5	m	=		cm	15,04	m	=		cm
$2\frac{1}{2}$	m	=		cm	$14\frac{3}{4}$	m	=		cm

Tipp: 1 Meter (m) = 100 Zentimeter (cm)

Test 190: Rechnen mit Millimetern und Zentimetern

Wandle die Zentimeterangaben in Millimeter um:

				mm					mm
2,5	cm	=		mm	6	cm	=		mm
0,5	cm	=		mm	3,2	cm	=		mm
10	cm	=		mm	5	cm	=		mm
100	cm	=		mm	8	cm	=		mm
13	cm	=		mm	0,2	cm	=		mm

Tipp: 1 Zentimeter (cm) = 10 Millimeter (mm)

Test 191: Rechnen mit Litern und Millilitern

Rechne die Milliliterangaben in Liter um. Schreibe die Ergebnisse als Kommazahl auf.

Rechne aus:

4500 ml	=		l
1000 ml	=		l
500 ml	=		l
252 ml	=		l
10000 ml	=		l

555 ml	=		l
10 ml	=		l
1236 ml	=		l
1 ml	=		l
34 ml	=		l

Test 192: Rechnen mit Litern und Millilitern

3,3	l	+	2,5	l	=		l
1,77	l	+	1,2	l	=		l
4,8	l	–	2,5	l	=		l
250	ml	+	0,3	l	=		l
1200	ml	–	0,2	l	=		l
0,6	l	+	400	ml	=		l
800	ml	–	200	ml	=		l
2,25	l	+	400	ml	=		l
4,55	l	–	1,22	l	=		l

Test 193: Rechnen mit Flüssigkeiten

Ein Liter Wasser wiegt genau 1 kg. Schreibe die fehlenden
Ergebnisse in die Kästchen.

1	l	Wasser wiegt		kg
500	ml	Wasser wiegen		kg
1,5	l	Wasser wiegen		kg
$\frac{1}{2}$	l	Wasser wiegt		kg
125	ml	Wasser wiegen		kg

Test 194: Rechnen mit Flüssigkeiten

In ein Trinkglas passen genau 200 ml eines Getränks.
Rechne aus, wie viel die Kinder getrunken haben:

Moritz	5	Gläser. Das entspricht		l
Sabine	2	Gläser. Das entspricht		l
Antonia	$\frac{1}{2}$	Glas. Das entspricht		l
Torben	$2\frac{1}{2}$	Gläser. Das entspricht		l
Max	4	Gläser. Das entspricht		ml
Anne	$1\frac{3}{4}$	Gläser. Das entspricht		ml
Nadine	2,5	Gläser. Das entspricht		ml
Dominik	$2\frac{3}{4}$	Gläser. Das entspricht		ml
Wiebke	2,7	Gläser. Das entspricht		ml
Jasmin	1,2	Gläser. Das entspricht		ml

Hier siehst du verschiedene Rezepte. Rechne aus, wie viel die Zutaten für ein Gericht insgesamt wiegen:

Pflaumenkuchen

1 kg Pflaumen

200 g Zucker

$\frac{1}{4}$ l Milch

250 g Mehl

3 Eier à 50 g

Gesamtgewicht:

_____kg

Apfelkuchen

1,5 kg Äpfel

150 g Zucker

$\frac{1}{2}$ l Milch

300 g Mehl

4 Eier à 50 g

Gesamtgewicht:

_____kg

Kirschkuchen

2 kg Kirschen

100 g Zucker

$\frac{3}{4}$ l Milch

220 g Mehl

4 Eier à 50 g

Gesamtgewicht:

_____kg

Erdbeerkuchen

0,5 kg Erdbeeren

300 g Zucker

$\frac{1}{4}$ l Milch

180 g Mehl

3 Eier à 50 g

Gesamtgewicht:

_____kg

Tipp: Auch 1 l Milch wiegt ungefähr 1 kg.

Test 197: Addieren und subtrahieren bis 1000

220 + 80 =   420 – 60 =   440 + 80 =

630 – 40 =   340 + 50 =   850 – 70 =

720 – 80 =   570 + 80 =   910 – 50 =

660 + 60 =   410 – 90 =   820 + 80 =

320 – 7 =   470 + 200 =   550 – 9 =

490 + 490 =   750 – 28 =   160 + 570 =

370 + 290 =   580 – 520 =   710 + 290 =

220 – 6 =   360 + 150 =   960 – 13 =

 Test 198: Addieren und subtrahieren bis 1000

220 + ___ = 360   240 – ___ = 208   220 + ___ = 630

490 – ___ = 170   140+ ___ = 990   730 – ___ = 260

390 + ___ = 610   500 – ___ = 412   280 + ___ = 720

440 – ___ = 120   660 + ___ = 880   730 – ___ = 120

___ + 280 = 500   ___ – 140 = 600

___ – 630 = 160   ___ + 310 = 870

___ + 380 = 820   ___ – 440 = 490

___ – 280 = 470   ___ + 620 = 890

Test 199: Addition / Subtraktion bis 1000 ohne HÜ

110 + 82 = ___   680 - 43 = ___   ___ - 8 = 472

___ + 40 = 660   360 = ___ + 18   ___ - 42 = 228

530 + ___ = 566   760 - ___ = 746   362 = ___ - 18

257 = ___ + 122   860 + 138 = ___   819 = ___ + 117

440 - 23 = ___   210 + 72 = ___   660 - ___ = 332

469 = ___ + 59   ___ - 38 = 432   570 - 57 = ___

___ - 15 = 730   636 = ___ + 20   440 + 48 = ___

___ - 612 = 54   248 + 517 = ___   259 = ___ - 42

966 – 46 = ___   ___ + 30 = 975   747 = ___ + 9

230 + 62 = ___   470 – ___ = 423   ___ – 28 = 440

590 – ___ = 514   988 = ___ + 48   864 – 50 = ___

194 = ___ – 53   ___ – 33 = 433   158 + 42 = ___

Test 200: Addition / Subtraktion bis 1000 ohne HÜ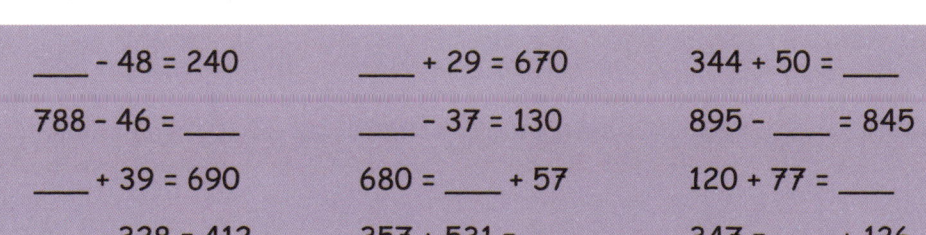

___ – 48 = 240   ___ + 29 = 670   344 + 50 = ___

788 – 46 = ___   ___ – 37 = 130   895 – ___ = 845

___ + 39 = 690   680 = ___ + 57   120 + 77 = ___

___ – 328 = 412   357 + 531 = ___   347 = ___ + 126

___ – 52 = 520   450 – 44 = ___   340 + 53 = ___

___ + 34 = 990   ___ – 68 = 230   ___ – 25 = 170

380 = ___ + 23   940 – 26 = ___   190 = ___ + 70

86 + 296 = ___   ___ + 274 = 639   ___ – 878 = 123

Test 201: Addition und Subtraktion bis 1000

1) $403 + 100$

2) $600 - 506$

3) $900 - 500$

4) $702 + 24$

5) $772 + 27$

6) $700 + 54$

7) $451 + 10$

8) $800 - 51$

9) $830 - 45$

10) $95 + 63$

11) $760 - 29$

12) $400 - 100$

Test 202: Addition und Subtraktion bis 1000

1) $900 - 550$

2) $802 - 81$

3) $200 - 102$

4) $100 + 101$

5) $996 - 36$

6) $600 + 103$

7) $700 + 300$

8) $700 + 181$

9) $893 + 20$

10) $760 - 10$

11) $860 - 27$

12) $409 + 50$

Test 203: Multiplikation mit Zehnerzahlen

1) $10 \cdot 1 =$ _____   2) $30 \cdot 2 =$ _____   3) $40 \cdot 5 =$ _____

4) $10 \cdot 6 =$ _____   5) $10 \cdot 7 =$ _____   6) $40 \cdot 6 =$ _____

7) $70 \cdot 9 =$ _____   8) $20 \cdot 9 =$ _____   9) $90 \cdot 9 =$ _____

10) $50 \cdot 7 =$ _____   11) $70 \cdot 5 =$ _____   12) $20 \cdot 4 =$ _____

13) $50 \cdot 3 =$ _____   14) $60 \cdot 2 =$ _____   15) $50 \cdot 9 =$ _____

Test 204: Multiplikation mit Zehnerzahlen gemischt

1) $9 \cdot 70 =$ _____   2) $6 \cdot 20 =$ _____   3) $8 \cdot 70 =$ _____

4) $3 \cdot 80 =$ _____   5) $8 \cdot 40 =$ _____   6) $3 \cdot 90 =$ _____

7) $5 \cdot 40 =$ _____   8) $1 \cdot 10 =$ _____   9) $1 \cdot 20 =$ _____

10) $1 \cdot 60 =$ _____   11) $9 \cdot 90 =$ _____   12) $6 \cdot 90 =$ _____

13) $2 \cdot 20 =$ _____   14) $6 \cdot 70 =$ _____   15) $3 \cdot 50 =$ _____

16) $3 \cdot 70 =$ _____   17) $5 \cdot 90 =$ _____   18) $4 \cdot 20 =$ _____

Test 205: Division ohne Rest

Rechne aus:

1) $169 : 13 =$ ___   2) $165 : 11 =$ ___   3) $360 : 20 =$ ___

4) $216 : 12 =$ ___   5) $75 : 5 =$ ___   6) $288 : 16 =$ ___

7) $300 : 15 =$ ___   8) $108 : 18 =$ ___   9) $96 : 8 =$ ___

10) $20 : 2 =$ ___   11) $65 : 13 =$ ___   12) $266 : 14 =$ ___

13) $100 : 5 =$ ___   14) $88 : 8 =$ ___   15) $209 : 19 =$ ___

16) $80 : 4 =$ ___   17) $220 : 20 =$ ___   18) $24 : 2 =$ ___

Test 206: Division mit und ohne Rest

Rechne aus:

1) $120 : 12 =$ _____   2) $127 : 14 =$ _____   3) $25 : 2 =$ _____

4) $66 : 15 =$ _____   5) $100 : 18 =$ _____   6) $133 : 7 =$ _____

7) $39 : 2 =$ _____   8) $60 : 5 =$ _____   9) $34 : 11 =$ _____

10) $253 : 18 =$ _____   11) $57 : 3 =$ _____   12) $154 : 17 =$ _____

13) $153 : 19 =$ _____   14) $187 : 17 =$ _____   15) $261 : 20 =$ _____

16) $111 : 11 =$ _____   17) $129 : 8 =$ _____   18) $211 : 15 =$ _____

Test 207: Multiplikation

1) $9 \cdot 97 =$ _____   2) $4 \cdot 28 =$ _____   3) $7 \cdot 10 =$ _____

4) $9 \cdot 43 =$ _____   5) $5 \cdot 14 =$ _____   6) $9 \cdot 22 =$ _____

7) $7 \cdot 41 =$ _____   8) $9 \cdot 10 =$ _____   9) $7 \cdot 95 =$ _____

10) $2 \cdot 77 =$ _____   11) $2 \cdot 37 =$ _____   12) $2 \cdot 51 =$ _____

13) $6 \cdot 37 =$ _____   14) $4 \cdot 17 =$ _____   15) $3 \cdot 83 =$ _____

16) $7 \cdot 55 =$ _____   17) $8 \cdot 45 =$ _____   18) $6 \cdot 69 =$ _____

Test 208: Vermischte Aufgaben

1) $40 + 20 =$ _____   2) $9 \cdot 23 =$ _____   3) $100 + 500 =$ _____

4) $145 : 16 =$ _____   5) $67 - 10 =$ _____   6) $3 \cdot 43 =$ _____

7) $200 - 100 =$ _____   8) $20 + 104 =$ _____   9) $3 \cdot 47 =$ _____

10) $510 - 75 =$ _____   11) $234 : 18 =$ _____   12) $50 - 22 =$ _____

13) $500 + 11 =$ _____   14) $135 : 15 =$ _____   15) $92 + 515 =$ _____

16) $48 : 3 =$ _____   17) $8 \cdot 14 =$ _____   18) $400 - 20 =$ _____

19) $79 : 12 =$ _____   20) $300 + 290 =$ _____   21) $301 - 49 =$ _____

Test 209: Addition mit Lösungsweg

Schreibe die Aufgaben und rechne aus:

533 + 45 =	280 + 19 =	457 + 25 =
533 + 40 =	280 + 10 =	
+ 5 =	+ 9 =	

222 + 48 =	930 + 28 =	622 + 57 =

577 + 22 =	359 + 27 =	456 + 43 =

824 + 44 =	722 + 67 =	567 + 14 =

Test 210: Addition mit Lösungsweg

521 + 77 =	158 + 41 =	426 + 45 =

688 + 24 =	472 + 23 =	745 + 33 =

233 + 47 =	819 + 77 =	239 + 56 =

Rechne aus:

| 24 | + 25 | - 18 | + 44 | - 23 | + 35 | + 65 |

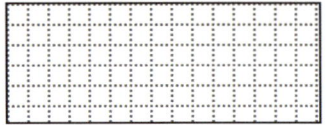

| 132 | + 52 | - 66 | + 154 | - 83 | - 89 | + 163 |

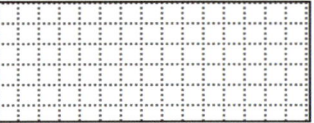

| 388 | + 55 | - 145 | + 44 | - 65 | + 200 | + 14 |

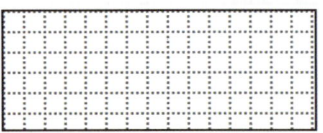

| 222 | + 135 | + 168 | + 103 | + 26 | - 115 | - 48 |

Test 212: Umrechnungen

Schreibe diese Geldbeträge als Zahl mit Komma auf.

17 €	85 ct	=	17,85 €
5 €	5 ct	=	
22 €	70 ct	=	
14 €	33 ct	=	
155 €	10 ct	=	
1000 €	1 ct	=	
850 €	99 ct	=	

Test 213: Cent in Euro

Schreibe diese Cent-Beträge als Zahl mit Komma auf.

278 ct	=	2,78 €
368 ct	=	
934 ct	=	
1520 ct	=	
20000 ct	=	
555 ct	=	
1980 ct	=	
2480 ct	=	
5321 ct	=	

Test 214: Schätzen

Schätze die Ergebnisse auf die nächste Zehnerstelle genau.

Beispiel: 788 – 162 ≈ 620 oder 630

6 4 6	– 2 1 2	≈		
5 3 1	– 1 8 0	≈		
4 3 2	– 9 9	≈		
8 8 8	– 1 9 9	≈		

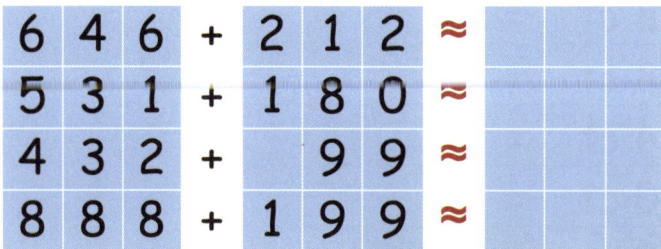

4 5 9	– 1 4 6	≈		
6 3 1	– 1 2 2	≈		
4 5 2	– 3 3 9	≈		
9 2 5	– 2 2 3	≈		

Tipp:

Das Zeichen ≈ verwendet man, wenn man zeigen will, dass etwas ungefähr so groß ist.

Test 215: Schätzen

6 4 6	+ 2 1 2	≈		
5 3 1	+ 1 8 0	≈		
4 3 2	+ 9 9	≈		
8 8 8	+ 1 9 9	≈		

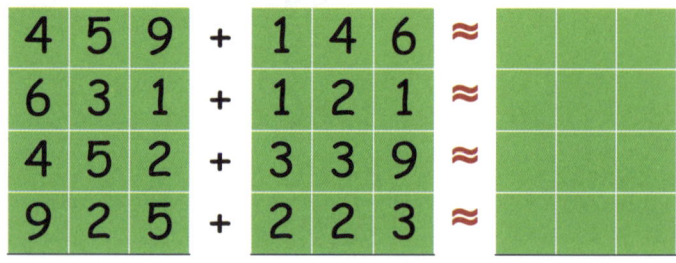

4 5 9	+ 1 4 6	≈		
6 3 1	+ 1 2 1	≈		
4 5 2	+ 3 3 9	≈		
9 2 5	+ 2 2 3	≈		

Test 216: Subtraktion

Löse diese Aufgaben ohne Übertritt:

	4	3	6
−	2	2	4
=			

	7	7	7
−	3	6	1
=			

	7	5	6
−	4	5	6
=			

	3	5	6
−	1	4	3
=			

	4	6	9
−	1	6	1
=			

	3	3	3
−	1	3	3
=			

Test 217: Subtraktion

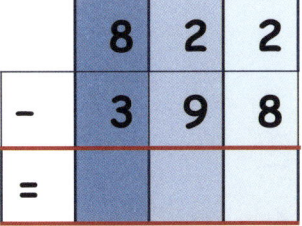

Löse diese Aufgaben mit Übertritt:

	8	2	2
−	3	9	8
=			

	5	1	9
−	2	7	0
=			

	4	0	8
−	2	1	0
=			

	6	4	7
−	2	6	2
=			

	4	7	5
−	3	8	4
=			

	6	8	1
−	5	9	0
=			

Test 218: Schriftliche Subtraktion

Löse die Aufgaben schriftlich:

a

H	Z	E
5	4	2
4	5	9

(−)
(=)

b

H	Z	E
3	7	7
2	7	5

(−)
(=)

c

H	Z	E
2	2	2
1	3	3

(−)
(=)

d

H	Z	E
9	2	5
6	7	9

(−)
(=)

e

H	Z	E
5	7	5
1	3	6

(−)
(=)

f

H	Z	E
4	8	3
1	8	3

(−)
(=)

Test 219: Schriftliche Addition

Hier wird addiert. Löse die Aufgaben schriftlich:

	4	9	3
+	2	4	3
=			

	5	1	2
+	2	4	6
=			

	3	3	3
+	6	1	9
=			

	6	8	8
+	1	4	5
=			

Test 220: Multiplikation

Rechne diese Aufgaben aus:

6	·	1	3	=
5	·	1	8	=
4	·	1	2	=

2	·	1	9	=
5	·	1	5	=
4	·	1	2	=

5	·	1	2	=
8	·		8	=
9	·	1	1	=

7	·	1	4	=
8	·	1	8	=
5	·	1	4	=

4	·		9	=
2	·	2	0	=
5	·	1	6	=

6	·	1	5	=
8	·	1	9	=
9	·	1	8	=

Test 221: Multiplikation

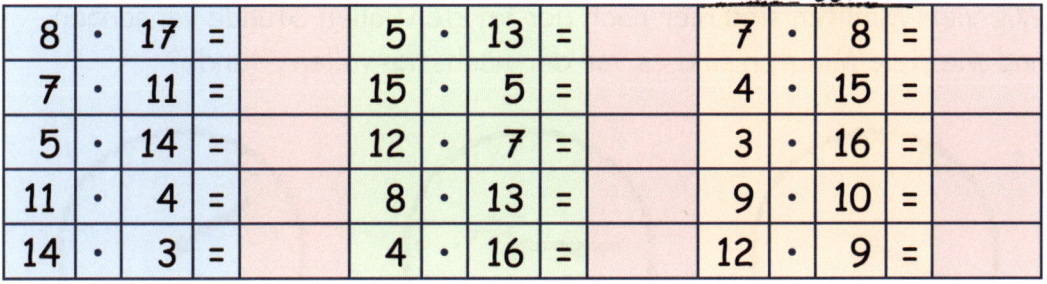

Löse diese Aufgaben:

8 · 17 =	5 · 13 =	7 · 8 =
7 · 11 =	15 · 5 =	4 · 15 =
5 · 14 =	12 · 7 =	3 · 16 =
11 · 4 =	8 · 13 =	9 · 10 =
14 · 3 =	4 · 16 =	12 · 9 =

Test 222: Multiplikation

Löse diese Aufgaben:

13	·	3	=		20	·	3	=		6	·	5	=	
17	·	7	=		11	·	7	=		3	·	18	=	
12	·	3	=		2	·	17	=		12	·	2	=	
15	·	6	=		1	·	19	=		19	·	6	=	
19	·	5	=		2	·	16	=		13	·	10	=	

Test 223: Multiplikation

Löse diese Aufgaben:

2	·	12	=		8	·	8	=		4	·	11	=	
8	·	9	=		4	·	7	=		9	·	7	=	
7	·	10	=		2	·	6	=		16	·	2	=	
2	·	15	=		3	·	19	=		15	·	3	=	
2	·	30	=		9	·	8	=		10	·	10	=	

Test 224: Uhrzeit

Wie viele Minuten sind hier nach der letzten vollen Stunde vergangen,
und wie viele Minuten sind es vor der nächsten vollen Stunde?

Test 225: Beim Einkaufen

Marc vergleicht die Preise für diese Lebensmittel in zwei verschiedenen Supermärkten.
Links stehen die Preise des Gutkauf-Supermarkts und rechts die des Kauflust-Supermarkts:

Kreise jeweils ein Produkt bei dem Supermarkt ein, bei dem es weniger kostet.

Test 226: Differenzen ermitteln

Wie viel billiger sind:

Schältomaten: _____

Tomaten: _____

Bonbons: _____

Butter: _____

Marmelade: _____

Test 227: Maßeinheiten umrechnen

Sicher weißt du, dass 1 Meter so lang ist wie 100 Zentimeter oder wie 10 Dezimeter. Ein Kilometer ist so lang wie 1000 Meter. Rechne die folgenden Längenangaben um:

1) 2 m = _____ dm   2) 1,20 m = _____ cm

   250 cm = _____ m;   1,75 m = _____ cm

   4 m = _____ dm;   4 m = _____ cm

   1000 m = _____ km;   500 m = _____ km

   30 dm = _____ m;   350 cm = _____ dm

   45 cm = _____ dm;   1 dm = _____ cm

Test 228: Maßeinheiten umrechnen

Auch für das Abmessen von Flüssigkeiten gibt es verschiedene Maßeinheiten. 1000 Milliliter entsprechen 1 Liter. Auch 10 Deziliter sind so viel wie 1 Liter. 100 Liter nennt man auch 1 Hektoliter.

1) 2000 ml = _____ l   2) 1,20 l = _____ ml

   250 ml = _____ dl;   500 l = _____ hl

   4 l = _____ ml;   4000 ml = _____ dl

   50 l = _____ hl;   60 l = _____ hl

Test 229: Umfang berechnen

Berechne den Umfang dieser Formen. Ein Kästchen ist 1 cm lang:

Test 230: Flächeninhalte berechnen

Aufgabe: Rechne den Flächeninhalt für diese Rechtecke durch Multiplikation aus:

Breite cm	Höhe cm	Fläche cm²
12	3	
13	2	
5	2	
15	5	
6	12	
8	3	
4	25	

Test 231: Flächeninhalte berechnen

Finde Breite oder Höhe durch Division heraus:

Breite cm	Höhe cm	Fläche cm²
	8	32
5		25
	8	24
8		72
	8	56
	3	3
11		77
	12	144

Test 232: Flächeninhalte berechnen

Ermittle den Flächeninhalt durch Zerlegung der Formen in Rechtecke. Ein Kästchen ist 1 cm lang:

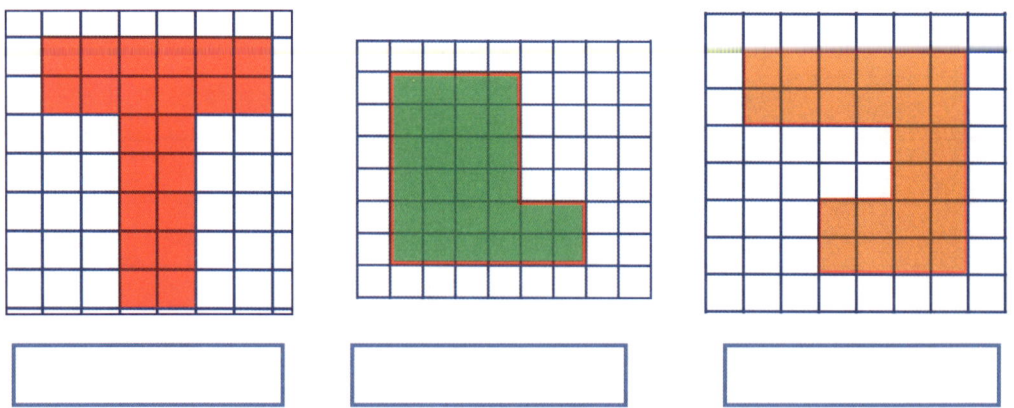

Test 233: Scheine und Münzen

4

Vorne steht ein Betrag. Finde heraus, aus wie vielen Scheinen und/oder Münzen der Betrag besteht, indem du die Anzahl einträgst:

	20 €	10 €	5 €	2 €	1 €	50 ct	20 ct	10 ct	5 ct	2 ct	1 ct
2,30											
20,85											
0,75											
2,78											
42,80											
15,30											

Test 234: Schriftliche Addition

4

Rechne diese Aufgaben schriftlich:

	H	Z	E
	5	9	3
+	3	2	8
=			

	H	Z	E
		9	8
+	5	7	3
=			

	H	Z	E
	6	8	8
+	3	1	3
=			

Anne hat ein neues Buch ihrer Lieblingsautorin bekommen. Das Buch hat 600 Seiten. Anne liest jeden Tag 5 Stunden in dem Buch. Nach 4 Tagen hat sie das Buch durchgelesen.

Wie viele Seiten hat Anne in einer Stunde gelesen?
Wie viele Tage hätte sie benötigt, wenn sie am Tag nur 4 Stunden gelesen hätte?

Moritz rechnet und teilt seinen Freunden mit, dass es noch 864000 Sekunden bis zu den Sommerferien dauert. Wie viele Tage müssen die Schüler noch auf die Ferien warten?

Beim Sportfest der Astrid-Lindgren-Schule können von den 370 Schülern 14 nicht teilnehmen, weil sie krank sind. Die 15 Klassen sind neben den Schülern auch mit je einem Lehrer vertreten. Von der Nachbarschule kommen 78 Schüler hinzu, die von 5 Lehrern begleitet werden.

Wie viele Schüler nehmen insgesamt am Sportfest teil?
Wie viele Lehrer führen Aufsicht?

Die 28 Schüler der Klasse 4b fahren auf Klassenfahrt. Die Busfahrt kostet pro Schüler 15 Euro. Eine Übernachtung in der Jugendherberge kostet pro Schüler 8 Euro. Die Klasse reist am Montag an und am Freitag wieder ab.

Wie teuer ist die Busfahrt für alle Schüler zusammen?
Was kosten die Übernachtungen für alle Schüler zusammen?

Test 237: Klassenfahrt

Die Schülerinnen und Schüler der 4. Klassen fahren gemeinsam auf Klassenfahrt. Aus der 4a fahren 11 Mädchen und 12 Jungen mit. Aus der 4b sind 10 Jungen und 15 Mädchen dabei. Aus der 4c fahren nur 4 Mädchen und 8 Jungen mit. Als Begleitung sind 3 Lehrer dabei.

Es gibt Busse mit 50, 60, 65 und 70 Plätzen. In welchem Bus können alle mitfahren, sodass möglichst wenig Plätze frei bleiben?

In einem Bus mit _____ Plätzen.

Die Fahrt geht am Dienstagmorgen los. Am Samstagabend kommen die Schüler zurück. Wie viele Übernachtungen erleben die Schüler in der Jugendherberge?

Die Schüler übernachten _____ Mal in der Jugendherberge.

Das Essen in der Herberge kostet pro Schüler und Tag 7 Euro. Wie viel müssen die Schüler insgesamt für ihr Essen bezahlen?

Der Preis für das Essen für alle Schüler beträgt _____ Euro.

Wie viele Schüler muss ein Lehrer betreuen, wenn die Schüler gerecht unter den Lehrern aufgeteilt werden?

Jeder Lehrer betreut _____ Schüler.

Test 238: Multiplikation bis 1 Million

5 . 2 5 8 4 =

8 . 2 7 5 2 =

9 . 1 3 8 8 =

4 . 6 2 3 8 =

6 . 9 6 4 3 =

3 . 7 3 6 2 =

Test 239: Multiplikation bis 1 Million

7 . 4 0 2 2 =

2 . 8 2 0 0 =

9 . 1 3 8 8 =

6 . 4 4 5 8 =

5 . 2 0 5 0 2 =

9 . 1 0 0 3 6 =

Test 240: Schriftliche Multiplikation

Löse diese Aufgaben schriftlich.

326 • 24 =   158 • 18 =

429 • 36 =   713 • 32 =

253 • 42 =   104 • 53 =

Test 241: Addition / Subtraktion bis 10000

Löse diese Kettenaufgaben. Rechne jeweils mit dem
Ergebnis einer Zeile in der nächsten Zeile weiter.

1) 4566 + 2300 =
         + 1733 =
         − 2438 =
         +   255 =
         −   815 =
         +   222 =

2) 5814 − 1570 =
         +   572 =
         −   844 =
         + 4312 =
         +   88 =
         − 1999 =

3) 9813 − 4410 =
         − 2500 =
         + 6400 =
         +   444 =
         − 2890 =
         +   312 =

4) 1518 + 1518 =
         + 3036 =
         +   499 =
         − 1980 =
         + 1011 =
         − 2001 =

5) 1001 + 3050 =
         +   999 =
         −   989 =
         +   901 =
         − 1666 =
         +   909 =

6) 8412 − 1638 =
         − 1888 =
         + 2512 =
         − 1555 =
         + 1100 =
         − 2001 =

7) 9999 − 8015 =
         +   466 =
         + 1005 =
         +   811 =
         − 3499 =
         +   612 =

8) 1111 + 1546 =
         + 1563 =
         + 1863 =
         + 1773 =
         + 1636 =
         − 3003 =

Test 242: Division

Rechne aus:

1 2 7 4 4 : 8 =   3 1 7 1 : 7 =

4 4 7 6 : 6 =   4 2 6 1 5 : 5 =

6 7 7 8 8 : 9 =   3 8 0 5 6 : 4 =

Test 243: Division

Rechne aus:

```
1 5 6 : 1 2 = 1 3        2 8 8 : 1 6 =
1 2
    3 6
    3 6
      0
```

```
3 0 6 : 1 8 =            3 2 5 : 1 3 =
```

```
1 2 1 8 : 1 4 =          1 2 3 6 : 1 2
```

Test 244: Sachaufgaben Tachometer

Rechne schriftlich aus:

Maik hat ein neues Fahrrad bekommen. In den Herbstferien fährt er an 3 Tagen jeweils 35 Kilometer und an 5 Tagen jeweils 27 Kilometer. Was zeigt sein Tacho nach den Ferien an?

Rechenweg:

_____

_____

Test 245: Sachaufgaben Verkauf

Anne verkauft im Internet 5 Computerspiele. Sie bekommt pro Spiel 13 Euro. Für den Versand der Spiele muss sie aber noch 2 Euro pro Spiel bezahlen. Wie viel Geld bleibt ihr am Schluss übrig?

Rechenweg:

_____

_____

Test 246: Sachaufgaben Klassenfahrt

In der Klasse sind 26 Schülerinnen und Schüler. Für die Klassenfahrt bekommt der Lehrer, Herr Bär, eine Gesamtrechnung über 1248 Euro. Wie teuer ist die Fahrt für jeden einzelnen Schüler?
Expertenfrage: Wie viel würde die Fahrt pro Schüler kosten,

Rechenweg:

_____

_____

Test 247: Sachaufgaben für Experten

Bei diesen Aufgaben musst du gut aufpassen und
nachrechnen. Mal sehen, wie lang du dafür
benötigst.

Alina erzählt zu Hause: In meiner Klasse sind 3 Jungen weniger als
Mädchen. Die Anzahl der Mädchen lässt sich durch 3 teilen, die
Anzahl der Jungen durch 4. In der Klasse stehen 15 Tische. An
jedem Tisch können 2 Schüler sitzen. Es sind aber nicht alle Plätze
besetzt.

Wie viele Kinder gehen in die Klasse?

_____

_____

Wie viele der Schüler sind Mädchen?

_____

_____

Wie viele sind Jungen?

_____

_____

Test 248: Sachaufgaben für Experten

Eine Ameise krabbelt auf einen Baum, der 11 Meter hoch ist. In einer
Stunde schafft sie 3 Meter, rutscht aber nach jeder Stunde vor
Erschöpfung wieder einen Meter hinunter.

Nach wie vielen Stunden hat die Ameise die Baumspitze erreicht?

_____

_____

Und noch ein paar Aufgaben zum Üben:

25	·	18	=
37	·	14	=
44	·	14	=
78	·	12	=
34	·	17	=

56	·	17	=
25	·	22	=
45	·	18	=
342	·	9	=
432	·	6	=

137	·	22	=
358	·	13	=
835	·	7	=
573	·	4	=
874	·	15	=
144	·	6	=

432	·	8	=
645	·	19	=
277	·	153	=
555	·	55	=
467	·	29	=
888	·	11	=

354	·	33	=
634	·	41	=
425	·	11	=
427	·	63	=
288	·	55	=
468	·	11	=

264	·	4	=
363	·	25	=
743	·	23	=
634	·	83	=
318	·	96	=
525	·	15	=

Und jetzt wird's richtig schwierig:

254 · 347 =		644 · 834 =
389 · 853 =		637 · 744 =
385 · 745 =		946 · 537 =
745 · 345 =		974 · 748 =
122 · 244 =		333 · 333 =

533 · 666 =		743 · 921 =
634 · 453 =		745 · 650 =
853 · 453 =		553 · 301 =
111 · 555 =		773 · 477 =
512 · 256 =		489 · 210 =

533 · 159 =		263 · 440 =
745 · 676 =		763 · 609 =
755 · 467 =		637 · 430 =
657 · 774 =		888 · 773 =
813 · 599 =		930 · 428 =

Test 251: Die Klassenarbeit

4

Diese Aufgaben hat Sarah in der letzten Klassenarbeit falsch gerechnet. Hilf ihr bitte.

$589 \cdot 720 =$

$999 \cdot 999 =$

$933 \cdot 299 =$

$638 \cdot 904 =$

$994 \cdot 555 =$

$479 \cdot 809 =$

Test 252: Die Berichtigung

4

In der 4b hatte Marc Probleme mit diesen Aufgaben. Kannst du sie für ihn lösen?

$33672 : 69 =$

$113616 : 144$

$862 \cdot 621 =$

$432 \cdot 809 =$

$115515 : 255$

$599 \cdot 408 =$

Test 253: Schriftliche Division

4

Teile schriftlich:

3 6 2 4 : 8 = _____   6 2 0 : 4 = _____

2 4 1 2 : 9 = _____   1 3 6 5 : 3 = _____

1 4 3 0 : 5 = _____   2 2 8 6 : 3 = _____

8 6 6 : 2 = _____   1 8 4 5 : 5 = _____

Test 254: Schriftliche Division

2 3 3 1 : 7 = ⬚   9 7 4 : 2 = ⬚

1 1 0 7 : 9 = ⬚   7 6 6 8 : 9 = ⬚

Test 255: Schriftliche Division

6 0 2 4 : 8 = ⬚   5 8 9 2 : 4 = ⬚

2 3 6 7 : 3 = ⬚   1 1 2 5 : 5 = ⬚

Test 256: Schriftliche Division

5 9 1 2 : 4 = _____   6 2 0 9 : 7 = _____

5 9 9 4 : 9 = _____   2 6 6 4 : 3 = _____

Test 257: Schriftliche Division

2 9 3 4 : 6 = _____   6 3 0 4 : 8 = _____

3 9 4 5 : 5 = _____   3 7 7 4 : 3 = _____

Test 258: Sachaufgaben

4

Svens Vater hat 2750 Euro auf seinem Sparkonto. Er hebt am Montag 450 Euro ab. Am Mittwoch hebt er noch einmal 300 Euro ab.

Wie viel Geld ist noch auf dem Konto?

_____

_____

_____

_____

Test 259: Sachaufgaben

4

Jana spart, um sich einen neuen Computer zu kaufen. Der Computer kostet 1299 Euro. Jana hat bereits 783 Euro gespart.

Wie viel muss Jana noch sparen, um den Computer kaufen zu können?

_____

_____

Test 260: Klassenarbeit: Schriftlich dividieren 4

Diese Aufgaben stammen aus Tims letzter Mathearbeit. Rechne sie für ihn aus. Alle Aufgaben können ohne Rest gelöst werden.

1935 : 5 =

1098 : 9 =

888 : 8 =

1251 : 3 =

6993 : 7 =

Test 261: Klassenarbeit: Schriftliches Dividieren 4

Hier noch weitere Aufgaben aus Tims Klassenarbeit. Bei diesen Aufgaben kann es sein, dass ein Rest übrig bleibt.

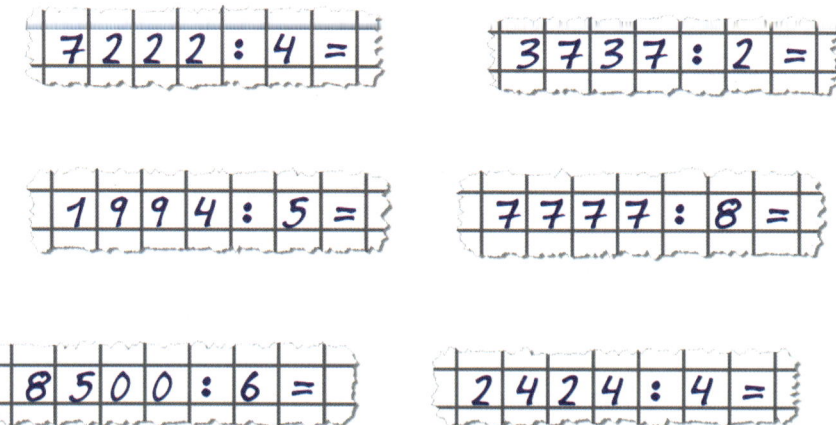

7222 : 4 =

3737 : 2 =

1994 : 5 =

7777 : 8 =

8500 : 6 =

2424 : 4 =

Test 262: Minuten / Sekunden in Sekunden umrechnen

3	Minuten	10	Sekunden	=		Sekunden
1	Minute	15	Sekunden	=		Sekunden
8	Minuten	40	Sekunden	=		Sekunden
13	Minuten	22	Sekunden	=		Sekunden

Test 263: Sekunden in Stunden / Minuten umrechnen

3600	Sekunden	=		Stunden		Minuten
9000	Sekunden	=		Stunden		Minuten
10800	Sekunden	=		Stunden		Minuten
1800	Sekunden	=		Stunden		Minuten

Test 264: Minuten / Sekunden in Sekunden umrechnen

3	Minuten	10	Sekunden	=		Sekunden
1	Minute	15	Sekunden	=		Sekunden
8	Minuten	40	Sekunden	=		Sekunden
13	Minuten	22	Sekunden	=		Sekunden

Test 265: Maße

Die Klasse besucht heute den Zoo. Marie hat genau ausgerechnet, wie lang die Strecken zwischen den verschiedenen Gehegen sind, und eine Zeichnung angefertigt:

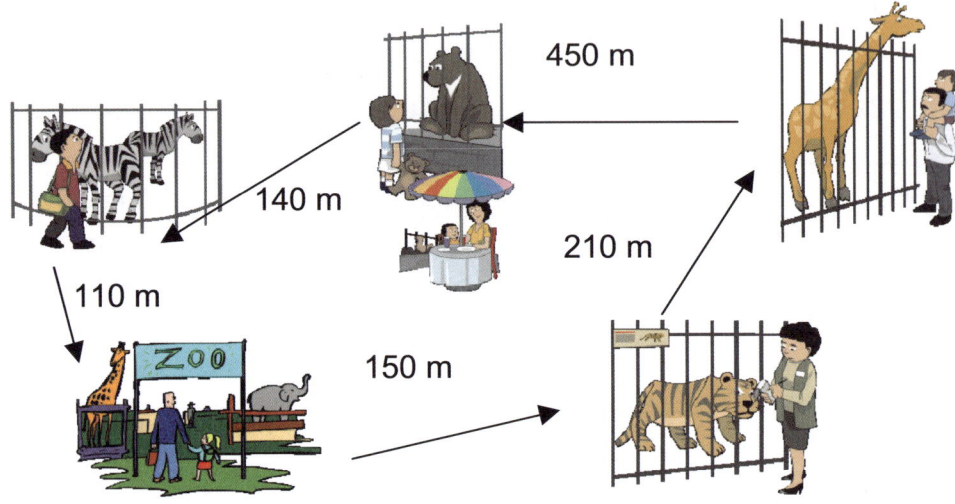

Wie lang ist der Weg von den Giraffen zu den Bären?

_____

Wie lang ist der Weg vom Eingang zu den Zebras?

_____

Test 266: Maße addieren

Wie lang ist gesamte Weg?

_____

Rechne in Kilometer um.

_____

Sven nimmt einen anderen Weg. Er geht vom Eingang zu den Zebras, zurück zum Eingang, von dort zum Tiger, dann zur Giraffe, von dort zum Bären und von dort zu den Zebras. Wie weit ist er gegangen?

_____

Erklärung der Fachbegriffe:

In der Schule wird im Mathematikunterricht eine Reihe von kompliziert klingenden Fachbegriffen verwendet. Im Folgenden werden die wichtigsten Begriffe erklärt und durch Beispiele erläutert. Alle Begriffe werden mit ihren deutschen und lateinischen Bezeichnungen vorgestellt. Beachten Sie bitte, dass in den weiterführenden Schulen vermehrt oder ausschließlich die lateinischen Namen verwendet werden – statt „Malnehmen" also „Multiplizieren" und statt „Abziehen" „Subtrahieren" und so weiter. Sie helfen Ihrem Kind also, wenn Sie spätestens im dritten oder vierten Schuljahr darauf achten, dass es diese Fachbegriffe kennt und anwenden kann. Die maßgeblichen Namen werden im Folgenden jeweils <u>unterstrichen</u> dargestellt.

Rechenarten

Plusrechnung/<u>Addition</u>

Zusammenzählen/<u>addieren</u>
Die Aufgabe „5 + 8" ist eine Additionsaufgabe. Die 8 wird zur 5 addiert.
Hinweis: Additionsaufgaben können in beliebiger Reihenfolge gerechnet werden. 5 + 8 ergibt dasselbe Ergebnis wie 8 + 5.

Das Rechenzeichen für die Addition ist das Pluszeichen (+).

Minusrechnung/<u>Subtraktion</u>

Abziehen/<u>subtrahieren</u>
Die Aufgabe „8 – 5" ist eine Subtraktionsaufgabe. Die 5 wird von der 8 subtrahiert.

Hinweis: Subtraktionsaufgaben können nicht in beliebiger Reihenfolge gerechnet werden. 8 – 5 ergibt ein völlig anderes Ergebnis als 5 – 8!

Das Rechenzeichen für die Subtraktion ist das Minuszeichen (–)

Malrechnung/Multiplikation

Malnehmen/multiplizieren

Die Aufgabe „8 • 5" ist eine Multiplikationsaufgabe. Die 8 wird mit der 5 multipliziert.
Hinweis: Multiplikationsaufgaben können in beliebiger Reihenfolge gerechnet werden. Die Aufgabe 8 • 5 ergibt also dasselbe Ergebnis wie 5 • 8.

Das Rechenzeichen für die Multiplikation ist ein Punkt (●). Manchmal wird auch das kleine x als Multiplikationszeichen verwendet. Beim Programmieren am Computer wird immer das * als Multiplikationszeichen verwendet.

Teilungsaufgaben/Division
Teilen/dividieren

Die Aufgabe „40 : 8" ist eine Divisionsaufgabe. 40 wird durch 8 dividiert.
Hinweis: Divisionsaufgaben können nicht in beliebiger Reihenfolge gerechnet werden. „40 : 8" ergibt ein völlig anderes Ergebnis als „8 : 40"!

Neben dem Doppelpunkt als Teilungszeichen werden manchmal auch folgende Schreibweisen verwendet:

$$(40 : 8) = (40 \div 8) = (40 / 8)$$

Wenn sich Ihr Kind für Computer interessiert, sollte es auch die Schreibweise mit dem Schrägstrich kennen. Es handelt sich dabei um die englische bzw. amerikanische Schreibweise. Beim Programmieren zum Beispiel wird grundsätzlich nur diese verwendet.

Weitere Rechenzeichen und Maßeinheiten:

	Rechenzeichen
=	Gleichheitszeichen
>	größer als ...
<	kleiner als ...
≈	ungefähr
	Geld
€	Euro
ct	Cent
	Volumen
hl	Hektoliter
l	Liter
dl	Deziliter
cl	Zentiliter
ml	Milliliter

	Gewicht
t	Tonne
kg	Kilogramm
g	Gramm
mg	Milligramm
	Länge
km	Kilometer
m	Meter
dm	Dezimeter
cm	Zentimeter
mm	Millimeter
	Zeit
h	Stunde
Min.	Minute
sek.	Sekunde

Lösungen

1 9 7 5 3 8 1 2 3 1 4 4 7 5 2 1 6 7 3 8 9 4

2 5 Dreiecke

3 6 Kreise (inkl. Smiley)

4 4 Rechtecke

5 7 Vielecke: 3 Fünfecke, 2 Sterne, 1 Dreieck, 1 Rechteck

8

2 + 2 = 4	7 − 6 = 1	8 + 2 = 10
8 + 1 = 9	5 + 1 = 6	9 + 1 = 10
4 + 5 = 9	6 − 5 = 1	9 − 8 = 1
1 + 3 = 4	10 − 2 = 8	2 − 1 = 1
8 − 7 = 1	2 + 4 = 6	10 − 3 = 7
5 + 5 = 10	4 − 2 = 2	7 − 3 = 4
4 − 1 = 3	2 + 5 = 7	8 − 6 = 2
7 + 2 = 9	10 − 1 = 9	3 − 1 = 2

9 6 Pinguine, 8 Blumen, 4 Nashörner

11 2 Kreise, 4 Sterne, 3 Rechtecke, 3 Dreiecke = 12
3 Dreiecke, 2 Kreise, 2 Rechtecke, 2 Herzen = 9

12 2 Herzen, 4 Kreise, 4 Rauten, 2 Rechtecke = 12

13 Kreis | Kreis | Dreieck

14 1 Bär, 2 Hamburger, 3 Tulpen, 4 Aprikosen, 5 Bonbons

15 6 Zwerge, 7 Würfelaugen, 8 Möhren, 9 Herzen, 10 Dominosteinaugen

16 7 Bananen, 3 Zitronen, 4 Bonbons, 10 Eulen, 10 Blumen, 5 Tomaten

17 0 1 2 3 4 5 6 7 8 9

18 7 8 9 | 5 6 7 | 4 5 6 | 4 5 6

19 2 3 4 5 6 7 | 5 6 7 8 9 10 | 2 3 4 5 6 7 | 5 6 7 8 9 10 | 4 5 6 7 8 9 | 3 4 5 6 7 8 | 2 3 4 5 6 7 | 1 2 3 4 5 6

20 4 + 1 | 2 + 3 | 1 + 4 | 3 + 2

21 ●●● ●●● ●●● ●●● / ●●● ●●● ●●● ●●●

22 2 + 2 = 4 | 1 + 1 = 2 | 4 + 1 = 5

23 3 + 2, 4 + 1 | 2 + 6, 4 + 4 | 3 + 3, 1 + 5 | 1 + 8, 8 + 1 | 2 + 2, 2 + 2

24 3 + 2 = 5 | 1 + 1 = 2 | 2 + 1 = 3 | 2 + 2 = 4

25 2 + 2 = 4 | 1 + 4 = 5 | 2 + 3 = 5

26 2 + 3 = 5 | 1 + 2 = 3 | 3 + 6 = 9 | 2 + 4 = 6

29 6 + 2 = 8 | 6 + 2 = 8

30 2 + 3 = 5 | 3 + 4 = 7 | 6 + 3 = 9

31 1 + 3 = 4 | 2 + 7 = 9 | 3 + 5 = 8 | 4 + 3 = 7 | 2 + 6 = 8 | 2 + 5 = 7

32 7 + 3 = 10 | 3 + 4 = 7 | 6 + 2 = 8 | 2 + 6 = 8 | 9 + 1 = 10 | 1 + 9 = 10

33 4 − 2 = 2 | 5 − 3 = 2 | 5 − 4 = 1 | 4 − 3 = 1

34 2 − 1 = 1 | 6 − 3 = 3 | 3 − 1 = 2 | 6 − 2 = 4

35 10 − 3 = 7 | 5 − 2 = 3 | 8 − 4 = 4 | 9 − 3 = 6 | 6 − 5 = 1 | 3 − 1 = 2 | 8 − 1 = 7 | 2 − 1 = 1

36 6 − 5 = 1 | 9 − 8 = 1 5 − 1 = 4 | 8 − 4 = 4 | 3 − 2 = 1 | 5 − 3 = 2 | 9 − 6 = 3 | 4 − 1 = 3

37 5 + 3 = 8 | 7 − 2 = 4 | 2 + 7 = 9 | 3 + 6 = 9 | 6 − 5 = 1 | 1 + 8 = 9 | 3 + 3 = 6 | 5 − 4 = 1 | 8 − 1 = 7

38 2 Blumen, 3 Bonbons, 5 Äpfel, 7 Kreise

39 Jana hat insgesamt 4 Tore geschossen.
Tim muss nach der Pause noch 6 Aufgaben ausrechnen.
Frederik hat noch 3 Tafeln.

40 Beispiele: mehr, mehr, mehr, hoffentlich mehr ;-), mehr, mehr, weniger, mehr, weniger, weniger

41 (Rechenräder)

42 (Rechenräder)

43

+	1	2	3	4	5
6	7	8	9	10	11
7	8	9	10	11	12
8	9	10	11	12	13
9	10	11	12	13	14

+	3	4	5	6	7
10	13	14	15	16	17
11	14	15	16	17	18
12	15	16	17	18	19
13	16	17	18	19	20

44

−	1	2	3	4	5
10	9	8	7	6	5
11	10	9	8	7	6
12	11	10	9	8	7
13	12	11	10	9	8

−	6	7	8	9	10
14	8	7	6	5	4
15	9	8	7	6	5
16	10	9	8	7	6
17	11	10	9	8	7

45

8 + 5 = 13	4 + 8 = 12	2 + 9 = 11
7 + 7 = 14	6 + 5 = 11	9 + 9 = 18
6 + 9 = 15	9 + 5 = 14	6 + 7 = 13
8 + 7 = 15	9 + 7 = 16	6 + 6 = 12
5 + 7 = 12	8 + 3 = 11	3 + 9 = 12
6 + 4 = 10	3 + 7 = 10	1 + 8 = 9

46

12 − 6 = 6	3 + 8 = 11	5 + 6 = 11
11 − 3 = 8	12 − 8 = 4	9 + 6 = 15
12 − 5 = 7	17 − 9 = 8	5 + 8 = 13
12 − 7 = 7	6 + 7 = 13	14 − 6 = 8
12 − 7 = 5	18 − 9 = 9	4 + 9 = 13
18 − 6 = 12	19 + 0 = 19	17 + 1 = 18

47			
	18 + 2 = 20	3 + 4 = 7	13 + 6 = 19
	20 − 7 = 13	16 − 9 = 7	9 + 3 = 12
	9 + 8 = 17	17 − 8 = 9	7 + 9 = 16
	8 + 7 = 15	12 + 7 = 19	17 − 8 = 9
	14 + 5 = 19	11 − 6 = 5	4 + 4 = 8
	15 + 5 = 20	13 − 3 = 10	14 + 2 = 16

48		
	4 + 4 = 8	3 + 7 = 10
	26 − 9 = 17	24 − 10 = 14
	18 + 12 = 30	15 + 7 = 22
	27 + 16 = 43	33 + 8 = 41

49			
	5 + 5 = 10	7 − 5 = 2	12 + 8 = 20
	8 − 1 = 7	16 + 3 = 19	9 + 3 = 12
	4 + 4 = 8	9 + 1 = 10	3 + 4 = 7
	3 − 1 = 2	17 − 6 = 11	17 − 6 = 11
	14 + 5 = 19	8 − 5 = 3	5 + 4 = 9
	18 − 8 = 10	13 − 3 = 10	9 − 3 = 6

50			
	19 + 1 = 20	4 + 5 = 9	18 + 2 = 20
	12 + 4 = 16	10 + 6 = 16	10 + 4 = 14
	14 + 1 = 15	1 + 4 = 5	18 + 1 = 19
	10 + 7 = 17	10 + 1 = 11	15 + 1 = 16
	6 + 12 = 18	7 + 1 = 8	16 + 2 = 18
	14 + 3 = 17	14 + 6 = 20	12 + 3 = 15
	17 + 3 = 20	17 + 2 = 19	15 + 4 = 19
	10 + 8 = 18	4 + 14 = 18	2 + 17 = 19
	3 + 1 = 4	2 + 6 = 8	18 + 2 = 20
	7 + 2 = 9	8 + 2 = 10	17 + 1 = 18
	1 + 9 = 10	1 + 9 = 10	12 + 6 = 18

51			
	5 + 6 = 11	5 + 8 = 13	2 + 9 = 11
	5 + 7 = 12	7 + 8 = 15	8 + 9 = 17
	5 + 9 = 14	4 + 7 = 11	7 + 7 = 14
	3 + 8 = 11	6 + 6 = 12	9 + 6 = 15
	6 + 7 = 13	3 + 9 = 12	7 + 8 = 15
	4 + 9 = 13	6 + 8 = 14	9 + 7 = 16
	8 + 8 = 16	9 + 9 = 18	4 + 5 = 9
	8 + 5 = 13	9 + 2 = 11	7 + 5 = 12
	9 + 8 = 17	7 + 4 = 11	5 + 9 = 14
	9 + 7 = 16	12 + 6 = 18	11 + 8 = 19
	8 + 8 = 16	13 + 7 = 20	6 + 11 = 17

52

53			
	14 − 6 = 8	13 − 6 = 7	14 − 9 = 5
	3 + 8 = 11	5 + 8 = 13	12 − 8 = 4
	17 − 9 = 8	5 + 7 = 12	7 + 8 = 15
	12 − 9 = 3	9 + 6 = 15	13 − 4 = 9
	4 + 8 = 12	4 + 7 = 11	11 − 2 = 9
	14 − 8 = 6	18 − 9 = 9	7 + 7 = 14
	3 + 9 = 12	16 − 9 = 7	12 − 5 = 7
	2 + 9 = 11	13 − 9 = 4	5 + 6 = 11

54

3 mal 4 Bäume
2 mal 4 Fische
4 mal 4 Igel

55

4 − 1 = 3
Anne hat noch 3 Katzen.
3 − 1 = 2
Auf dem Baum sitzen noch 2 Eulen.
5 − 2 = 3
Er hat noch 3 volle Flaschen.
7 − 4 = 3
Es sind noch 3 Bananen übrig.
6 − 3 = 3
Es gibt noch 3 Eier.

63

12 > 4 | 6 < 8 | 13 > 7 | 2 = 2 | 14 < 19 | 12 > 9 | 18 > 17 |
4 < 8 | 5 = 5 | 11 > 10 | 5 < 13 | 10 > 9

64

2 + 7 = 9 > 1 + 2 = 3
3 + 3 = 6 = 4 + 2 = 6
2 + 7 = 9 > 6 + 2 = 8
4 + 4 = 8 < 1 + 9 = 10
2 + 2 = 4 < 4 + 5 = 9
1 + 8 = 9 < 9 + 1 = 10
5 + 4 = 9 < 6 + 4 = 10

65

8 | 16 | 6 | 12 | 10 | 2 | 18
2 | 14 | 10 | 6 | 16 | 4 | 12
18 | 8 | 14 | 10 | 6 | 16 | 4

66

2 Erdbeeren, 4 Häuser, 6 Schiffe, 6 Würstchen,
8 Schlüssel, 10 Karussells

68

10 − 5 = 5
5 − 3 = 2
2 + 5 = 7
7 + 2 = 9
9 + 4 = 13
13 + 0 = 13
13 − 3 = 10
10 − 0 = 10
10 − 1 = 9
9 − 0 = 9

69

+	10	11	12	13	14	+	15	16	17	18	19
1	11	12	13	14	15	5	20	21	22	23	24
2	12	13	14	15	16	6	21	22	23	24	25
3	13	14	15	16	17	7	22	23	24	25	26
4	14	15	16	17	18	8	23	24	25	26	27

70

71		72	

73	74
	$12 + 13 + 11 + 9 + 14 + 10 + 15 = 84$ Sam hat insgesamt in der Woche 84 Stunden geschlafen. $58 + 14 + 8 = 80$ 80 Personen nehmen am Ausflug teil. $12 + 4 + 3 + 39 = 58$ Es werden insgesamt 58 Tiere gezählt. 12 Uhr + 2 Std. = 14:00 Uhr Der Bus fuhr um 14:00 Uhr los. $33 + 24 = 57$ Sie kann 57 Songs hören.

75	77
10 Jungen + 20 Mädchen = 30 Kinder + weitere 10 Jungen = 40 Kinder In der Klasse sind 40 Kinder, davon 20 Mädchen. $40 - ? = 30$ $40 - 30 = 10$ $40 - 10 = 30$ Anne hat 10 Murmeln verschenkt. 80 km + 10 km = 90 km Es stehen nun 90 km auf dem Tacho. $60 - ? = 30$ $60 - 30 = 30$ Der Raubfisch hat 30 Fische gefressen.	Es sind noch 4 Bonbons übrig. Es ist kein Sitzplatz mehr frei. Wir haben 5 Euro eingenommen.
	78
	$8 + 8 = 16 = 11 + 5$ $2 + 8 = 10 = 5 + 5$ $4 + 9 = 13 = 2 + 11$ $4 + 15 = 19 = 8 + 11$ $9 + 9 = 18 = 13 + 5$ $12 + 5 = 17 = 14 + 3$

79	81
$3 + 9 = 12 \mid 8 + 8 = 16$ $6 + 5 = 11 \mid 2 + 10 = 12$ $13 + 2 = 15 \mid 14 + 13 = 27$ $9 + 6 = 15 \mid 11 + 1 = 12$ $6 + 10 = 16 \mid 7 + 4 = 11$ $4 + 13 = 17 \mid 9 + 3 = 12$	$17 - 4 = 13 \mid 12 - 3 = 9$ $18 - 10 = 8 \mid 20 - 5 = 15$ $11 - 8 = 3 \mid 9 - 8 = 1$ $19 - 9 = 10 \mid 20 - 8 = 12$ $12 - 8 = 4 \mid 13 - 7 = 6$ $11 - 9 = 2 \mid 19 - 10 = 9$ $14 - 7 = 7 \mid 17 - 8 = 9$

82	83
$3 + 7 + 9 = 19 \mid 13 + 2 + 4 = 19$ $5 + 11 + 2 = 18 \mid 14 + 2 + 2 = 18$ $11 + 7 + 1 = 19 \mid 9 + 5 + 4 = 18$ $2 + 2 + 2 = 6 \mid 12 + 4 + 4 = 20$ $10 + 2 + 4 = 16 \mid 7 + 3 + 8 = 18$ $14 + 1 + 1 = 16 \mid 3 + 12 + 2 = 17$ $17 + 1 + 2 = 20 \mid 16 + 2 + 2 = 20$	$12 - 5 - 3 = 4 \mid 15 - 6 - 3 = 6$ $20 - 6 - 9 = 5 \mid 13 - 3 - 3 = 7$ $8 - 1 - 5 = 2 \mid 20 - 13 - 5 = 2$ $17 - 12 - 2 = 3 \mid 14 - 9 - 4 = 1$ $17 - 7 - 5 = 5 \mid 11 - 1 - 1 = 9$ $16 - 4 - 4 = 8 \mid 19 - 4 - 2 = 13$ $20 - 13 - 3 = 4 \mid 20 - 9 - 9 = 2$

84	85
$8 - 2 + 6 = 12 \mid 11 + 1 - 6 = 6$ $4 + 9 - 6 = 7 \mid 14 + 1 - 5 = 10$ $10 - 7 + 1 = 4 \mid 3 + 8 - 5 = 6$ $10 + 1 - 5 = 6 \mid 13 - 1 + 6 = 18$ $12 - 5 + 2 = 9 \mid 6 + 4 - 7 = 3$ $5 + 8 - 4 = 9 \mid 4 + 11 - 12 = 3$	Es sind jetzt 19 Kinder in der Klasse.

86	87
$3 \cdot 4 = 12 \mid 2 \cdot 2 = 4 \mid 4 \cdot 1 = 4$ $2 \cdot 3 = 6 \mid 2 \cdot 1 = 0 \mid 1 \cdot 0 = 0$ $5 \cdot 3 = 15 \mid 4 \cdot 4 = 16 \mid 6 \cdot 3 = 18$ $4 \cdot 5 = 20 \mid 3 \cdot 6 = 18 \mid 2 \cdot 9 = 18$ $7 \cdot 2 = 14 \mid 3 \cdot 5 = 15 \mid 6 \cdot 2 = 12$	$5 \cdot 2 = 10 < 4 \cdot 5 = 20 \mid 9 = 3 \cdot 3 = 9$ $4 \cdot 4 = 10 > 3 \cdot 5 = 15 \mid 5 > 2 \cdot 2 = 4$ $3 \cdot 6 = 18 < 4 \cdot 5 = 20 \mid 17 < 2 \cdot 9 = 18$ $2 \cdot 8 = 16 = 4 \cdot 4 = 16 \mid 12 = 4 \cdot 3 = 12$

88	89
8 = 4 Mal | 16 = 8 Mal 20 = 10 Mal | 18 = 9 Mal 12 = 6 Mal | 14 = 7 Mal 6 = 3 Mal | 10 = 5 Mal 4 = 2 Mal | 22 = 11 Mal	9 = 3 Mal | 18 = 6 Mal 15 = 5 Mal | 21 = 7 Mal 6 = 2 Mal | 24 = 8 Mal 3 = 1 Mal | 30 = 10 Mal 3 = 1 Mal | 27 = 9 Mal

90	91
Beispiellösungen: 　　10　　　　18 　7 + 3　　　8 + 10 4 + 3 | 1+2　2 + 6 | 5 +5	$5 \mid 2 \mid 4 \mid 1 \mid 3 \mid 6$ $10 \mid 8 \mid 11 \mid 7 \mid 9 \mid 12$ $15 \mid 14 \mid 18 \mid 20 \mid 17 \mid 13$

92	93
$10 / 3 \cdot 10 = 30$ $4 / 5 \cdot 4 = 20$ $8 / 7 \cdot 8 = 56$ $3 / 8 \cdot 3 = 24$ $5 / 6 \cdot 5 = 30$ $7 / 10 \cdot 7 = 70$ $9 / 9 \cdot 9 = 81$ $1 / 7 \cdot 1 = 7$	25 $8 + 17$ $3 + 5 \mid 5 + 12$ 19 $10 + 9$ $7 + 3 \mid 3 + 6$ 33 $16 + 17$ $7 + 9 \mid 9 + 8$

96	30 : 5 = 6	14 : 7 = 2 40 : 4 = 10	28 : 7 = 4 16 : 2 = 8	30 : 3 = 10 6 : 3 = 2	100 : 10 = 10 21 : 3 = 7	70 : 7 = 10 25 : 5 = 5	20 : 4 = 5 64 : 8 = 8	18 : 6 = 3 56 : 8 = 7	18 : 9 = 2	97	15 : 3 = 5	12 : 2 = 6 10 : 2 = 5	20 : 2 = 10 8 : 4 = 2	56 : 8 = 7 2 : 1 = 2	40 : 4 = 10 10 : 5 = 2	21 : 3 = 7 8 : 4 = 2	48 : 6 = 8 80 : 10 = 8	36 : 6 = 6 50 : 5 = 10	49 : 7 = 7

96
30 : 5 = 6 | 14 : 7 = 2
40 : 4 = 10 | 28 : 7 = 4
16 : 2 = 8 | 30 : 3 = 10
6 : 3 = 2 | 100 : 10 = 10
21 : 3 = 7 | 70 : 7 = 10
25 : 5 = 5 | 20 : 4 = 5
64 : 8 = 8 | 18 : 6 = 3
56 : 8 = 7 | 18 : 9 = 2

97
15 : 3 = 5 | 12 : 2 = 6
10 : 2 = 5 | 20 : 2 = 10
8 : 4 = 2 | 56 : 8 = 7
2 : 1 = 2 | 40 : 4 = 10
10 : 5 = 2 | 21 : 3 = 7
8 : 4 = 2 | 48 : 6 = 8
80 : 10 = 8 | 36 : 6 = 6
50 : 5 = 10 | 49 : 7 = 7

99
5 • 2 = 10 | 5 • 6 = 30 | 5 • 7 = 35 | 5 • 5 = 25
8 • 8 = 64 | 8 • 5 = 40 | 8 • 4 = 32 | 8 • 7 = 56
7 • 5 = 35 | 7 • 7 = 49 | 7 • 4 = 28 | 7 • 8 = 56

100
1 € = 2 • 50 ct
1 € = 10 • 10 ct
2 € = 2 • 1 €
2 € = 4 • 50 ct
2 € = 20 • 10 ct

101
101 102 103
225 226 227
298 299 300
299 300 301
798 799 800
161 162 163
479 480 481
109 110 111
998 999 1000

102
888 889 890
164 165 166
599 600 601
168 169 170
269 270 271
398 399 400
124 125 126
775 776 777
498 499 500
579 580 581
998 999 1000

103
56 + 5 = 61
37 + 7 = 44
28 + 6 = 34
82 − 4 = 78
66 − 8 = 58
92 − 7 = 85
35 + 8 = 43
65 − 8 = 57
48 + 6 = 54
92 − 5 = 87
59 + 4 = 63
27 − 8 = 19

104
63 + 8 = 71
74 − 7 = 67
53 + 9 = 62
33 − 8 = 25
66 − 8 = 58
33 − 8 = 25
81 − 8 = 73
88 + 8 = 96
67 − 9 = 58
45 + 6 = 51
46 − 7 = 39
58 + 6 = 64

105
93 94 76 79 21 66 90 86 83 82 58 56 93 88 82 94 100 94 100 98 52

106
14 90 5 46 58 8 5 4 22 29 32 60 9 54 41 53 14 4 20 30 22

107
97 10 1 12 17 68 82 79 42 87 54 1 46 52 15 92 26 85 50 72 96

108
25 15 78 83 20 13 51 13 2 80 8 18 29 30 67 1 44 95 38 79 97

109

: 10		: 20	
50	5	40	2
120	12	80	4
100	10	200	10
80	8	160	8
60	6	100	5
150	15	60	3
40	4	120	6
90	9	180	9
70	7	240	12
10	1	140	7

110
45 : 9 = 5
64 : 8 = 8
49 : 7 = 7
42 : 6 = 7
81 : 9 = 9
21 : 3 = 7

88 : 8 = 11
35 : 5 = 7
36 : 3 = 12
72 : 8 = 9
24 : 4 = 6
63 : 7 = 9

111
44 + 35 + 55 + 58 = 192
82 + 55 + 22 + 64 = 223
22 + 19 + 36 + 66 = 143
25 + 69 + 45 + 56 = 195
16 + 98 + 56 + 58 = 228
48 + 28 + 63 + 68 = 207
17 + 38 + 66 + 95 = 216

112
33 − 7 = 26 | 12 − 9 = 3 | 67 − 12 = 55
82 − 7 = 75 | 44 − 9 = 35 | 83 − 12 = 71
90 − 7 = 83 | 89 − 9 = 80 | 22 − 12 = 10
24 − 7 = 17 | 71 − 9 = 62 | 73 − 12 = 61
65 − 7 = 58 | 39 − 9 = 30 | 50 − 12 = 38

113
25 − 11 = 14 | 55 − 18 = 37 | 68 − 25 = 43
67 − 11 = 56 | 38 − 18 = 20 | 58 − 25 = 33
48 − 11 = 37 | 97 − 18 = 79 | 39 − 25 = 14
21 − 11 = 10 | 51 − 18 = 33 | 99 − 25 = 74
81 − 11 = 70 | 69 − 18 = 51 | 28 − 25 = 3

114
30 − 17 = 13 | 86 − 33 = 53 | 99 − 47 = 52
45 − 17 = 28 | 80 − 33 = 47 | 88 − 47 = 41
76 − 17 = 59 | 78 − 33 = 45 | 77 − 47 = 30
79 − 17 = 62 | 64 − 33 = 31 | 66 − 47 = 19
80 − 17 = 63 | 96 − 33 = 63 | 55 − 47 = 8

115 - 1
50 − 15 = 35 | 75 − 73 = 2 | 82 + 1 = 83
69 + 15 = 84 | 34 − 30 = 4 | 16 + 44 = 60
34 − 17 = 17 | 25 + 45 = 70 | 46 + 38 = 84
93 + 3 = 96 | 77 + 2 = 79 | 74 − 9 = 65
25 + 54 = 79 | 44 + 23 = 67 | 23 − 16 = 7

115 - 2
18 − 6 = 12 | 4 + 13 = 17 | 19 + 67 = 86
13 − 7 = 6 | 39 − 20 = 19 | 16 + 42 = 58
96 − 67 = 29 | 78 + 7 = 85 | 17 + 25 = 42
1 + 34 = 35 | 30 − 13 = 17 | 84 − 11 = 73
94 − 35 = 59 | 30 − 16 = 14 | 29 − 19 = 10

115 - 3		
77 – 60 = 17	17 + 34 = 51	99 + 1 = 100
67 – 40 = 27	20 – 7 = 13	94 – 38 = 56
72 – 60 = 12	3 – 2 = 1	19 + 62 = 81
30 + 26 = 56	37 – 19 = 18	92 + 1 = 93
68 + 24 = 92	12 – 5 = 7	12 – 2 = 10

115 - 4		
19 + 23 = 42	36 + 25 = 61	36 + 15 = 51
38 - 19 = 19	51 – 19 = 32	59 – 11 = 48
46 – 20 = 26	87 – 18 = 69	28 + 31 = 59
53 + 41 = 94	43 – 24 = 19	47 + 19 = 66
79 + 18 = 97	21 – 3 = 18	14 – 7 = 7

116
248
227

117
20 Min.
10 Min.
30 Min.

118
1 Min. = 60 Sek.
1½ Min. = 90 Sek.
2 Min. = 120 Sek.
18 Min. = 1080 Sek.

119
60 Min. = 1 Std.
90 Min. = 1½ Std.
120 Min. = 2 Std.
180 Min. = 3 Std.

120
Der Esel trägt 5 Säcke, das Maultier 7.
Die Freunde wiegen zusammen 120 kg.
Jasmin wiegt 55 kg und Lisa wiegt 60 kg.
Torben wiegt 60 kg.
Die Fabrik produziert in 4 Stunden 3400 kg.

121
Sarah hat am Monatsende 2 Euro gespart.
Jan fehlen noch 93 Euro.

122
Alina erhält 6 Euro zurück.
Alinas Vater muss 10 Euro bezahlen. Wenn er mit einem 20-Euro-Schein bezahlt, erhält er 10 Euro zurück.

123

: 5		: 3	
25	5	9	3
45	9	6	2
20	4	12	4
10	2	18	6
15	3	3	1
35	7	15	5
40	8	30	10
5	1	24	8
50	10	27	9
30	6	21	7

124

: 2		: 4	
18	9	16	4
12	6	24	6
6	3	40	10
16	8	32	8
10	5	20	5
4	2	36	9
14	7	8	2
2	1	28	7
20	10	12	3
8	4	4	1

125

: 6		: 7	
54	9	56	8
30	5	21	3
18	3	42	6
60	10	70	10
24	4	14	2
12	2	35	5
48	8	7	1
36	6	63	9
6	1	28	4
42	7	49	7

126

: 8		: 9	
72	9	81	9
40	5	45	5
64	8	18	2
16	2	72	8
80	10	54	6
48	6	90	10
24	3	27	3
56	7	36	4
32	4	63	7
8	1	9	1

127

: 30		: 40	
90	3	400	10
60	2	320	8
150	5	160	4
210	7	80	2
120	4	200	5
30	1	360	9
180	6	480	12
270	9	640	16
360	12	40	1
300	10	120	3

128

: 50		: 60	
300	6	720	12
400	8	360	6
500	10	420	7
250	5	180	3
150	3	60	1
50	1	120	2
750	15	600	10
600	12	840	14
700	14	240	4
350	7	300	5

129

: 70		: 80	
910	13	1040	13
700	10	800	10
840	12	960	12
490	7	160	2
210	3	240	3
140	2	80	1
280	4	640	8
350	5	320	4
420	6	400	5
70	1	480	6

130
18 : 3 = 6	20 : 4 = 5
9 : 3 = 3	36 : 4 = 9
12 : 3 = 4	12 : 4 = 3
6 : 3 = 2	24 : 4 = 6
30 : 3 = 10	16 : 4 = 4
24 : 3 = 8	8 : 4 = 2

131
25 • 5 = 125	40 • 10 = 400
40 • 5 = 200	80 • 10 = 800
35 • 5 = 175	20 • 10 = 200
15 • 5 = 75	60 • 10 = 600
45 • 5 = 225	90 • 10 = 900
50 • 5 = 250	100 • 10 = 1000

132
20 : 5 = 4	81 : 9 = 9
25 : 5 = 5	90 : 9 = 10
50 : 5 = 10	27 : 9 = 3
30 : 5 = 6	18 : 9 = 2
10 : 5 = 2	36 : 9 = 4

133	24 : 6 = 4	56 : 8 = 7	134	6 • 9 = 54	3 • 3 = 9
	36 : 6 = 6	24 : 8 = 3		8 • 9 = 72	5 • 3 = 15
	48 : 6 = 8	88 : 8 = 11		3 • 9 = 27	4 • 3 = 12
	12 : 6 = 2	64 : 8 = 8		5 • 9 = 45	10 • 3 = 30
	54 : 6 = 9	40 : 8 = 5		9 • 9 = 81	9 • 3 = 27
				2 • 9 = 18	8 • 3 = 24

135	3 • 6 = 18	5 • 8 = 40	136	5 • 4 = 20	6 • 5 = 30
	5 • 6 = 30	4 • 8 = 32		4 • 4 = 16	8 • 5 = 40
	4 • 6 = 24	6 • 8 = 48		1 • 4 = 4	3 • 5 = 15
	6 • 6 = 36	8 • 8 = 64		8 • 4 = 32	5 • 5 = 25
	9 • 6 = 54	9 • 8 = 72		9 • 4 = 36	9 • 5 = 45
	8 • 6 = 48	2 • 8 = 16		2 • 4 = 8	2 • 5 = 10

137	3 • 3 = 9	3 • 2 = 6	138	
	5 • 3 = 15	5 • 2 = 10		
	4 • 3 = 12	4 • 2 = 8		
	6 • 3 = 18	10 • 2 = 20		
	9 • 3 = 27	9 • 2 = 18		
	8 • 3 = 24	8 • 2 = 16		

138:
21	+	71	+	46	=	138		68	+	17	+	42	=	127
+		+		+		+		+		+		+		+
6	+	46	+	45	=	97		22	+	72	+	69	=	163
+		+		+		+		+		+		+		+
13	+	57	+	13	=	83		19	+	95	+	15	=	129
=		=		=		=		=		=		=		=
40	+	174	+	104	=	318		109	+	184	+	126	=	419

139		140	87 + 53 = 140 Sie haben gemeinsam 140 Bilder.

139:
4	+	97	+	48	=	149		37	+	13	+	5	=	55
+		+		+		+		+		+		+		+
81	+	61	+	55	=	197		87	+	60	+	45	=	192
+		+		+		+		+		+		+		+
82	+	35	+	8	=	125		6	+	27	+	81	=	114
=		=		=		=		=		=		=		=
167	+	193	+	111	=	471		130	+	100	+	131	=	361

140:
87 + 53 = 140 Sie haben gemeinsam 140 Bilder.
277 + 223 + 300 = 800 Es wurden insgesamt 800 Euro gesammelt.
572 : 520 = 1,10 Eine Flasche kostet 1,10 €.
1,50 Euro– 1,10 Euro = 0,40 Euro Gewinn pro Flasche
520 • 0,40 Euro = 208 Euro Der Gewinn für 520 verkaufte Flaschen à 1,50 Euro beträgt 208 €.

141	3 • 12 = 36	5 • 13 = 65	142	12 • 12 = 144	5 • 19 = 95
	5 • 17 = 85	7 • 11 = 77		9 • 17 = 153	7 • 16 = 112
	8 • 14 = 112	6 • 15 = 90		9 • 14 = 126	6 • 20 = 120
	6 • 16 = 96	8 • 17 = 136		7 • 16 = 112	8 • 18 = 144
	3 • 19 = 57	7 • 13 = 91		7 • 19 = 133	7 • 19 = 133
	9 • 18 = 162	9 • 14 = 126		9 • 18 = 162	9 • 13 = 117
	4 • 15 = 60	4 • 19 = 76		8 • 15 = 120	4 • 18 = 72
	6 • 12 = 72	8 • 11 = 88		9 • 12 = 108	8 • 11 = 88
	8 • 13 = 104	6 • 17 = 102		9 • 13 = 117	6 • 16 = 96
	9 • 13 = 117	4 • 12 = 48		5 • 13 = 65	3 • 19 = 57

143	270	333			144	316	368		

145	100	44	50	64	80	146	lila Raute
	20+80	40+4	40+10	40+24	40+40		rotes Herz
	4+16	8+32	35+5	20+20	35+5		rotes Herz
	32+48	1+3	5+5	10+14	35+5		blauer Stern
							gelbe Sonne

147	260	170	150	170	148	Gleichseitiges Dreieck, Quadrat, gleichschenkliges
	120 + 140	90 + 80	60 + 90	80 + 90		Dreieck, Kreis, Rechteck, rechtwinkliges Dreieck, Vieleck
	50 + 70	60 + 30	40 + 20	30 + 50		
	70 + 70	30 + 50	20 + 70	50 + 40		

150	Quadrat, Achteck, Fünfeck	151	82 cm = 820 mm	51 cm = 510 mm
			92 cm = 920 mm	65 cm = 650 mm
			99 cm = 990 mm	85 cm = 850 mm

152	10 dm = 100 cm = 1000 mm	153	Beispiellösungen:
	2 dm = 20 cm = 200 mm		Erste Form (orange): Quadrat: 4 Kästchen,
	1 dm = 10 cm = 100 mm		1. Rechteck: 8 Kästchen, 2. Rechteck: 12 Kästchen
	5 dm = 50 cm = 500 mm		Zweite Form (grün): Quadrat: 4 Kästchen,
	8 dm = 80 cm = 800 mm		1. Rechteck: 12 Kästchen, 2. Rechteck: 12 Kästchen
	18 dm = 180 cm = 1800 mm		

154	795 + 6 = 801	155	384 + 20 = 404
	488 + 14 = 502		99 + 11 = 110
	899 + 5 = 904		187 + 23 = 210
	590 + 12 = 602		980 + 20 = 1000
	203 – 5 = 198		259 – 12 = 247
	807 – 11 = 796		102 – 4 = 98
	709 – 10 = 699		608 – 13 = 595
	612 – 16 = 596		419 – 21 = 398
	225 + 9 = 234		889 + 19 = 908
	890 + 15 = 905		37 – 29 = 8
	760 + 13 = 773		118 – 19 = 99
	560 – 45 = 515		200 – 113 = 87

156	58365, 42924, 9310, 62400, 299, 91644	157	T	H	Z	E
			1	1	2	0
			4	3	8	8
			7	3	6	8
				5	3	4

158		159	
	100 + 220 = 320		900 + 1100 = 2000
	200 + 200 = 400		600 + 400 = 1000
	300 + 100 = 400		300 + 100 = 400
	200 + 200 = 400		100 + 800 = 900
	400 + 100 = 500		100 + 600 = 700
	300 + 300 = 600		700 + 300 = 1000
	300 + 200 = 500		6100 + 900 = 7000
	100 + 400 = 500		500 + 6500 = 7000
	100 + 300 = 400		3000 + 2000 = 5000
	400 + 100 = 500		5000 + 4000 = 9000
	700 + 200 = 900		1000 + 6000 = 7000
			800 + 8200 = 9000

160		161	
	620 + 170 = 790		160 + 120 = 280
	130 + 250 = 380		610 + 310 = 920
	260 + 320 = 580		810 + 180 = 990
	160 + 120 = 280		560 + 230 = 790
	610 + 310 = 920		570 + 120 = 690
	810 + 180 = 990		250 + 140 = 390
	560 + 230 = 790		260 + 150 = 410
	200 + 340 = 540		670 + 530 = 1200
	520 + 170 = 690		1820 + 280 = 2100
	130 + 250 = 380		3760 + 1240 = 5000
	260 + 320 = 580		5620 + 1240 = 6860
			3550 + 450 = 4000
			1640 + 3460 = 5100

162		163	
	46 + 53 = 99		15 + 34 = 49
	67 + 31 = 98		42 + 17 = 59
	21 + 68 = 89		58 + 21 = 79
	38 + 30 = 68		20 + 79 = 99
	73 + 16 = 89		55 + 34 = 89
	17 + 12 = 29		19 + 40 = 59
	88 + 11 = 99		60 + 23 = 83
	69 + 10 = 79		90 + 9 = 99
	17 + 28 = 45		78 + 11 = 89
	39 + 41 = 80		89 + 10 = 99
	15 + 27 = 42		78 + 13 = 91
	23 + 37 = 60		
	49 + 33 = 82		

164		165	
	32 + 46 = 78		873 + 55 = 928
	356 + 521 = 877		456 + 49 = 505
	145 + 834 = 979		745 + 196 = 941
	732 + 135 = 867		655 + 145 = 800
	442 + 247 = 689		460 + 340 = 800
	753 + 234 = 987		750 + 460 = 1210
	656 + 231 = 887		
	537 + 342 = 879		
	264 + 735 = 999		

166		167	
	534 − 122 = 412		653 − 249 = 404
	952 − 521 = 431		346 − 39 = 307
	327 − 232 = 95		745 − 126 = 619
	356 − 144 = 212		655 − 145 = 510
	747 − 247 = 500		461 − 309 = 152
	937 − 235 = 702		750 − 460 = 290
	436 − 236 = 200		
	834 − 612 = 222		
	627 − 415 = 212		

168		170	
	Quader		1,80 Euro
	Kubus (Würfel)		2,34 Euro
	Kugel		1,77 Euro
	Kegel		6,11 Euro

171		172	
	Antonia erhält 4 Euro zurück.		Mikes Vater erhält 8 Euro zurück.
	Marc erhält 2 Euro zurück.		Tania erhält 0,80 Euro (80 ct) zurück.

173	102 ct = 1,02 € 1220 ct = 12,20 € 520 ct = 5,20 € 230 ct = 2,30 € 333 ct = 3,33 € 25 ct = 0,25 € 99 ct = 0,99 € 700 ct = 7,00 € 999 ct = 9,99 € 5 ct = 0,05 €	**174**	Tassen Kaffee: 1 = 0,80 € | 2 = 1,60 € 3 = 2,40 € | 4 = 3,20 € 5 = 4 € | 6 = 4,80 € Gläser Cola: 1 = 0,50 € | 2 = 1 € 3 = 1,50 € | 4 = 2 € 5 = 2,50 € | 6 = 3 €
175	Gläser Eistee: 1 = 0,65 € | 2 = 1,30 € 3 = 1,95 € | 4 = 2,60 € 5 = 3,25 € | 6 = 3,90 € Gläser Apfelsaft: 1 = 0,40 € | 2 = 0,80 € 3 = 1,20 € | 4 = 1,60 € 5 = 2,00 € | 6 = 2,40 €	**176**	3,00 : 0,60 = 5 Ja, der Verkäufer hat richtig gerechnet. 5,80 : 7 = ca. 0,83 Nein, der Verkäufer hat sich verrechnet. Er sollte 5,60 Euro verlangen. 50 : 6 = 8,34 Ja, Sven hat recht. Die Karten sollten 48 Euro kosten.
177	3,60 : 4 = 0,90 Der Preis stimmt. 4,90 : 4 = 1,23 Die Verkäuferin hat sich geirrt. Sie sollte 4,80 Euro verlangen.	**178**	Mutter: 9,05 € Tante 1: 7,60 € Tante 2: 12,10 € Bruder: 3,21 € Gesamt: 31,96 €
179	1,00 € 2,90 € 0,90 €	**180**	

2	3	4	6	5	1
1	6	5	4	2	3
4	1	3	2	6	5
6	5	2	1	3	4
5	2	1	3	4	6
3	4	6	5	1	2

181	155 + 723 = 878 368 + 331 = 699 471 + 528 = 999 674 + 215 = 889 119 + 840 = 959 297 + 702 = 999	**182**	355 + 226 = 581 438 + 384 = 822 263 + 457 = 720 728 + 175 = 903 159 + 773 = 932 623 + 278 = 901
183	757 + 568 = 1325 727 + 224 = 951 285 + 376 = 661 527 + 255 = 782 278 + 799 = 1077 353 + 457 = 810	**184**	437 + 374 = 811 833 + 168 = 1001 587 + 765 = 1352 741 + 768 = 1509
185	500 g = 0,5 kg 1 kg = 1000 g 2 t = 2000 kg 0,5 t = 500 kg 1000 kg = 1 t 2 kg = 2000 g 750 kg = 0,75 t 4000 g = 0,004 t 0,5 t = 500 kg	**186**	1 Packung Margarine = 500 g = 0,5 kg 1 Packung Mehl = 1000 g = 1 kg 1 Packung Zucker = 1000 g = 1 kg 1 Packung Butter = 250 g = 0,25 kg 1 Tafel Schokolade = 100 g = 0,1 kg
187	Max 70 kg Hank und Sepp 165 kg: zu schwer Hank 75 kg Max und Bert 155 kg: können fahren Bert 85 kg Sepp und Max 160 kg: können fahren Sepp 90 kg Hank und Bert 160 kg: können fahren Sepp und Bert 175 kg: zu schwer	**188**	0,7 l = 700 ml | 11 l = 11000 ml 0,33 l = 330 ml | 7,77 l = 7770 ml 1 l = 1000 ml 0,02 l = 20 ml 5 l = 5000 ml 14 l = 14000 ml 2½ l = 2500 ml | 3¾ l = 3750 ml
189	2,3 m = 230 cm 5,5 m = 550 cm 10,5 m = 1050 cm 15,04 m = 1504 cm 0,74 m = 74 cm 2½ m = 250 cm 12,74 m = 1274 cm 14¾ m = 1475 cm 4 m = 400 cm 22 m = 2200 cm	**190**	2,5 cm = 25 mm 100 cm = 1000 mm 6 cm = 60 mm 8 cm = 80 mm 0,5 cm = 5 mm 13 cm = 130 mm 3,2 cm = 32 mm 0,2 cm = 2 mm 10 cm = 100 mm 5 cm = 50 mm
191	4500 ml = 4,5 l 1236 ml = 1,236 l 555 ml = 0,555 l 252 ml = 0,252 l 1000 ml = 1 l 1 ml = 0,001 l 10 ml = 0,010 l 10000 ml = 10 l 500 ml = 0,5 l 34 ml = 0,034 l	**192**	3,3 l + 2,5 l = 5,8 l 0,6 l + 400 ml = 1 l 1,77 l + 1,2 l = 2,97 l 800 ml − 200 ml = 0,6 l 4,8 l − 2,5 = 2,3 l 2,25 l + 400 ml = 2,65 l 250 ml + 0,3 l = 0,55 l 4,55 l − 1,22 l = 3,33 l 1200 ml − 0,2 l = 1 l
193	1 l = 1 kg 500 ml = 0,5 kg 1,5 l = 1,5 kg ½ l = 0,5 kg 125 ml = 0,125 kg	**194**	5 • 200 ml = 1 l 1¾ • 200 ml = 0,35 l 2 • 200 ml = 0,4 l 2,5 • 200 ml = 0,5 l ½ • 200 ml = 0,1 l 2¾ • 200 ml = 0,55 l 2½ • 200 ml = 0,5 l 2,7 • 200 ml = 0,54 l 4 • 200 ml = 0,8 l 1,2 • 200 ml = 0,24 l

195	Pflaumenkuchen: 1,85 kg		196	Kirschkuchen: 3,27 kg	
	Apfelkuchen: 2,65 kg			Erdbeerkuchen: 1,38 kg	

197			198		
	220 + 80 = 300	320 − 7 = 313		220 + 140 = 360	220 + 280 = 500
	420 − 60 = 360	470 + 200 = 670		240 − 32 = 208	740 − 140 = 600
	440 + 80 = 520	550 − 9 = 541		220 + 410 = 630	790 − 630 = 160
	630 − 40 = 590	490 + 490 = 980		490 − 320 = 170	560 + 310 = 870
	340 + 50 = 390	750 − 28 = 722		140 + 850 = 990	440 + 380 = 820
	850 − 70 = 780	160 + 570 = 730		730 − 470 = 260	930 − 440 = 490
	720 − 80 = 640	370 + 290 = 660		390 + 220 = 610	750 − 280 = 470
	570 + 80 = 650	580 - 520 = 60		500 − 88 = 412	270 + 620 = 890
	910 − 50 = 860	710 + 290 = 1000		280 + 440 = 720	
	660 + 60 = 720	220 − 6 = 214		440 − 320 = 120	
	410 − 90 = 320	360 + 150 = 510		660 + 220 = 880	
	820 + 80 = 900	960 − 13 = 947		730 − 610 = 120	

199				200		
	110 + 82 = 192	440 − 23 = 417	966 − 46 = 920		288 − 48 = 240	572 − 52 = 520
	680 − 43 = 637	210 + 72 = 282	945 + 30 = 975		641 + 29 = 670	450 − 44 = 406
	480 − 8 = 472	660 − 328 = 332	747 = 738 + 9		344 + 50 = 394	340 + 53 = 393
	620 + 40 = 660	469 = 410 + 59	230 + 62 = 292		788 − 46 = 742	956 + 34 = 990
	360 = 342 + 18	470 − 38 = 432	470 − 47 = 423		167 − 37 = 130	298 − 68 = 230
	270 − 42 = 228	570 − 57 = 513	468 − 28 = 440		895 − 50 = 845	195 − 25 = 170
	530 + 36 = 566	745 − 15 = 730	590 − 76 = 514		651 + 39 = 690	380 = 357 + 23
	760 − 14 = 746	636 = 616 + 20	988 = 940 + 48		680 = 623 + 57	940 − 26 = 914
	362 = 380 − 18	440 + 48 = 488	864 − 50 = 814		120 + 77 = 197	190 = 120 + 70
	257 = 135 + 122	666 − 612 = 54	194 = 247 − 53		740 − 328 = 412	86 + 296 = 382
	860 + 138 = 998	248 + 517 = 765	466 − 33 = 433		357 + 531 = 888	365 + 274 = 639
	819 = 702 + 117	259 = 301 - 42	158 + 42 = 200		347 = 221 + 126	1001 − 878 = 123

201			202		
	403 + 100 = 503	451 + 10 = 461		900 − 550 = 350	700 + 300 = 1000
	600 − 506 = 94	800 − 51 = 749		802 − 81 = 721	700 + 181 = 881
	900 − 500 = 400	830 - 45 = 785		200 − 102 = 98	893 + 20 = 913
	702 + 24 = 726	95 + 63 = 158		100 + 101 = 201	760 − 10 = 750
	772 + 27 = 799	760 − 29 = 731		996 − 36 = 960	860 − 27 = 833
	700 + 54 = 754	400 − 100 = 300		600 + 103 = 703	409 + 50 = 459

203				204			
	10 • 1 = 10	30 • 2 = 60	40 • 5 = 200		9 • 70 = 630	6 • 20 = 120	8 • 70 = 560
	10 • 6 = 60	10 • 7 = 70	40 • 6 = 240		3 • 80 = 240	8 • 40 = 320	3 • 90 = 270
	70 • 9 = 630	20 • 9 = 180	90 • 9 = 810		5 • 40 = 200	1 • 10 = 10	1 • 20 = 20
	50 • 7 = 350	70 • 5 = 350	20 • 4 = 80		1 • 60 = 60	9 • 90 = 810	6 • 90 = 540
	50 • 3 = 150	60 • 2 = 120	50 • 9 = 450		2 • 20 = 40	6 • 70 = 420	3 • 50 = 150
					3 • 70 = 210	5 • 90 = 450	4 • 20 = 80

205				206			
	169 : 13 = 13	165 : 11 = 15	360 : 20 = 18		120 : 12 = 10	127 : 14 = 9 R 1	25 : 2 = 12 R 1
	216 : 12 = 18	75 : 5 = 15	288 : 16 = 18		66 : 15 = 4 R 6	100 : 18 = 5 R 10	133 : 7 = 19
	300 : 15 = 20	108 : 18 = 6	96 : 8 = 12		39 : 2 = 19 R 1	60 : 5 = 12	34 : 11 = 3 R 1
	20 : 2 = 10	65 : 13 = 5	266 : 14 = 19		253 : 18 = 14 R 1	57 : 3 = 19	154 : 17 = 9 R 1
	100 : 5 = 20	88 : 8 = 11	209 : 19 = 11		153 : 19 = 8 R 1	187 : 17 = 11	261 : 20 = 13 R 1
	80 : 4 = 20	220 : 20 = 11	24 : 2 = 12		111 : 11 = 10 R 1	129 : 8 = 16 R 1	211 : 15 = 14 R 1

207				208			
	9 • 97 = 873	4 • 28 = 112	7 • 10 = 70		40 + 20 = 60	9 • 23 = 207	100 + 500 = 600
	9 • 43 = 387	5 • 14 = 70	9 • 22 = 198		145 : 16 = 9 R 1	67 − 10 = 57	3 • 43 = 129
	7 • 41 = 287	9 • 10 = 90	7 • 95 = 665		200 − 100 = 100	20 + 104 = 124	3 • 47 = 141
	2 • 77 = 154	2 • 37 = 74	2 • 51 = 102		510 − 75 = 435	234 : 18 = 13	50 − 22 = 28
	6 • 37 = 222	4 • 17 = 68	3 • 83 = 249		500 + 11 = 511	135 : 15 = 9	92 + 515 = 607
	7 • 55 = 385	8 • 45 = 360	6 • 69 = 414		48 : 3 = 16	8 • 14 = 112	400 − 20 = 000
					79 : 12 = 6 R 7	300 + 290 = 590	301 − 49 = 252

209				210			
	533 + 45 = 578	280 + 19 = 299	457 + 25 = 482		521 + 77 = 598	158 + 41 = 199	426 + 45 = 471
	222 + 48 = 270	930 + 28 = 958	622 + 57 = 679		688 + 24 = 712	472 + 23 = 495	745 + 33 = 778
	577 + 22 = 599	359 + 27 = 386	456 + 43 = 499		233 + 47 = 280	819 + 77 = 896	239 + 56 = 295
	824 + 44 = 868	722 + 67 = 789	567 + 14 = 581				

211			212		
	152			5,05 €	1000,01 €
	263			22,70 €	850,99 €
	491			14,33 €	
	491			155,10 €	

213			214		
	3,68 €	19,80 €		430 oder 440	310 oder 320
	9,34 €	24,80 €		350 oder 360	500 oder 510
	15,20 €	53,21 €		330 oder 340	110 oder 120
	200,00 €			680 oder 690	700 oder 710
	5,55 €				

215			216			
	850 oder 860	600 oder 610		436 − 224 = 212	777 − 361 = 416	756 − 456 = 300
	710 oder 720	750 oder 760		356 − 143 = 213	469 − 161 = 308	333 − 133 = 200
	530 oder 540	790 oder 800				
	1080 oder 1090	1140 oder 1150				

217				218			
	822 − 398 = 424	519 − 270 = 249	408 − 210 = 198		542 − 459 = 83	377 − 275 = 102	222 − 133 = 89
	647 − 262 = 385	475 − 384 = 91	681 − 590 = 91		925 − 679 = 246	575 − 136 = 439	483 − 183 = 300

219	493 + 243 = 736 512 + 246 = 758 333 + 619 = 952 688 + 145 = 833	220	6 • 13 = 78 2 • 19 = 38 5 • 18 = 90 5 • 15 = 75 4 • 12 = 48 4 • 12 = 48 5 • 12 = 60 7 • 14 = 98 8 • 8 = 64 8 • 18 = 144 9 • 11 = 99 5 • 14 = 70 4 • 9 = 36 6 • 15 = 90 2 • 20 = 40 8 • 19 = 152 5 • 16 = 80 9 • 18 = 162

221	8 • 17 = 136 5 • 13 = 65 7 • 8 = 56 7 • 11 = 77 15 • 5 = 75 4 • 15 = 60 5 • 14 = 70 12 • 7 = 84 3 • 16 = 48 11 • 4 = 44 8 • 13 = 104 9 • 10 = 90 14 • 3 = 42 4 • 16 = 64 12 • 9 = 108	222	13 • 3 = 39 20 • 3 = 60 6 • 5 = 30 17 • 7 = 119 11 • 7 = 77 3 • 18 = 54 12 • 3 = 36 2 • 17 = 34 12 • 2 = 24 15 • 6 = 90 1 • 19 = 19 19 • 6 = 114 19 • 5 = 95 2 • 16 = 32 13 • 10 = 130

223	2 • 12 = 24 8 • 8 = 64 4 • 11 = 44 8 • 9 = 72 4 • 7 = 28 9 • 7 = 63 7 • 10 = 70 2 • 6 = 12 16 • 2 = 32 2 • 15 = 30 3 • 19 = 57 15 • 3 = 45 2 • 30 = 60 9 • 8 = 72 10 • 10 = 100	224	40 Min. nach, 20 Min. vor 45 Min. nach, 15 Min vor 50 Min. nach, 10 Min. vor

225	Schältomaten Kauflust Tomaten Kauflust Bonbons Gutkauf Butter Gutkauf Marmelade Kauflust	226	Schältomaten: 0,50 € Tomaten: 0,11 € Bonbons: 0,61 € Butter: 0,30 € Marmelade: 1,40 €

227	2 m = 20 dm 1,20 m = 120 cm 250 cm = 2,5 m 1,75 m = 175 cm 4 m = 40 dm 4 m = 400 cm 1000 m = 1 km 500 m = 0,5 km 30 dm = 0,3 m 350cm = 35 dm 45 cm = 4,5 dm 1 dm = 10 cm	228	2000 ml = 2 l 1,20 l = 1200 ml 250 ml = 2,5 dl 500 l = 5 hl 4 l = 4000 ml 4000 ml = 40 dl 50 l = 0,5 hl 60 l = 0,6 hl

229	Umfang Form (grün): 24 cm Umfang Form (orange): 28 cm	230	12 • 3 = 36 6 • 12 = 72 13 • 2 = 26 8 • 3 = 24 5 • 2 = 10 4 • 25 = 100 15 • 5 = 75

231	4 • 8 = 32 7 • 8 = 56 5 • 5 = 25 1 • 3 = 3 3 • 8 = 24 11 • 7 = 77 8 • 9 = 72 12 • 12 = 144	232	Beispiellösungen: 6 • 2 = 12, 5 • 2 = 10, 10 + 12 = 22 4 • 4 = 16, 6 • 2 = 12, 16 + 12 = 28 6 • 2 = 12, 2 • 2 = 4 , 4 • 2 = 8, 12 + 4 + 8 = 24

233	Beispiellösungen: 2,30 €:: 1 • 2 €	1 • 20 ct	1 • 10 ct 20,85 € : 1 • 20 €	1 • 50 ct	3 • 10 ct	1 • 5 ct 0,75 €:: 1 • 50 ct	2 • 10 ct	1 • 5 ct 2,78 €:: 1 • 2 €	1 • 50 ct	2 • 10 ct	1 • 5 ct	1 • 2 ct	1 • 1 ct 42,80 €: 2 • 20 €	1 • 2 €	1 • 50 ct	1 • 20 ct	1 • 10 ct 15,30 €: 1 • 10 €	1 • 5 €	1 • 20 ct	1 • 10 ct	234	593 + 328 = 921 98 + 573 = 671 688 + 313 = 1001

235	5 Std. • 4 Tage = 20 Std. Anne hat insgesamt 20 Stunden lang gelesen. 600 Seiten : 20 Std. = 30 Seiten pro Std. Oder 4 Std. • 5 Tage = 20 Std. Bei nur 4 Stunden Lesen hätte Anne 5 Tage benötigt. Bis zu den Ferien dauert es noch genau 10 Tage. 864000 Sekunden : 60 = 14400 Min, 14400 Minuten : 60 = 240 Stunden, 240 Stunden : 24 = 10 Tage	236	370 – 14 + 78 = 434 Schüler nehmen am Sportfest teil. 15 + 5 = 20 Lehrer führen Aufsicht. 15 • 28 = 420 € kostet die Busfahrt. 4 Nächte à 8 Euro = 32 Euro, 32 Euro • 28 Schüler = 896 € kostet die Übernachtung für alle Schüler.

237	4a Mädchen 11 In einem Bus mit 65 Plätzen. + Jungen 12 Sie übernachten 4 mal in der 4b Mädchen 15 Jugendherberge. + Jungen 10 4 Tage • 7 Euro = 28 Euro gesamt 4c Mädchen 4 pro Schüler. + Jungen 8 28 Euro • 60 Schüler 1.680 Euro. Lehrer 3 Der Preis für das Essen für alle Gesamt: 63 Schüler beträgt 1680 Euro. 60 Schüler : 3 Lehrer = 20 Schüler pro Lehrer. Jeder Lehrer betreut 20 Schüler.	238	5 • 2584 = 12920 8 • 2752 = 22016 9 • 1388 = 12492 4 • 6238 = 24952 6 • 9643 = 57858 3 • 7362 = 22086

239	7 • 4022 = 28154 2 • 8200 = 16400 9 • 1388 = 12492 6 • 4458 = 26748 5 • 20502 = 102510 9 • 10036 = 90324	240	326 • 24 = 7824 158 • 18 = 2844 429 • 36 = 15444 713 • 32 = 22816 253 • 42 = 10626 104 • 53 = 5512

241	5823 7169 4205 1379	6373 3601 4942 6489	242	12744 : 8 = 1593 4476 : 6 = 746 67788 : 9 = 7532	3171 : 7 = 453 42615 : 5 = 8523 38056 : 4 = 9514	

243	288 : 16 = 18 306 : 18 = 17 325 : 13 = 25 1218 : 14 = 87 1236 : 12 = 103	244	3 • 35 km= 105 km + 5 • 27 km = 135 km = 240 km Der Tacho zeigt 240 km an.

245	5 • 13 Euro = 65 Euro 5 • 2 Euro = 10 Euro, 65 Euro − 10 Euro = 55 Euro Anne bleiben 55 € übrig.	246	1248 : 26 = 48 Euro Die Fahrt kostet pro Schüler 48 Euro 1248 : 24 = 52 Euro Bei 24 Schülern kostet die Fahrt 52 Euro pro Schüler.

247	In Alinas Klasse gehen 27 Kinder, davon 15 Mädchen und 12 Jungen.	248	Nach 5½ Stunden hat die Ameise den Gipfel erreicht.

| 249 | 25 • 18 = 450
37 • 14 = 518
44 • 14 = 616
78 • 12 = 936
34 • 17 = 578

137 • 22 = 3014
358 • 13 = 4654
835 • 7 = 5845
573 • 4 = 2292
874 • 15 = 13110
144 • 6 = 864

354 • 33 = 11682
634 • 41 = 25994
425 • 11 = 4675
427 • 63 = 26901
288 • 55 = 15840
468 • 11 = 5148 | 56 • 17 = 952
25 • 22 = 550
45 • 18 = 810
342 • 9 = 3078
432 • 6 = 2592

432 • 8 = 3456
645 • 19 = 12255
277 • 153 = 42381
555 • 55 = 30525
467 • 29 = 13543
888 • 11 = 9768

264 • 4 = 1056
363 • 25 = 9075
743 • 23 = 17089
634 • 83 = 52622
318 • 96 = 30528
525 • 15 = 7875 | 250 | 254 • 347 = 88138
389 • 853 = 331817
385 • 745 = 286825
745 • 345 = 257025
122 • 244 = 29768

533 • 666 = 354978
634 • 453 = 287202
853 • 453 = 386409
111 • 555 = 61605
512 • 256 = 131072

533 • 159 = 84747
745 • 676 = 503620
755 • 467 = 352585
657 • 774 = 508518
813 • 599 = 486987 | 644 • 834 = 537096
637 • 744 = 473928
946 • 537 = 508002
974 • 748 = 728552
333 • 333 = 110889

743 • 921 = 684303
745 • 650 = 484250
553 • 301 = 166453
773 • 477 = 368721
489 • 210 = 102690

263 • 440 = 115720
763 • 609 = 464667
637 • 430 = 273910
888 • 773 = 686424
930 • 428 = 398040 | |

251	589 • 720 = 424080 933 • 299 = 278967 479 • 809 = 387511	999 • 999 = 998001 638 • 904 = 576752 994 • 555 = 551670	252	33672 : 69 = 488 862 • 621 = 535302 115515 : 255 = 453	113616 : 144 = 789 432 • 809 = 349488 599 • 408 = 244392	

253	3624 : 8 = 453 2412 : 9 = 268 1430 : 5 = 286 866 : 2 = 433	620 : 4 = 155 1365 : 3 = 455 2286 : 3 = 762 1845 : 5 = 369	254	2331 : 7 = 333 1107 : 9 = 123	974 : 2 = 487 7668 : 9 = 852	

255	6024 : 8 = 753 2367 : 3 = 789	5892 : 4 = 1473 1125 : 5 = 225	256	5912 : 4 = 1478 5994 : 9 = 666	6209 : 7 = 887 2664 : 3 = 888	

257	2934 : 6 = 489 3945 : 5 = 789	6304 : 8 = 788 3774 : 3 = 1258	258	2750 − 450 − 300 = 2000 Er hat noch 2000 € auf dem Konto.

259	1299 − 783 = 516 Jana muss noch 516 € sparen.	260	1935 : 5 = 387 888 : 8 = 111 6993 : 7 = 999	1098 : 9 = 122 1251 : 3 = 417

261	7222 : 4 = 1805 R 2 1994 : 5 = 398 R 4 8500 : 6 = 1416 R 4	3737 : 2 = 1868 R 1 7777 : 8 = 972 R 1 2424 : 4 = 606	262	3:10 Min. = 190 Sek. 1:15 Min. = 75 Sek. 8:40 Min. = 520 Sek. 13:22 Min. = 802 Sek.

263	3600 Sek. = 1 Std. 9000 Sek. = 2 Std. 30 Min. 10800 Sek. = 3 Std. 1800 Sek. = 30 Min.	264	3 Min. 10 Sek. = 190 Sek. 1 Min. 15 Sek. = 75 Sek. 8 Min. 40 Sek. = 520 Sek. 13 Min. 22 Sek. = 802 Sek.

265	Der Weg von der Giraffe zum Bären beträgt 450 m. Der gesamte Weg beträgt 1060 m. Das sind 1,06 km.	266	Sven ist 1170 m oder 1,17 km weit gegangen. Der Weg vom Eingang zu den Zebras beträgt 110 m.

Frank E. Callies

250 Tests

1.–4. Klasse

Deutsch

Rechtschreibung
Diktate
Grammatik

FRANZIS ... macht fit fürs Gymnasium

© 2009 Franzis Verlag GmbH, 85586 Poing

Alle Rechte vorbehalten, auch die der fotomechanischen Wiedergabe und der Speicherung in elektronischen Medien. Das Erstellen und Verbreiten von Kopien auf Papier, auf Datenträgern oder im Internet, insbesondere als PDF, ist nur mit ausdrücklicher Genehmigung des Verlags gestattet und wird widrigenfalls strafrechtlich verfolgt.

Die meisten Produktbezeichnungen von Hard- und Software sowie Firmennamen und Firmenlogos, die in diesem Werk genannt werden, sind in der Regel gleichzeitig auch eingetragene Warenzeichen und sollten als solche betrachtet werden. Der Verlag folgt bei den Produktbezeichnungen im Wesentlichen den Schreibweisen der Hersteller.

Bildnachweise:
© 2008 soft.art GmbH, Gummersbach, Deutschland
© 2008 JupiterImages Corporation: Fotos und Abbildungen bei den folgenden Tests 23, 29, 36, 42, 44, 47, 50, 52, 54, 57, 59, 63, 67, 69, 74, 80, 85, 86, 88, 93, 105, 108, 113, 116, 120, 122, 126, 129, 143, 144, 145 , 146, 151, 159,161, 163, 164, 165, 168, 183, 184, 236, 237, 253, 254

Satz: DTP-Satz A. Kugge, München
art & design: www.ideehoch2.de
Druck: NOVATISK a.s. Letovice
Printed in Czech Republic

Inhaltsverzeichnis

Vorwort

Liebe Eltern,

Lernen kann und soll Spaß machen. Der Lerneffekt ist erwiesenermaßen deutlich größer, wenn Lernstoff spielerisch und abwechslungsreich vermittelt wird.
Aus diesem Grund finden Sie in dem vorliegenden Buch eine große Zahl unterschiedlicher Tests und Übungen, mit denen das Grundschulwissen im Fach Deutsch spielerisch eingeübt werden kann.

Die einzelnen Übungen sind jeweils einem oder auch mehreren Schuljahren zugeordnet, welche Schuljahre das sind, erkennen Sie an den Ziffern am rechten Seitenrand.

1 2 3 4

Die Zuordnungen stellen einen Richtwert dar. Natürlich können Sie mit Ihren Kindern die Übungseinheiten in der für Ihr Kind idealen Reihenfolge bearbeiten. Die Übungen für die Schuljahre 1 und 2 sollten in jedem Fall aber auch von Schülerinnen und Schülern der Schuljahre 3 und 4 regelmäßig wiederholt werden.

Zum Lernen und Üben in der Grundschule noch ein wichtiger Hinweis:
Wir leben in einer Zeit, in der die schulischen Leistungen bereits in der Grundschule wesentlichen Einfluss auf die spätere Schullaufbahn und die Karriere haben. Aus diesem Grund ist es verständlich, wenn Eltern ihren Kindern durch zusätzliches Üben zu Hause bessere Startchancen ermöglichen möchten.
Wichtig ist dabei allerdings, dass Sie Ihr Kind nicht überfordern. Versuchen Sie beim gemeinsamen Üben, Spaß zu haben. Ermutigen Sie Ihr Kind, statt schlechte Leistungen zu kritisieren. Betonen Sie Lernfortschritte und erarbeiten Sie neues Wissen gemeinsam mit Ihrem Kind.

Die Fehlerliste:
Beim Üben mit Ihrem Kind oder bei der Auswertung von Klassenarbeiten werden Sie feststellen, dass sich bestimmte Fehler ständig wiederholen. In der Regel ist es sogar so, dass eine kleine, überschaubare Menge von Wörtern und Rechtschreibregeln für die allermeisten Fehler eines Kindes verantwortlich ist.
Nutzen Sie dieses Wissen und legen Sie gemeinsam mit Ihrem Kind eine Liste schwieriger Wörter und Rechtschreibregeln an.
Bearbeiten und wiederholen Sie diese Liste jedes Mal, wenn Sie mit Ihrem Kind üben, und auch vor jeder Klassenarbeit.
Sie werden überrascht sein, welchen Erfolg diese kleine Übung haben wird.

Zum Schluss noch ein kurzer Hinweis zu den Übungen:

Einige Aufgaben haben Hilfstexte, die die Lösung der Aufgabe erleichtern. Durch Abdecken der Hilfstexte wird der Schwierigkeitsgrad erhöht. Sie können auf diese Weise ganz einfach den Schwierigkeitsgrad variieren.

Zu fast allen Aufgaben finden Sie die richtige Lösung im Anhang. Welche Lösung zur Aufgabe passt, erkennen Sie an der der Übungsnummer in der jeweiligen Überschrift.

Test 1: Schwung- und Lockerungsübungen

Zeichne nach:

Test 2: Ausmalbuchstaben

Hier siehst du rechts alle Großbuchstaben des Alphabets. Male sie bunt aus:

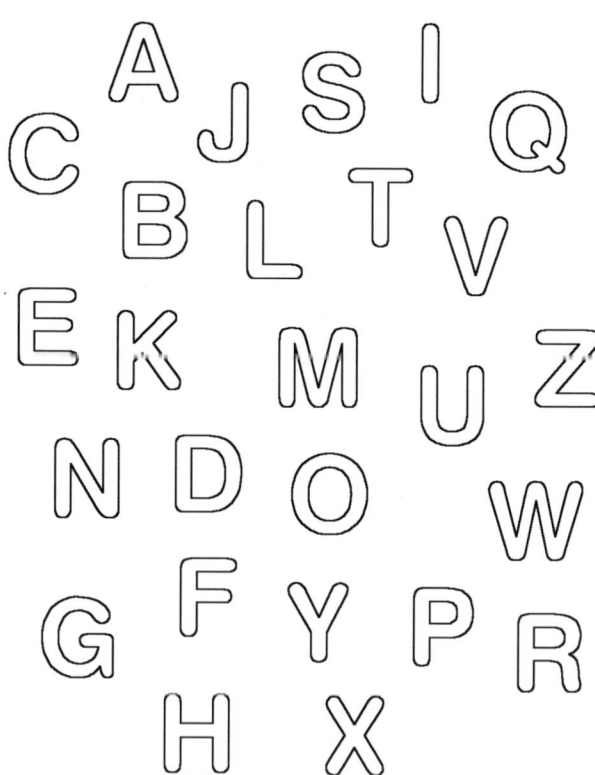

Test 3: Die Buchstaben des Alphabets A bis L

Schreibe die Buchstaben nach:

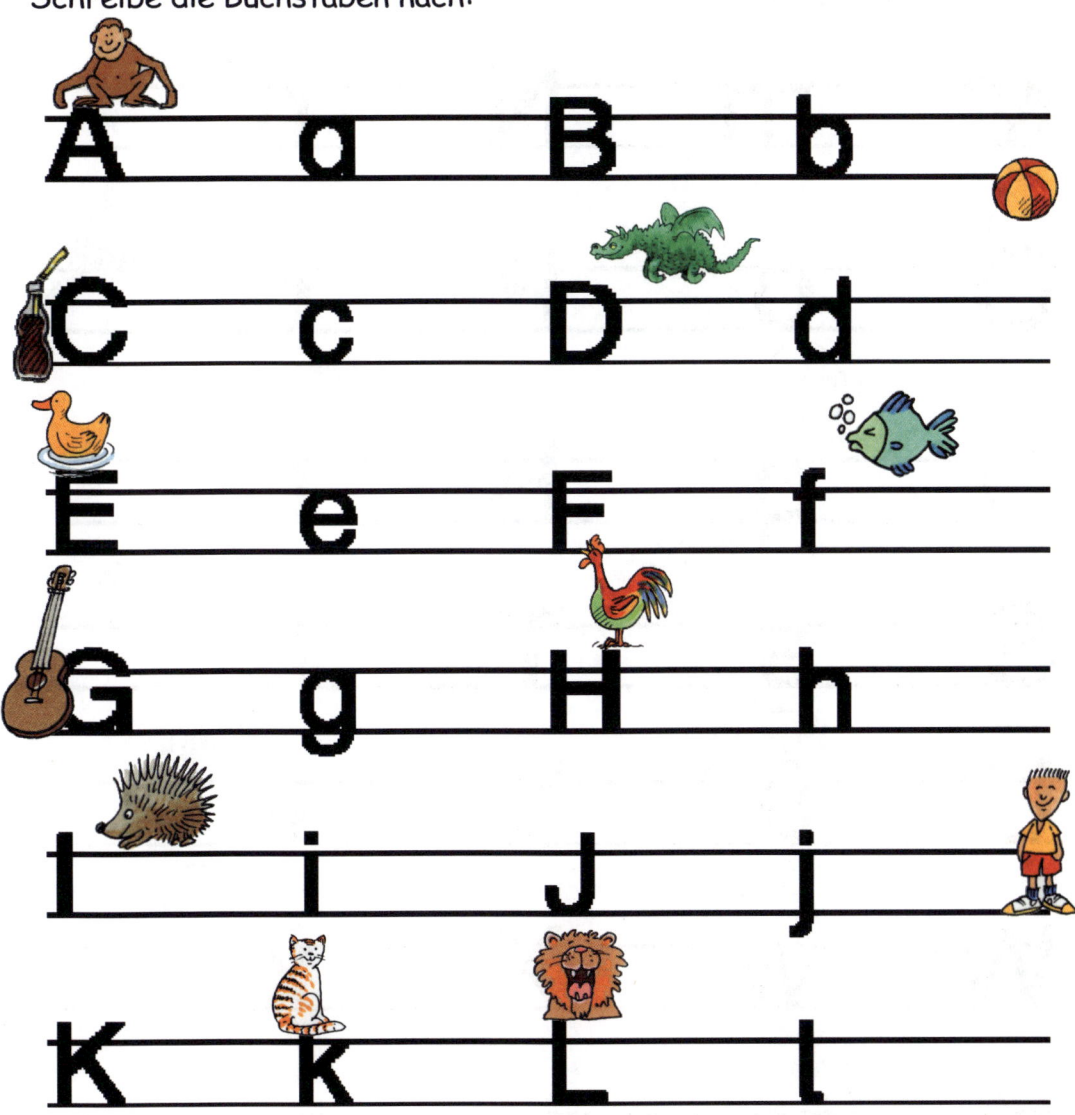

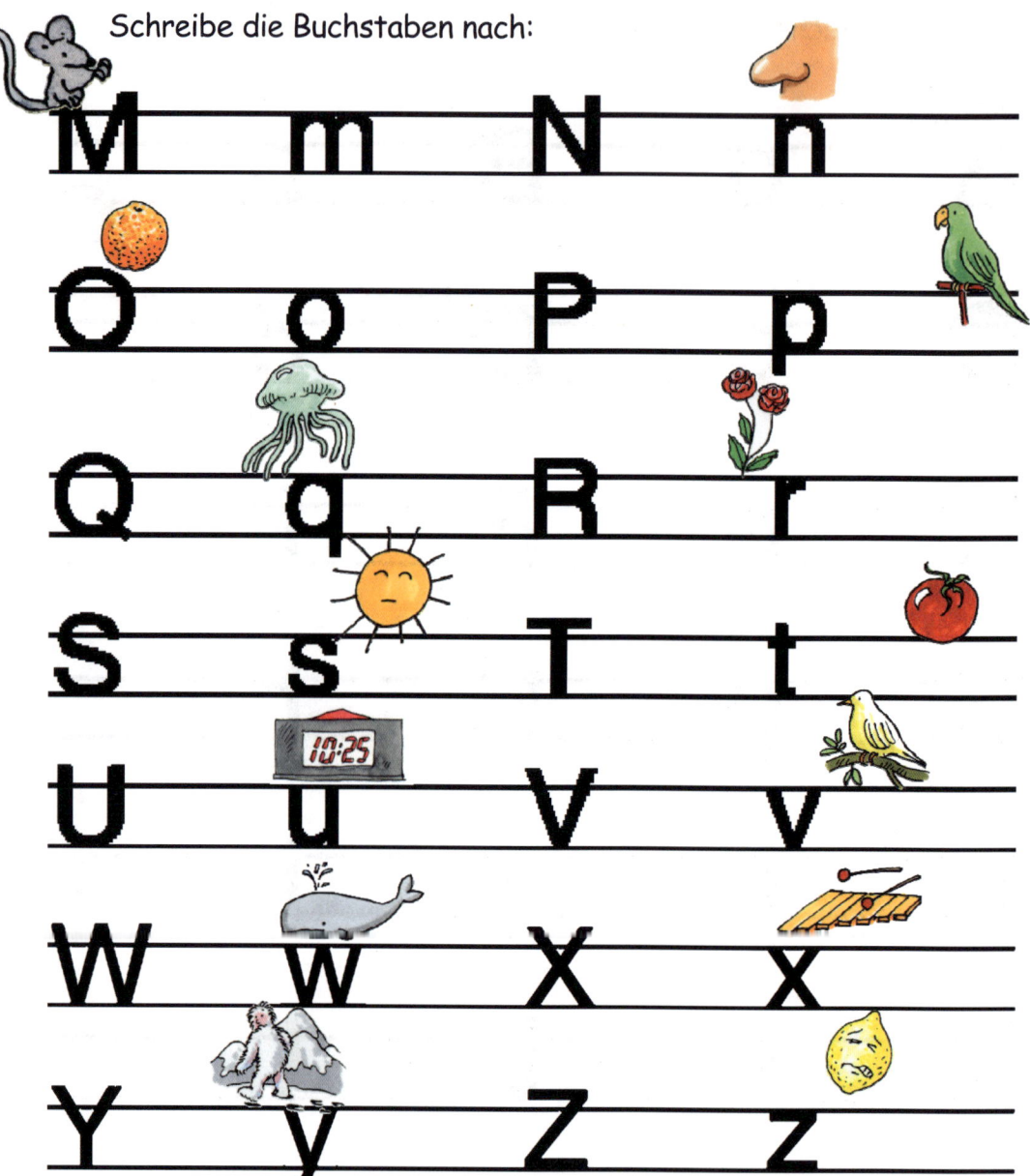

Test 4: Die Buchstaben des Alphabets M bis Z

Schreibe die Buchstaben nach:

M m N n

O o P p

Q q R r

S s T t

U u V v

W w X x

Y y Z z

Test 5: Große und kleine Buchstaben

Hier siehst du links alle Großbuchstaben des Alphabets. Verbinde diese mit den dazugehörenden Kleinbuchstaben auf der rechten Seite.

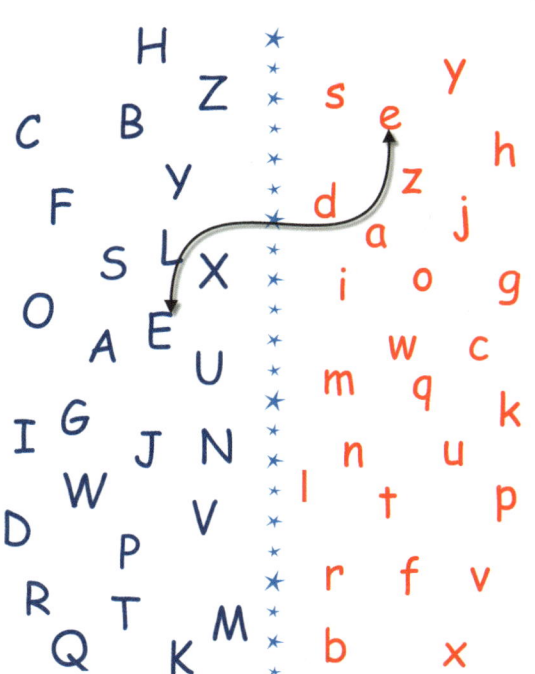

Test 6: Großbuchstaben verbinden

Verbinde diese Buchstaben in der Reihenfolge des Alphabets:

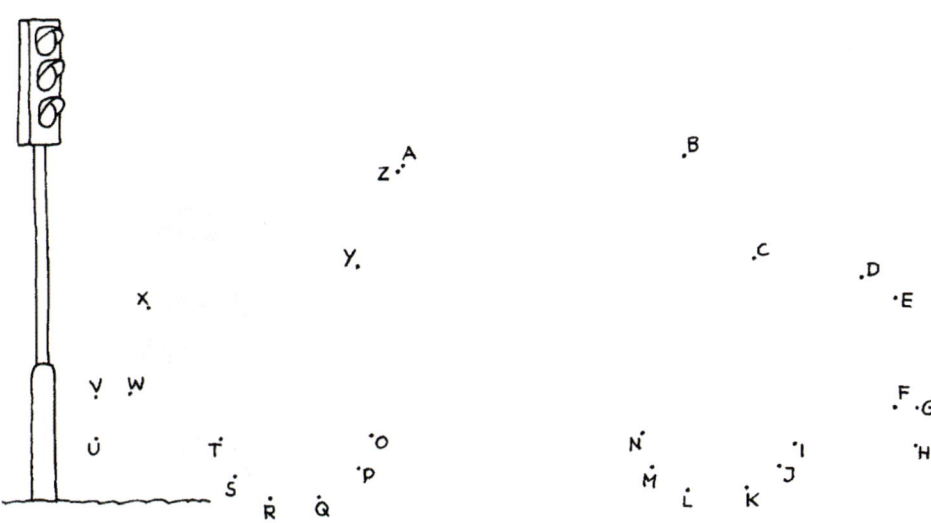

Test 7: Kleinbuchstaben verbinden

x.

·y

·z

w··a

Verbinde diese
Kleinbuchstaben in der
Reihenfolge des Alphabets.
Wo steht der Ritter?

v.   ·b

.d   f   g   j.   .k

h   i

t·   ·u   ċ   ė

p. o

q.   ·n

Test 8: Das Alphabet

Jetzt werden Groß- und
Kleinbuchstaben gemischt:

ṡ   ṙ   ṁ   ı

A   .b   e.   .f

.G

y.   z.| .c   D.   H   ·ı

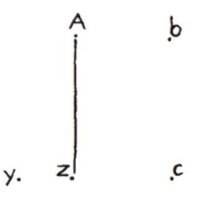

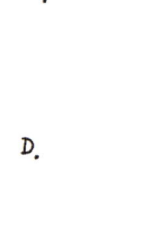

x.   ·u   ţ .P   o. .K   ·j

ẇ   v.   ṡ   q Ṅ   ·L

ṙ   ṁ

Test 9: Anfangsbuchstaben

Mit welchem Buchstaben beginnen diese Wörter? Schreibe die Anfangsbuchstaben in die Kästchen.

Test 10: Anfangsbuchstaben

Mit welchem der Buchstaben beginnen die gezeigten Wörter? Markiere die Buchstaben mit einem roten Kreis.

Test 11: Der Buchstabe A/a

In welchen Wörtern kommt der Großbuchstabe *A* oder der Kleinbuchstabe *a* vor? Schreibe die Wörter und markiere alle **A** und **a** mit einem roten Rahmen.

Test 12: Wie heißen diese Farben?

Schreibe die Namen der Reihe nach auf:

Test 13: Anfangsbuchstaben

Kreise die Bilder ein, die mit dem gleichen Anfangsbuchstaben beginnen wie das Bild darüber.

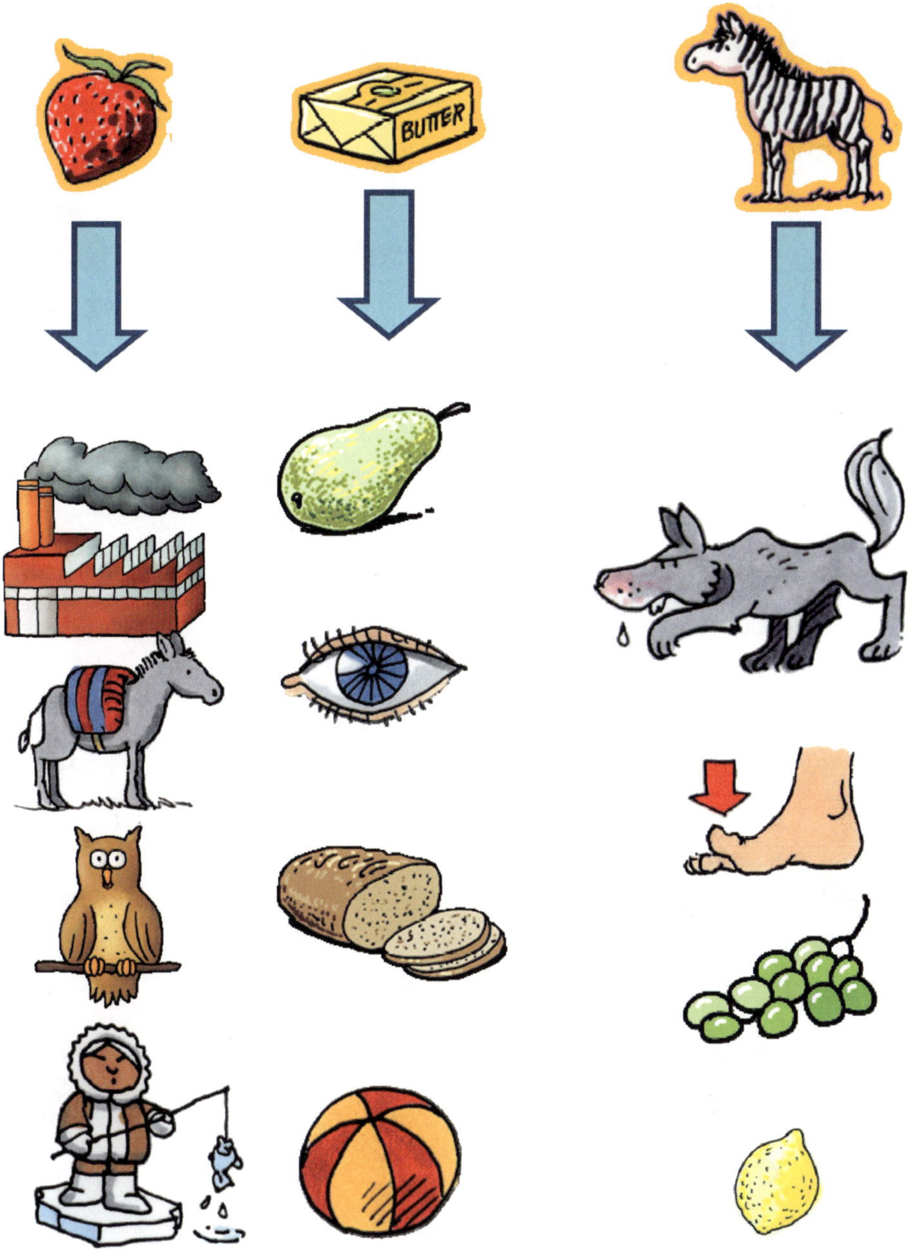

Test 14: Hier fehlt etwas

Bei diesen Wörtern fehlt immer ein Buchstabe. Schreibe den fehlenden Buchstaben in das leere Kästchen.

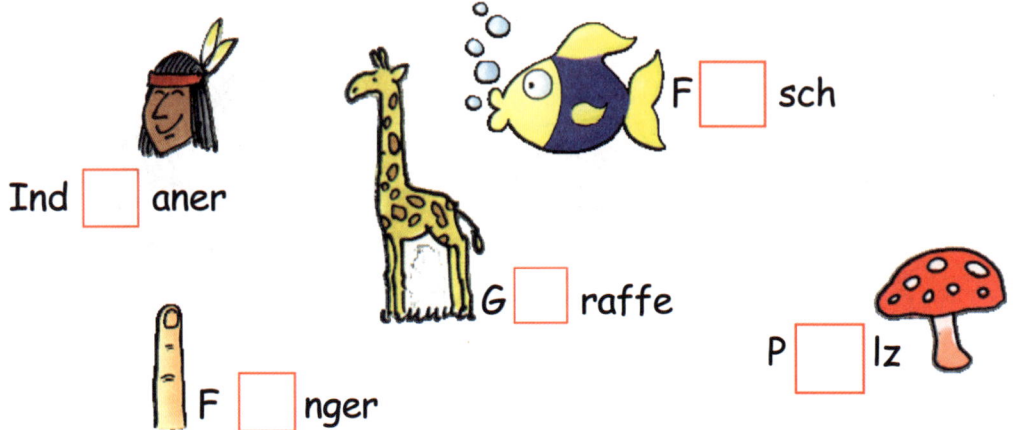

Ind ☐ aner

F ☐ sch

G ☐ raffe

P ☐ lz

F ☐ nger

Test 15: Hier fehlt etwas

Bei diesen Wörtern fehlt immer ein Buchstabe. Schreibe den fehlenden Buchstaben in das leere Kästchen.

B ☐ ll   Bl ☐ me   B ☐ ch   D ☐ no   F ☐ rbe

Fl ☐ gzeug   Fr ☐ sch   F ☐ ß   Gl ☐ s   H ☐ hn

H ☐ xe   K ☐ tze   K ☐ h   L ☐ ftballon   K ☐ chen

Test 16: Schreibübung: Wörter mit B

Schreibe die Namen dieser Dinge, so schön du kannst, in die Zeilen.

B

Test 17: Schreibübung: Wörter mit M

Schreibe die Namen dieser Dinge, so schön du kannst, in die Zeilen.

M

Test 18: Schreibübung: Wörter mit E

Schreibe die Namen dieser Dinge, so schön du kannst, in die Zeilen.

E

Test 19: Schreibübung: Wörter mit W

Schreibe die Namen dieser Dinge, so schön du kannst, in die Zeilen.

Test 20: Artikel (Begleiter)

Trage zu diesen Begriffen jeweils den richtigen Artikel (*der, die* oder *das*) ein.

.... Clown .... Eule ....Eichhörnchen

.... Blume .... Mädchen ....Elefant

.... Giraffe .... Haus ....Baum

.... Mond .... Sonne ....Stern

.... Schule .... Lehrer .... Ball

Test 21: Wortverbindungen

Wenn du die Wörter rechts mit den passenden Wörtern links verbindest, entstehen neue Wörter.

Hand Fuß Schul schirm schuh

Regen Armband hof uhr

ball

Test 22: Finde das „S"

Alle diese Wörter enthalten mindestens ein S/s. Finde und markiere es.

Sonne Säge Gras Dose

sauer lesen

rasen Haus Maus

Reis etwas

Test 23: Buchstabenklau

Trage hier die fehlenden Buchstaben ein.

Meike und Jana gehen in den Zoo. Sie sehen dort einen

[ ] isbären und ein  [ ] ashorn.

Auc die [ ] öwen kommen aus ihrer Höhle.

Auf einem Baum liegt ein [ ] iger und schaut sich um.

Zum Schluss sehen sie noch eine [ ] chlange, die sich sonnt.

Test 24: Adjektive

Welches Adjektiv (Wiewort) passt zu welchem Bild. Schreibe die richtigen Adjektive in die leeren Zeilen.

Die Schlange ist sehr _____.

Das Fell des Eisbären ist _____.

Das Horn des Nashorns ist sehr _____.

Der Löwe brüllt so _____ er kann.

| laut |
| hart |
| giftig |
| weiß |

Test 25: Dichten kann jeder

Welche Wörter reimen sich? Zeichne einen Pfeil zu dem Wort auf der rechten Seite, das sich auf das Wort links reimt.

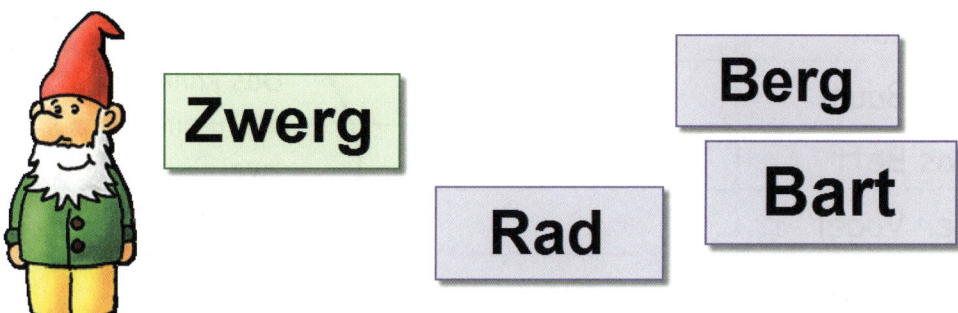

Zwerg

Berg

Bart

Rad

Test 26: Dichten kann jeder

Auch hier reimt sich etwas. Zeichne wieder einen Pfeil.

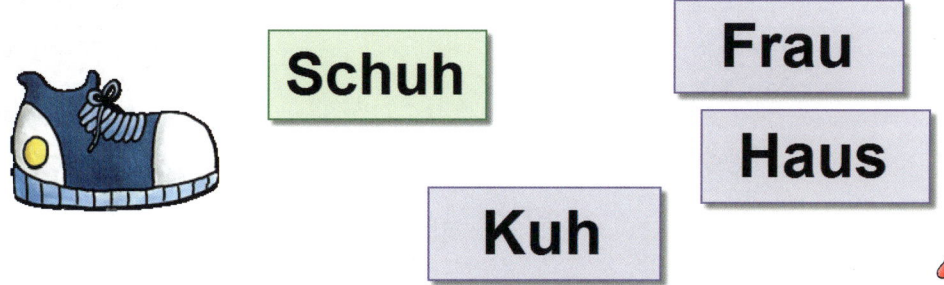

Schuh

Frau

Haus

Kuh

Test 27: Dichten kann jeder

Und noch einmal wird ein Reim gesucht.

Igel

Sieben

Biene

Spiegel

Ene mene miste,
es rappelt in der Kiste.
Ene mene meck,
und du bist weg!

Test 28: Wie heißt hier die Mehrzahl?

Der Lehrer	
Die Zahl	
Der Baum	
Das Bett	
Der Vogel	
Die Klasse	
Das Pferd	
Das Ei	

> Das kann ich auch: ein Bär ... zwei Bären! Ganz einfach, oder?

Test 29: Wie heißt hier die Einzahl?

Die Fahnen	
Die Mütter	
Die Bäume	
Die Stühle	
Die Giraffen	
Die Räder	
Die Schuhe	
Die Hefte	

> Und nicht zu vergessen: zwei Krokodile ... ein Krokodil!

Test 30: Singular (Einzahl) und Plural (Mehrzahl)

Trage hier jeweils die Mehrzahl des Worts in der linken Spalte ein.

Einzahl	Mehrzahl
Der Hund	Die Hunde
Der Junge	
Das Fenster	
Der Apfel	
Der Affe	
Der Finger	
Der Löwe	
Die Hexe	
Die Torte	

Test 31: Buchstabensalat

Schreibe die Buchstaben in der richtigen Reihenfolge auf, dann findest du das Lösungswort. Es ist etwas sehr Saures!

N^6 R^4 T^3

O^5 E^7 I^2 Z^1

1	2	3	4	5	6	7

Test 32: „i" und „ie"

Bei welchem dieser Wörter hörst du ein i oder ein ie? Schreibe sie auf:

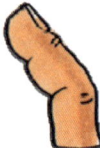   

Test 33: Tätigkeiten

Was machen diese Kinder? Beschrifte.

Tina w_____.

Alina und Tim sp_____ Fangen.

Tom l_____.

Torben s_____ F_____.

Test 34: Vergleichsstufen finden

Finde die Vergleichsstufen zu diesen Adjektiven:

Grundstufe	Steigerungsform 1	Steigerungsform 2
tief	tiefer	am tiefsten
lang		
kurz		
breit		
freundlich		
schnell		
langsam		

Test 35: Vergleichsstufen finden

Auch hier sind die Vergleichsstufen gesucht:

Grundstufe	Steigerungsform 1	Steigerungsform 2
kalt		
warm		
heiß		
hoch		
schmutzig		
fleckig		
sauber		
herrlich		
fantastisch		

Test 36: Buchstabenrätsel

Schreibe die Buchstaben in der richtigen Reihenfolge auf, dann findest du das Lösungswort. Beginne mit der „1".

1	2	3	4	5	6

Test 37: Schreibübung: Wörter mit F oder mit V

Schreibe die Namen dieser Dinge, so schön du kannst, in die Zeilen.

Test 38: Wörtersuche

Finde die hier abgebildeten Wörter und umrande sie.

H	Ü	A	U	G	E	A	M
A	B	A	D	L	E	R	R
U	H	R	Ü	O	E	O	S
S	R	A	K	E	T	E	T
D	G	N	Q	C	Ü	T	E
H	E	M	Z	N	F	O	R
D	R	Ü	O	M	J	Ü	N
L	L	U	P	E	Z	E	I

Test 39: Wörtersuche

Finde Reimwörter auf:

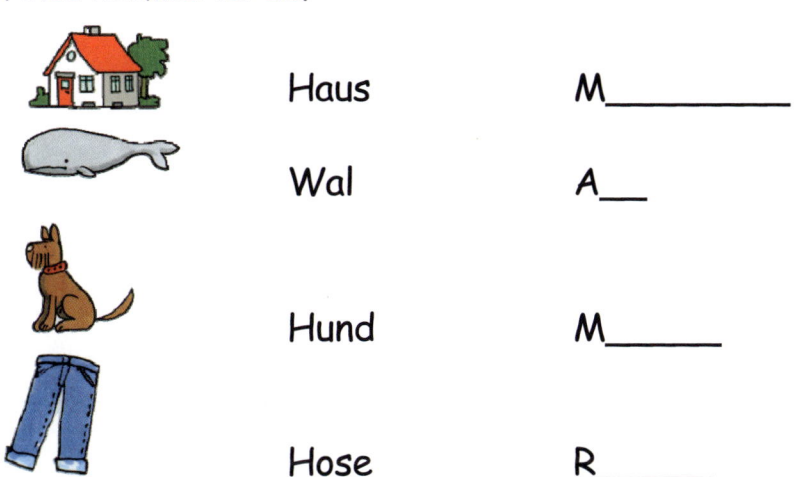

Haus   M_____

Wal   A__

Hund   M_____

Hose   R_____

Test 40: Uhrzeiten

Uhrzeiten werden in der Regel in Form von Ziffern geschrieben. Zum Beispiel so: 8:15 Uhr für *viertel nach acht*.
Schreibe diese Uhrzeiten als Ziffern auf:

Test 41: Wochentage

Weißt du, welcher Tag gemeint ist?

Der Tag nach Sonntag: _____

Der Tag, der mitten in der Woche liegt: _____

Der Tag vor Freitag: _____

Der Tag drei Tage vor Mittwoch: _____

An diesem Tag kommt das Sams: _____

An diesem Tag haben alle frei: _____

Mit diesem Tag beginnt die Woche: _____

Test 42: b oder p?

Hier fehlen überall die Buchstaben *b* und *p*. Kannst du sie an den richtigen Stellen einsetzen?

Lau_	hal_	gel_	Kor_	Sta_	Betrie_
Ohrcli_	Antrie_	Kal_	Die_	Chi_	lie_
Bu_	Ketschu_	Ty_	Sie_	Siru_	Urlau_

Test 43: Buchstabenverwechslung

Die Buchstaben F und V klingen gleich. Trage die Anfangsbuchstaben in die Kästchen ein.

Test 44: Trennung

Zeichne einen senkrechten Strich an die Stellen, an denen
diese Wörter getrennt werden können. Achte dabei genau auf die
einzelnen Silben:

Au|to|bahn

Riesenrad
Weltraumfahrt
Eisenbahnverkehr
Eisverkäufer
Geschenk
Tasche
Nudeln
Freitag
Rosenstrauch

Test 45: Trennung

Wie werden diese Wörter getrennt?

Freude	Mäuse	Schule
Kinder	Hunger	lesen
Hexe	Tropfen	Mischling
finster	ringen	angeln

Test 46: Schwierige Anfangsbuchstaben

Mit welchen Anfangsbuchstaben beginnen diese Wörter?

_ _ or	
_ omputer	
_ ogel	
_ uß	
_ _ alm	

Test 47: Schwierige fehlende Buchstaben

Welcher Buchstabe oder welche Buchstaben fehlen hier? Trage sie in die Kästchen ein.

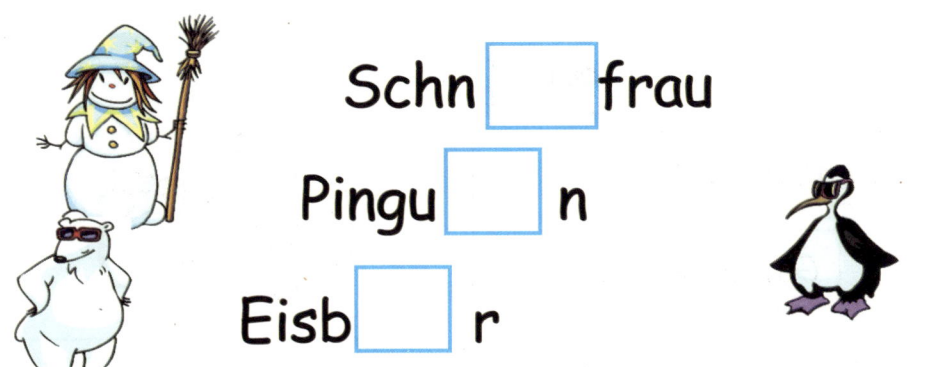

Schn ☐ frau

Pingu ☐ n

Eisb ☐ r

Test 48: Was gehört nicht dazu?

Jeweils ein Wort passt nicht zu dem Bild rechts daneben. Kreise diese Wörter ein.

Schnee   Winter   kalt   Eisdiele

Test 49: Was gehört nicht dazu?

Piraten   Kapitän   Schatz   Badewanne

Test 50: Was gehört nicht dazu?

Super!   Sehr gut!   Durchgefallen!   Gut gemacht!

Test 51: Bestimmte und unbestimmte Artikel (Begleiter)

Trage hier jeweils das Wort mit einem bestimmten und einem unbestimmten Artikel ein.

Wort	bestimmter Artikel	unbestimmter Artikel
Haus	das Haus	ein Haus
Baum		
Abend		
Hund		
Mädchen		
Wolke		
Regen		
Kreide		

Test 52: Reimen macht Spaß

Je zwei dargestellte Begriffe reimen sich. Verbinde sie miteinander und schreibe alle Wörter auf.

Test 53: Der Apfel fällt nicht weit vom Wortstamm

Schreibe zu den hier abgebildeten Wörtern einige Wörter auf, die den gleichen Wortstamm haben:

sehen

sichtbar, unübersehbar ...

Auch hier sind Wörter vom gleichen Wortstamm gesucht:

gehen

begehbar, Gang ...

Und hier ebenfalls:

singen

Gesang ...

Und gleich noch einmal, dann bleibst du im Training:

hören

hörbar, Gehör ...

Test 54: Zahlwörter

Schreibe jeweils das Zahlwort für jede Ziffer (5 <u>fünf</u>):

Lisa kauft im Supermarkt (7) _____ Päckchen Kaugummi.

Marc hat in der Mathearbeit eine (1) _____.

Beim Wettlaufen wurde Ina (2.) _____.

Patrick wurde schon zum (3.) _____ Mal verwarnt.

Jasmin ist die Nummer (2) _____ in der Liste.

Test 55: Und noch mal die Dehnung

Was meinst du? Wie werden diese Wörter geschrieben? Doppelter Vokal, einfacher Vokal oder Verlängerung durch e, eh oder h?

A P F E L S ___ N E    A ___ L

B ___ T    D E L F ___ N

Z ___ G E    S T ___ L

Ein Läufer wurde heute Abend im Wald von einer Meute
Hunde angefallen. Diese sahen in ihm wohl eine leichte Beute.
Zum Glück kamen einige Leute vorbei, die dem Läufer halfen,
die räuberischen Hunde zu verscheuchen. Da solche Vorfälle
in letzter Zeit häufiger vorgekommen sind, sollten sich alle
Leute möglichst in der Nähe der Häuser aufhalten und nicht
alleine in die Wälder gehen. Zumindest sollte man sich nicht
alleine im Wald aufhalten, sondern möglichst einen oder
mehrere Freunde mitnehmen.

Test 57: Wörter-Puzzle

Welche Wörter kannst du zusammensetzen, sodass sie einen neuen Sinn
ergeben?

Regen- Apfel- Pferde- Hoch- Bügel- Kinder-

-garten, -schwanz, -baum, -haus, -eisen, -tropfen

Trage hier deine Lösungen ein:

Regentr...

Test 58: Zusammengesetzte Nomen (Namenwörter)

Aus welchen Verben, Adjektiven und Nomen
sind die Wörter zusammengesetzt? Kreuze an.

LACHSACK	lachen	laufen	Sack	Wand
	☐	☐	☐	☐
DENKFEHLER	denken	brettern	Fehler	Bett
	☐	☐	☐	☐
TURNHALLE	turnen	Halle	laufen	Saal
	☐	☐	☐	☐
LAUFSCHUHE	Waage	turnen	laufen	Schuhe
	☐	☐	☐	☐
TANZSAAL	tanzen	Absprung	brettern	Saal
	☐	☐	☐	☐
TRINKFLASCHE	Mahlzeit	Flasche	trinken	sitzen
	☐	☐	☐	☐
RAUBVOGEL	rauben	stellen	Vogel	Fink
	☐	☐	☐	☐
KAUFMANN	hüpfen	kaufen	Kapelle	Mann
	☐	☐	☐	☐
SCHLAFSACK	schlafen	Strand	Sand	Sack
	☐	☐	☐	☐
BRATPFANNE	stellen	braten	Pfanne	Behälter
	☐	☐	☐	☐
DICKHÄUTER	dünn	dick	Haut	Haus
	☐	☐	☐	☐
FLUTLICHT	fluten	fluchen	Luft	Licht
	☐	☐	☐	☐
BRAUNBÄR	Ball	Bär	braun	blau
	☐	☐	☐	☐

Test 59: Zusammengesetzte Nomen

Auch die hier abgebildeten Dinge sind aus zwei Wörtern zusammengesetzt. Finde heraus, aus welchen. Schreibe dann das vollständige Wort auf.

Eierb...   Fahr...   Fu...   R...   A...

Test 60: Präpositionen (Verhältniswörter)

Wo ist die Katze? Wähle die richtige Präposition (hinter, vor, auf, neben) aus. Beschrifte die Bilder:

Die Katze sitzt ...

--------------   ----------------   --------------   ----------

dem Stuhl.

Test 61: Die Worterzeugungsmaschine

Durch welche Erweiterung entsteht
ein neues Wort? Kreuze an.

	-keit	-heit	-schaft	-ung	-nis	-in
Haft	☐	☐	☐	☐	☐	☐
Dunkel	☐	☐	☐	☐	☐	☐
Freund	☐	☐	☐	☐	☐	☐
Dumm	☐	☐	☐	☐	☐	☐
Hellig	☐	☐	☐	☐	☐	☐
Frei	☐	☐	☐	☐	☐	☐
Trocken	☐	☐	☐	☐	☐	☐
Finster	☐	☐	☐	☐	☐	☐
Fest	☐	☐	☐	☐	☐	☐
Lehrer	☐	☐	☐	☐	☐	☐
Freundlich	☐	☐	☐	☐	☐	☐

Test 62: Die Worterzeugungsmaschine

Auch mit diesen Wortendungen kannst du neue Wörter bilden.

	-lich	-ig	-haft	-sam	-isch	-bar
sonn	☐	☐	☐	☐	☐	☐
arbeit	☐	☐	☐	☐	☐	☐
les	☐	☐	☐	☐	☐	☐
wackel	☐	☐	☐	☐	☐	☐
krank	☐	☐	☐	☐	☐	☐
geiz	☐	☐	☐	☐	☐	☐

Test 63: Wortfelder: Platzverweis

Welche Wörter gehören nicht zum Wortfeld und müssen vom Platz gestellt werden?

Wortfeld				
Fahrrad	Rücklicht	Sattel	Hamburger	Speichen
	☐	☐	☐	☐
Fußball	Ball	Spieler	Rose	Schiedsrichter
	☐	☐	☐	☐
Schule	Spaghetti	Buch	Heft	Stift
	☐	☐	☐	☐
Buch	Seiten	Buchstaben	Sätze	Hammer
	☐	☐	☐	☐
Imbiss	Hamburger	Rakete	Limo	Pommes
	☐	☐	☐	☐

Test 64: Wortfelder: Platzverweis

Auch hier passt jeweils ein Wort nicht in das Wortfeld. Markiere es.

Wortfeld				
Kleidung	Baum	Hemd	Jacke	Hose
	☐	☐	☐	☐
Tiere	Stroh	Luftmatratze	Kaninchen	Stall
	☐	☐	☐	☐
Ferien	Lehrer	Urlaub	Zelt	Luftmatratze
	☐	☐	☐	☐
Meer	Wellen	Wintermantel	Strand	Wasser
	☐	☐	☐	☐
Winter	Handschuhe	Schal	Badehose	Schneemann
	☐	☐	☐	☐

Test 65: Wortbildung: Aus zwei mach eins!

Bilde neue Wörter, indem du die Vorsilben
links mit den Wörtern rechts verbindest:

	laufen	_____
ver-	tragen	_____
	stehen	_____
	nehmen	_____
an-	feuern	_____
	geben	_____

Test 66: Welche Wörter fehlen hier?

Setze hier die Wörter mit *ver-* oder *an-* ein

 Vielen Dank, das kann ich wirklich nicht _ _ _ _ _ _ _ _.

 Hört auf zu streiten. Ihr sollt euch wieder

_ _ _ _ _ _ _ _ _ _!

 Beim Fußballspiel werden wir unsere Mannschaft

_ _ _ _ _ _ _ _ _ _ .

Test 67: Wörter mit gleicher Bedeutung

Hier sind einige Adjektive durcheinandergeraten. Kreise jeweils die Adjektive, die die gleiche oder eine ähnliche Bedeutung haben, mit der gleichen Farbe ein.

Test 68: Steigerung von Adjektiven

Trage hier Adjektive (Eigenschaftswörter) und ihre Steigerungsformen ein.

klein	kleiner	am kleinsten
groß		
schnell		
langsam		
hoch		
tief		

Anne hat einen Brief geschrieben. Dabei hat sie leider die Lücken und Satzzeichen zwischen den Wörtern vergessen. Zeichne ein, wo die Wörter anfangen und enden.

liebelisa

wiegehtesdirbeiunssindbaldferiendarauffreueichmichschonse
hrindenferienmacheichmitmeinenelternurlaubaufeinempferde
hofdakannichvonmorgensbisabendsreitenunddiepferdeversor
gendaswirdtollwennwirwiederzurücksindwerdeichdichbesuche
ndannkönnenwirzusammeninsschwimmbadgehenundeisessenbit
tegrüßeauchdeineelternunddeinenbrudervonmirbisbalddeinea
nne

Test 70: Die Wörterschlange

Außerdem hat Anne einfach alle Wörter kleingeschrieben. Kannst du ihr helfen? Schreibe den Brief mit Satzzeichen für Anne neu:

_____

_____

_____

_____

_____

_____

_____

Test 71: Gute Eigenschaften

Was meinst du, welche Eigenschaften ein guter Freund oder eine gute Freundin haben sollte?

Trage die guten Eigenschaften in die linke und die schlechten in die rechte Spalte ein.

ungerecht

pünktlich

grob   ehrlich

gemein

humorvoll

freundlich

zuverlässig

Gute Eigenschaften	Schlechte Eigenschaften

Test 72: Gute Eigenschaften

Und welche guten Eigenschaften wünschst du dir von deiner besten Freundin oder deinem besten Freund?

_____

_____

_____

Test 73: Tiergeräusche suchen

Schau dir dieses Rätsel gut an. Du kannst sechs Tiergeräusche finden.
Trage diese dann bitte unten ein.

K	D	H	J	T	Z	W	S	D	R
T	K	W	I	E	H	E	R	N	H
H	N	I	V	M	U	H	E	N	L
J	A	X	X	R	E	I	C	Ä	G
K	L	F	T	G	V	S	M	B	Ö
I	L	K	L	A	P	P	E	R	N
T	E	B	R	U	M	M	E	N	V
N	N	E	Q	U	A	K	E	N	W
Ö	H	E	S	L	N	T	W	W	H
G	Q	U	I	E	K	E	N	W	A

Diese Tiergeräusche habe ich gefunden:

_____

_____

_____

_____

_____

_____

23

Test 74: g oder k?

Hier fehlen überall die Buchstaben *g* und *k.* Kannst du sie an den richtigen Stellen einsetzen?

Quar_

Ste_

Par_

 lan_

Bur_

Kru_

Sie_

star_

Werkzeu_

schrä_

Betru_

Flugzeu_

Fabri_

Musi_

Ta_

Lo_

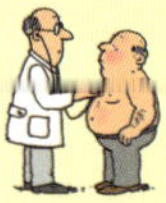

kran_

Ber_

Schla_

Tipp:

Durch Verlängern der Wörter kannst du leicht herausfinden, wie die Endung lautet (Beispiel: das Flugzeu**g** – die Flugzeu**g**e, der Betru**g** – der Betrü**g**er).

Test 75: d oder t?

Hier fehlen überall die Buchstaben *d* und *t*. Kannst du sie an den richtigen Stellen einsetzen?

Kin_	bun_	Jogur_	Boo_	lau_	Elefan_
Bro_	Nilpfer_	Obs_	Mon_	ro_	Wal_
Fahrra_	Nach_	Schwer_	Mun_	Bil_	Bee_
As_	Leopar_	Han_	Ax_	Hun_	Pfer_
Saf_	Sala_	Win_	Schil_	Ach_	Pira_

Test 76: schwierigere Wörter mit „d"

Ergänze die fehlenden Buchstaben:

Schul_ wun_ run_ Wan_

har_ Gel_ Gol_ mil_

Test 77: Hier geht es tierisch zu

Manchmal werden bestimmte Eigenschaften von Tieren dazu verwendet, einen Menschen zu beschreiben. Man sagt zum Beispiel, jemand sei störrisch wie ein Esel. Kennst du noch mehr solche Vergleiche? Welche Eigenschaft gehört zu welchem Tier?

Moritz	(hat einen Dickkopf)	Man sagt:	Er ist störrisch wie ein _____.
Tina	(kann gut klettern)	Man sagt:	Sie klettert wie ein _____.
Kleine Schwester	(nervt total)	Man sagt:	Sie ist dumm wie eine _____.
Torben	(ist sehr treu)	Man sagt:	Er ist treu wie ein _____.
Anne	(kann sich gut anschleichen)	Man sagt:	Sie schleicht wie eine _____.

Test 78: Wörter-Puzzle

Welche Wörter kannst du zusammensetzen, sodass sie ein neues Wort ergeben? Segel- Affen- Rasen- Garten- Baum- Kaninchen- -haus, -theater, -stall, -zaun, -schiff, -mäher

Trage hier deine Lösungen ein:

Segelsch...

Test 79: Silbentrennung

Johanna und Max gehen heute zum Volksfest. Max hat eine Liste mit allem, was es dort zu sehen gibt. Leider hat er alle Wörter in einer langen Wortschlange aufgeschrieben. Kannst du die Wörter für ihn trennen?

KETTENKARUSSELLZUCKERWATTESTANDGEISTERBAH
NIRRGARTENIMBISSBUDESCHWERTSCHLUCKERRIESEN
RAD

Test 80: Silbentrennung

Schreibe hier die Wörter auf und kennzeichne jede Stelle, an der getrennt werden kann.

KET-TEN-KA-RUS-SELL

_____

_____

_____

_____

_____

Test 81: Reimwörter mit nk

Finde passende Reimwörter zu diesen Wörtern. In allen Wörtern muss die Buchstabenfolge *nk* vorkommen.

schenken	Bank	trinken
d	D	bl
l	Z	Z
r	Schr	Sch
vers	bl	h
	Tr	vers

Test 82: Wortsuche

Suche alle Wörter, die mit Sp oder sp beginnen.

H	H	L	F	L	O	T	M	Ö	S	P	I	T	Z	E	D
L	J	O	V	Ö	W	S	M	S	P	I	E	G	E	L	M
S	P	A	N	I	E	N	Ü	H	X	Ö	S	V	E	S	Q
A	B	A	S	K	W	L	Ü	I	E	S	Ö	Ü	Y	P	C
Ü	W	L	I	T	I	W	M	Q	P	S	L	C	Ä	I	E
3	T	X	S	P	A	N	N	E	N	D	Z	G	E	E	S
P	V	C	C	S	Y	S	P	U	R	I	R	N	S	L	P
R	S	P	R	I	N	G	S	E	I	L	U	K	P	E	I
E	V	J	Z	G	E	H	Z	L	M	T	K	O	I	N	N
C	A	G	F	H	I	S	N	S	P	A	R	E	N	D	A
H	Z	Ö	S	P	R	I	T	Z	E	N	S	L	N	Ö	T
E	S	P	A	T	E	N	Z	S	P	O	R	T	E	L	Ö
N	S	P	A	T	Z	L	S	P	R	Ü	H	E	N	H	N

EPSNRA	ILENPES	PSNNEI	SRGIEINLSP	AESPINN	ATPSZ
PROST	ASTPIN	PNNDENAS	SELGEIP	EIPTZS	PNTSAE
EERCHNSP	TREZNSIP	PSEHNÜR	UPRS		

Test 83: Wörter mit z

Hier müssen wieder Wörter zusammengesetzt werden. Die Wörter beginnen mit den Buchstaben in den Rauchwolken der Lokomotive. In der Mitte oder am Ende steht das „z". Die Wortendungen findest du auf den Fensterscheiben des Waggons.

Welche Wörter findest du? Trage sie ein:

gan stol gren zwan z e en end ig

Test 84: Weiches oder scharfes S/s?

Trage in die rechte Spalte die Wörter ein, bei denen das S/s scharf klingt. In die linke Spalte kommen die Wörter mit einem weichen S/s.

Sonne

Säge

sauer

Haus

Gras

lesen

Dose

Maus

rasen

Reis

etwas

stimmhaftes S/s

stimmloses s

Test 85: Wörter mit e und ä

In diesen Wörtern fehlt jeweils ein *e* oder ein *ä*. Kannst du die fehlenden Buchstaben richtig einsetzen?

h__ngen b__llen gef__hrlich B__lle schn__ll h__ll H__nde g__hnen R__gen schr__g r__nnen

Test 86: Wörter mit eu und äu

In diesen Wörtern fehlt jeweils ein *eu* oder ein *äu*. Kannst du die fehlenden Buchstaben richtig einsetzen?

M__se B__me aufr__men h__te B__te Tr__me l__ten F__er Fr__nde __le h__len

Test 87: Bald ist Weihnachten

Jasmin hat einen Wunschzettel für den Weihnachtsmann geschrieben. Bei den Wörtern hat sie aber Fehler gemacht. Kannst du ihr helfen? Streiche die Fehler an und schreibe die richtigen Wörter auf.

Lieber Weihnachtsmann,

ich wünsche mir:

1. eine Pupe  2. einen Mahntel

2. einen Fusball  4. einen Ruksak

 _____  _____

 _____  _____

Test 88: Der Wunschzettel

Hier ist der Wunschzettel von Jasmins kleinem Bruder Björn. Er kann noch nicht schreiben. Hilfst du ihm?

 _____   _____

_____   _____

Test 89: Adjektive gesucht

Finde Adjektive (Wie-Wörter) mit den Endungen -lich, -ig, -isch, -sam, -haft und -bar.

-lich	-ig	-isch	-sam	-haft	-bar
königlich	ekelig	kindisch	furchtsam	glaubhaft	sonderbar

Test 90: Nomen gesucht

Finde Nomen (Namenwörter) mit diesen Wortendungen.

-heit	-keit	-in	-nis	-ung	-schaft
Dummheit	Dankbarkeit	Lehrerin	Ergebnis	Zeitung	Freundschaft

Test 91: Konsonanten (Mitlaute)

Bei welchen dieser Wörter hörst du einen doppelten Mitlaut und bei welchen einen einfachen? Schreibe ein d für doppelt und ein e für einfach.

Test 92: Doppelte Konsonanten (Mitlaute)

Welche Wörter fallen dir noch ein? Umso mehr du findest, desto besser.

Wörter mit *ff:* hoffen ...

Wörter mit *mm:* Stimme ...

Wörter mit *pp:* Lippe ...

Wörter mit *nn:* können ...

Wörter mit *rr:* Karre ...

Test 93: Der dumme Computer

Tobias hat seinem Freund Tim einen Brief mit dem Computer geschrieben. Leider hat der alle Buchstaben großgeschrieben. Hilf Tobias dabei, die Wörter richtig zu schreiben.

HALLO TIM,

GESTERN HABEN BEI UNS DIE FERIEN BEGONNEN, UND ALLE SCHÜLER FREUEN SICH AUF DIE NÄCHSTEN SECHS WOCHEN.
LEIDER KÖNNEN MEINE ELTERN UND ICH IN DIESEM JAHR NICHT IN DEN URLAUB FAHREN.
PAPA MEINT ABER, DASS WIR AUCH HIER URLAUB MACHEN KÖNNEN. MORGEN GEHT ES SCHON LOS. WIR FAHREN ZUM SCHWIMMEN ZU EINEM BAGGERSEE. MORGEN ABEND WERDEN WIR DANN GRILLEN. ZUM GLÜCK IST ES JETZT ABENDS NOCH LANGE HELL. SO KANN ICH MIT MEINEN FREUNDEN JEDEN ABEND LANGE SPIELEN. WANN BEGINNEN DIE FERIEN BEI EUCH? KOMM MICH DOCH EINFACH BESUCHEN, WENN ES SO WEIT IST. MEINE ELTERN ERLAUBEN DAS BESTIMMT, UND ICH WÜRDE MICH SEHR FREUEN.

DEIN TOBIAS

Hallo Tim,
gestern haben bei uns ...

_____

_____

_____

_____

_____

_____

Test 94: Wörter mit mm

Welche Wörter kannst du aus den Wortteilen links, dem *mm* in der Mitte und den Wortteilen rechts zusammensetzen?

Schra Tro
i bru   **mm** en er
Kla Ka   e en
          el
          er

_____
_____
_____
_____
_____
_____
_____
_____
_____

Test 95: Wörter mit nn

Setze auch hier die Wörter zusammen.

Ri Spi
So Ka **nn** e e
          e e

_____
_____
_____
_____
_____
_____
_____
_____

Tipp: Ein Vokal (Selbstlaut) wird vor einem doppelten Konsonanten (Mitlaut) immer kurz gesprochen.

Test 96: Wörter mit ss oder ß

Trage die Wörter, die sich hinter diesem Rätsel verbergen, in die passenden Kästchen ein.

1 – Er hat keine Schuhe an, seine Füße sind …
2 – In ihm werden Flüssigkeiten gelagert.
3 – Fließendes Gewässer.
4 – Ein anderes Wort für Pferd.
5 – Blumen bindet man zu einem …
6 – Heftig an etwas ziehen.
7 – Lässt sich nicht durch dieses/jenes/welches ersetzen.
8 – So etwas hat man in der Hose, wenn man hängen geblieben ist.
9 – Wird von Fahrzeugen benutzt.

1	
2	
3	
4	
5	
6	
7	
8	
9	

Test 97: Aufsatztraining: Geräusche

In einem Aufsatz ist es immer wichtig, alles so genau und abwechslungsreich wie möglich zu schreiben. Diesmal geht es um Geräusche und Töne. Ordne die Geräusche und Töne den Gegenständen zu.

Das S_____ qu_____.   Die K_____ m_____.

Die E_____ qu_____.   Das P_____ w_____.

Die K_____ p_____.   Der B_____ k_____.

Der H_____ b_____.

Test 98: Vorsicht Falle! Diktat: lehren und leeren

Herr Becker ist Lehrer. Wenn er nach Hause kommt, dann leert er zuerst den Briefkasten. In der Schule lehrt er Mathematik, zu Hause leert er manchmal auch den Mülleimer.

Test 99: Vorsicht Falle! Diktat: man und Mann

Man sollte es nicht glauben, aber in Amerika lebt ein Mann, der fast drei Meter groß ist. Seit der Mann zwölf Jahre alt ist, passt er nicht mehr durch die Wohnungstür.

Test 100: Wörter mit sp und Wörter mit st

Welche dieser Dinge schreibt man mit *sp* und welche mit *st*? Trage alle gefundenen Wörter in die leeren Zeilen ein.

_____

_____

_____

_____

_____

Test 101: Wörter mit sp und Wörter mit st

Ergänze diese Sätze:

Gib dein Taschengeld nicht aus. Du sollst _____!

Erst machen wir Hausaufgaben,
dann kannst du _____.

Bei der Post bekommt der Brief einen _____.

Das Boot legt am _____ an.

Test 102: Vorsicht Falle! Diktat: malen und mahlen

Herr Müller ist Maler. Er malt besonders gerne Mühlen. Sein Freund, Herr Maler, ist Müller. Er mahlt den ganzen Tag lang Mehl. Manchmal würden beide gerne tauschen. Dann könnte Herr Müller Mehl und Herr Maler Bilder ma(h)len.

Test 103: Wortlücken

Lies den Text genau durch. Unten findest du mehrere Wörter, die du in die Wortlücken einsetzen sollst. Findest du die richtige Lücke für jedes Wort?

Richtiges Zähneputzen

Kinder und Erwachsene sollten sich nach jeder Mahlzeit gründlich die Zähne _____ .

Für Kinder wurde eine Merkregel mit dem Namen KAI erfunden. KAI steht für „Kauflächen", „Außenflächen" und „Innenflächen".

Du solltest also deine _____ nach dieser Methode putzen. Zuerst die Kauflächen, das sind die Oberseiten der Zähne. Dann die Außenflächen und zuletzt die _____ .

Wenn du dir die KAI-Regel merkst, kannst du beim Zähneputzen nie mehr etwas _____ .

Wenn du regelmäßig deine Zähne putzt, musst du beim nächsten Zahnarztbesuch keine Angst haben. Durch das Putzen bleiben deine Zähne nämlich _____ .

| Innenflächen | gesund | Zähne | vergessen | putzen |

Test 104: Was ich alles mag

Schreibe in ganzen Sätzen auf, was oder wen du ganz besonders magst:

Meine Lieblingsmusikgruppe:

_____

Mein Lieblingshobby:

_____

Meine Lieblingsfarbe:

_____

Mein Lieblingsessen:

_____

Mein Lieblingsbuch:

_____

Meine beste Freundin:

_____

Mein bester Freund:

_____

Test 105: Farben

Der Maler Vincent van Mäusezahn hätte sich nicht nur beinahe ein Ohr abgeschnitten, er hat auch noch die Namen seiner Farben durcheinandergewürfelt. Hilfst du ihm?

EBLG

TOR

UBLA

Hm, hier noch ein wenig **Ibua** … Perfekt!

OASR

NRGÜ

CZHWASR

RANBU

Diese Farbe ist besonders schwierig!

_____

_____

_____

_____

Test 106: Vorsicht Falle! Diktat: seit und seid

Seit drei Wochen hat die Klasse Unterricht bei Frau Specht. Heute hat Frau Specht die Klassenarbeiten mitgebracht. Sie sagt: „Ihr seid in den letzten Wochen schon viel besser geworden." Das hat schon seit Langem kein Lehrer mehr zu ihnen gesagt.

Test 107: Aus zwei mach eins

Viele Wörter der deutschen Sprache bestehen eigentlich aus zwei oder drei Wörtern. Zum Beispiel besteht das Wort Weihnachtsmann aus den Wörtern Weihnachten und Mann. Setze selbst Wörter aus den Bausteinen zusammen.

Schule	+	Hof	=	Schulhof

MEISTER	HAUS	WEG	GARTEN	TASCHE

SCHULE ✓	RAD	KINDER	SCHUL	HOF ✓

Test 108: Hart oder weich?

Bilde eine Wortverlängerung, um herauszufinden, ob der Buchstabe am Ende des Worts ein d oder t beziehungsweise ein g oder k ist:

B _ _ _   H _ _ _

L _ _ _   M _ _ _

K _ _ _   r _ _ _

Finde das Gegenteil zu den Wörtern, die zu den Bilder gehören.
Verbinde sie mit dem Gegenteil im Kasten.

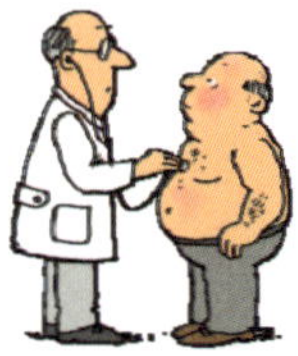

dick

kurz

warm

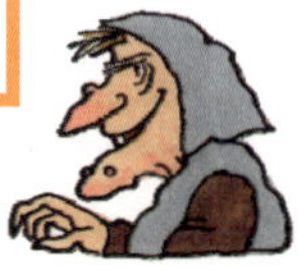

hässlich

dünn

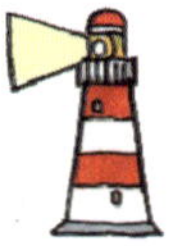

hoch

langsam

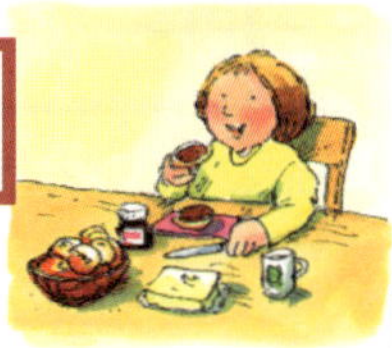

hungrig

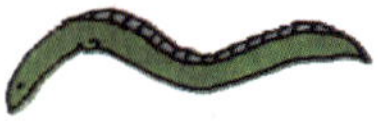

lang

hell

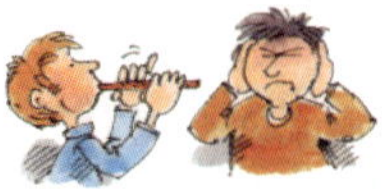

laut

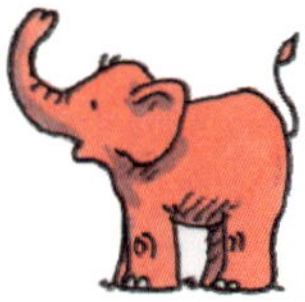

schwer

schön

leise

tief

satt

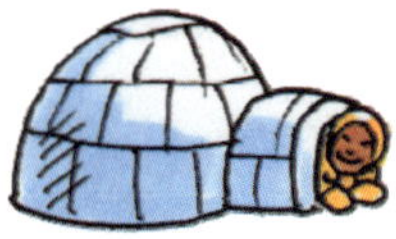

kalt

Das Gegenteil von *hungrig* ist *satt*, aber wie heißt das Gegenteil von *durstig*?

leicht

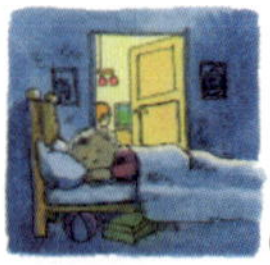

dunkel

schlecht

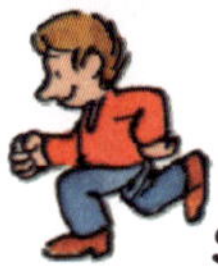

schnell

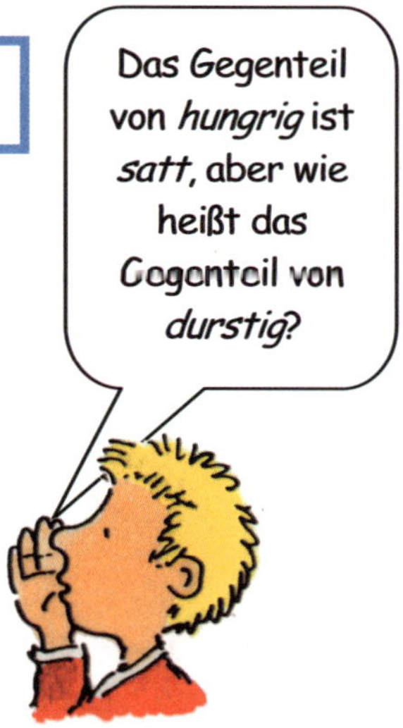

Hörst du mir zu?

Klar, ich horche...

Test 110: Was soll das wohl bedeuten?

Aufgabe: Finde die Wörter mit gleicher Bedeutung und kreuze sie an.

schwach	☐ stark	☐ müde	☐ kraftlos
Klamotten	☐ Anzug	☐ Stiefel	☐ Kleidung
pauken	☐ büffeln	☐ lesen	☐ hören
beleibt	☐ dünn	☐ dick	☐ beliebt
dumm	☐ faul	☐ doof	☐ redselig
Lehranstalt	☐ Schule	☐ Baumschule	☐ Strafanstalt

Test 111: Was soll das wohl bedeuten?

Aufgabe: Finde die Wörter mit gegensätzlicher Bedeutung und kreuze sie an:

dick	☐ dünn	☐ lang	☐ breit
groß	☐ breit	☐ lang	☐ klein
warm	☐ neu	☐ langsam	☐ kalt
niedrig	☐ schwierig	☐ hoch	☐ kühl
krank	☐ mollig	☐ fröhlich	☐ gesund
trocken	☐ warm	☐ nass	☐ windig
schnell	☐ flott	☐ trocken	☐ langsam
lang	☐ dick	☐ kurz	☐ klein
heiß	☐ trocken	☐ kühl	☐ kalt
nass	☐ warm	☐ tief	☐ trocken
spannend	☐ schnell	☐ langweilig	☐ bunt

Test 112: Beschreiben

Hier siehst du Tina mit ihren Freunden. Beschreibe die Personen möglichst genau. Verwende dazu Adjektive wie *blond*, *grün*, *gelb*, *lang*, *kurz*, *glatt*, *lockig* und so weiter.

	Tina	Roberta	Kim	Lisa	Alina
Haarfarbe					
Haarlänge					
Frisur					
Ohrringe					
Hose					
Rock					
Kleid					
T-Shirt					
Jacke					
Strümpfe					
Gegenstand					
Schuhe					

Test 113: Wortfelder

Kreise alle Wörter, die etwas mit Urlaub im Winter zu tun haben, blau ein und alle Sommerwörter grün.

Schwimmen

Schnee

Meer

Tauchen

Palmen

Rodeln

Schneemann

Abfahrt

Strand

Eis essen

Sonnenschirm

Test 114: Begleiter (Artikel): der, die oder das

Trage die Wörter an der richtigen Stelle ein und setze jeweils den passenden Artikel (*der*, *die* oder *das*) dazu.

Femininum	Maskulinum	Neutrum
die	der	das

Haus – Hund – Mann – Kind – Frau – Stift –
Auge – Kinder – Junge – Mädchen – Musik

Test 115: Groß oder klein?

Trage die richtigen Großbuchstaben oder Kleinbuchstaben ein.

Am ___(d)onnerstag wäre beinahe Annes ___(f)ahrrad gestohlen worden. Sie hatte es beim ___(e)inkaufen einfach vor dem ___(s)upermarkt abgestellt. Wie schon öfter hatte sie den Fahrradschlüssel vergessen und konnte deshalb nicht ___(a)bschließen.

Als sie wieder herauskam, war ihr ___(f)ahrrad verschwunden und sie bekam einen gehörigen ___(s)chreck. Da kam Tim um die Ecke, ___(e)r schob Annes Fahrrad. Er hatte es einem Fahrraddieb abgenommen. Da hat Anne noch einmal ___(g)lück gehabt.

Tipp: Nomen und andere Wörter am Satzanfang werden immer großgeschrieben.

Test 116: Nomen, Adjektive und Verben

Tim ist entsetzt. Alle Wortarten schwirren durcheinander. Markiere alle Verben mit einem grünen, die Adjektive mit einem roten und die Nomen mit einem blauen Kreis.

Test 117: Tageszeiten

Die Groß- oder Kleinschreibung von Tageszeiten ist manchmal ganz schön kniffelig. Wenn du diese Tabelle ausfüllst, bist du fit darin.

	am um zu in	heute gestern morgen	Tageszeit + s
Morgen	am Morgen	heute Morgen	morgens
Vormittag			
Mittag			
Nachmittag			
Abend			
Nacht			

Test 118: Tageszeiten

Ergänze die Wortlücken. Achte auf die Groß- und Kleinschreibung.

Ich liege _____ (NACHTS) im Bett und schlafe.

Ich bin _____ (MORGENS) auf dem Weg in die Schule.

Morgens und _____(ABENDS) putze ich mir die Zähne.

Wenn es am _____ (ABEND) dunkel wird, gibt es Abendbrot.

Lisa spielt oft _____(NACHMITTAGS) mit dem Bären.

Test 119: Dehnen nicht vergessen!

Einige der unten dargestellten Wörter enthalten ein Dehnungs-h. Die Anfangsbuchstaben sind schon eingetragen. Du kannst also sofort loslegen.

K _____   O _____

S _____   U _____

H _____   W _____

Test 120: Dehnung: i und e

Wie schreibt man diese Wörter?

Test 121: Tiere suchen

Finde alle Tiere, die sich in diesem Rätsel versteckt haben.

Tipp: Unter dem Rätsel findest du alle Tiere, die vorkommen. Du musst nur die Buchstaben richtig ordnen.

Findest du mich?

```
H  E  E  R  G  H  A  Ä  Ä  I  G  Ü
U  J  B  C  K  S  C  H  W  E  I  N
H  X  D  K  A  N  I  N  C  H  E  N
N  V  R  Ä  R  B  W  D  E  Ö  Z  S
P  D  D  U  C  X  C  W  F  G  T  Y
A  S  E  Z  Q  X  D  G  L  J  G  X
P  P  E  H  V  O  G  E  L  I  Z  D
A  F  R  A  H  T  P  D  Q  Z  T  K
G  E  J  M  U  K  D  D  C  F  U  Ä
E  R  M  S  N  A  Ä  T  O  D  I  M
I  D  A  T  D  T  P  T  U  C  S  R
N  O  U  E  B  Z  O  K  U  H  R  Z
Q  V  S  R  G  E  P  H  A  S  E  K
```

AKTEZ	DNHU	EDFPR
USMA	OGELV	KIHENNCAN
THRMASE	EAHS	NSHIEWC
HKU	GPIAAEP	HNHU

Test 122: Dehnen nicht vergessen

Wie werden diese Wörter geschrieben? Mit oder ohne Dehnung? Fülle aus:

B ___ N E   B L ___ M E

H ___ N   H ___ S E

K N ___   N ___ L P F E R D

Test 123: Beim Obstbauern

Dieser Bauer hat schöne Früchte geerntet. Leider hat er in der Schule nicht gut aufgepasst. Hilf ihm doch, die Fehler auf seinem Plakat zu korrigieren.

Vrisch vom Veld

Üpfel

Bernen

Korschen

Ordbiiren

Pfleumen

Brimbeeren

Test 124: Satzendezeichen

Ergänze bitte die fehlenden Satzendezeichen:

Du machst jetzt sofort deine Hausaufgaben
Geh bitte mit dem Pferd auf die Weide
Der Letzte macht die Tür zu
Hörst du schlecht
Räum sofort dein Zimmer auf
Geh jetzt in die Klasse
Warum ist die Banane krumm
Wie spät ist es

Test 125: Satzendezeichen

Auch hier fehlen die Satzendezeichen. Setze sie bitte ein.

Warst du schon einmal in Berlin
Haben wir eigentlich heute Hausaufgaben auf
Das ist doch wohl nicht dein Ernst
Magst du auch so gern Hamburger
Wie viele Geschwister hast du
Wer war schon dran
Du bleibst heute zu Hause
Heute ist ein schöner Tag
Bleiben Sie sofort stehen

Test 126: Wortbildung
Zusammengesetzte Adjektive (Eigenschaftswörter)

Aus welchen Teilen kannst du neue Adjektive (Eigenschaftswörter)
zusammensetzen? Schreibe alle Adjektive, die du findest, unten auf.

hart

> Bei dieser Aufgabe sehe
> ich schwarz ...
> **rabenschwarz!**

nagel　　schön

blau

riesen　　feder

tot

groß　　schwarz

weich　　hell

schnee　　bild　　neu　　leicht　　mause

raben　　spiegel　　stein　　glatt　　weiß　　butter

_____

_____

_____

_____

_____

_____

_____

_____

Test 127: Tiernamen

Sicher magst du gern Tiere. Weißt du auch, wie diese Tiere heißen und wie ihre Namen geschrieben werden?

Test 128: Noch mehr Tiere

Schreibe auch die Namen dieser Tiere auf.

Test 129: Zusammengesetzte Tiernamen

Welche Tiernamen verstecken sich hinter diesen Bildern?

+ = *Laubfrosch*

+ =

+ =

+ =

+ =

Test 130: Wörtersuche für Fortgeschrittene

Hier haben sich 10 Farben versteckt. Finde sie und markiere sie wie in dem Beispiel gezeigt.

C	F	O	R	A	N	G	E	W	L	R
C	C	W	C	G	E	L	B	E	O	P
R	H	R	S	R	O	T	Z	I	K	R
Ü	Q	R	T	M	B	N	Ü	R	Ö	R
N	L	O	B	R	A	U	N	A	Z	I
K	B	S	F	S	C	H	W	A	R	Z
R	C	A	P	R	Z	Ö	Q	T	C	H
D	O	N	K	A	N	H	R	J	Q	B
I	L	N	Z	M	W	R	I	H	N	L
A	E	A	V	W	G	L	I	L	A	A
S	E	P	O	O	H	U	B	X	M	U

Test 131: Hier fehlt noch etwas

Trage hier die fehlenden Präpositionen (Verhältniswörter) ein.

Der Junge liegt _____ Bett.

Der Ball liegt _____ dem Bett.

Die Kiste liegt _____ dem Ball.

Der Kopf liegt _____ dem Kopfkissen.

Bilder hängen _____ der Wand.

Test 132: Hier fehlt auch etwas

Der Lehrer steht _____ der Tafel.

Er steht _____ seinem Pult.

Der Stift liegt _____ dem Heft.

neben

im   an

vor   hinter   auf   unter   neben

Test 133: Wörterbuch-Training

Oft ist es hilfreich, wenn du ein Wort im Wörterbuch nachschlagen kannst. Dazu musst du aber das Alphabet sehr gut beherrschen, denn die Wörter im Wörterbuch sind alphabetisch geordnet.

Tobi muss einige Wörter nachschlagen. Vorher muss er die Wörter nach dem Alphabet ordnen. Hilfst du ihm dabei? In welcher Reihenfolge findet man diese Wörter im Wörterbuch?

Zitrone, Birne, Pflaume

_____

_____

_____

Rose, Ball, Fisch

_____

_____

_____

Baum, Fahrrad, Affe

_____

_____

_____

Test 134: Wörterbuch-Training

Wie sieht es bei diesen Wörtern aus? In welcher Reihenfolge stehen sie im Wörterbuch?

Elefant, Garten, Zoo

_____

_____

_____

Milch, Apfel, Jogurt

_____

_____

_____

Pilz, Moos, Schule

_____

_____

_____

Test 135: Weiter geht's im Wörterbuch

Bei Wörtern, die mit dem gleichen Buchstaben beginnen, kannst du am zweiten Buchstaben ablesen, in welcher Reihenfolge die Wörter stehen müssen. Wenn noch mehr Buchstaben gleich sind, schaust du nach dem ersten Buchstaben, der unterschiedlich ist.

B a n a n e
B a n k

In welcher Reihenfolge erscheinen diese Wörter in einem Wörterbuch? Nummeriere, beginnend mit „1":

| _ Himbeere | _ Erdbeere | *1* Apfel |

| _ Birne | _ Kirsche | _ Apfelsine | _ Banane |

Test 136: Wörterbuchreihenfolge

Bringe diese Begriffe in die richtige Wörterbuchreihenfolge:

Banane, Ananas, Ball, Apfel, Barfuß, Aprikose, Arm, Balkon

1	2
3	4
5	6
7	8

Test 137: Silbenrätsel

Aus den Silben im Kasten kannst du die Antworten auf die Fragen bilden. Die Anfangsbuchstaben aller Lösungswörter ergeben ein Lösungswort, das dir sicher gefällt.

---

eis – in –tor – mann – him – zeug – es – ki – fut – mo –ter – rück – wart – licht – eis – beer – im – nis – ker - sel –

Es ist eiskalt und schmeckt nach Himbeeren:

Sie ist rundum von Wasser umgeben:

Er passt auf, dass kein Ball ins Tor fliegt:

Ein Blatt, auf dem deine Schulnoten stehen:

Er lebt in einem Iglu:

Das bekommt ein Hund, wenn er hungrig ist:

Es leuchtet und befindet sich ganz hinten an deinem Fahrrad:

Er kommt im Sommer und verkauft Eis:

Er züchtet Bienen:

Test 138: Doppelvokale AA

Setze aus den Buchstaben am linken Flussufer, dem „aa" in der Mitte und den Buchstaben rechts Wörter mit doppelten Vokalen zusammen.

_____

_____

_____

_____

_____

Test 139: Doppelvokale EE

Hier entstehen Wörter mit dem Doppelvokal „ee".

_____

_____

_____

_____

_____

_____

Test 140: Noch mehr doppelte Vokale

Hier steht das doppelte *ee* hinten. Bilde Wörter und schreibe sie in den grünen Kasten.

ee am Ende:

Allee

_____

_____

_____

_____

_____

_____

Mosch...

Schn...

Kaff...

S...

Kl...

Pür...

All...

Id....

Test 141: Doppelvokale OO

Setze Wörter mit doppelten Vokalen zusammen.

Test 142: Wörter mit lz und rz

Diese Wörter werden mit *lz* oder mit *rz* geschrieben. Trage die zusammengesetzten Wörter in die leeren Zeilen ein.

	lz oder rz?		lz oder rz?
Pi		Schma	
Ho		Ha	
Sto		Stu	
Sa		Mä	
Pe			

Test 143: Wörter mit ck

Sämtliche Wörter in dieser Burg werden mit *ck* geschrieben. Kannst du alle finden?

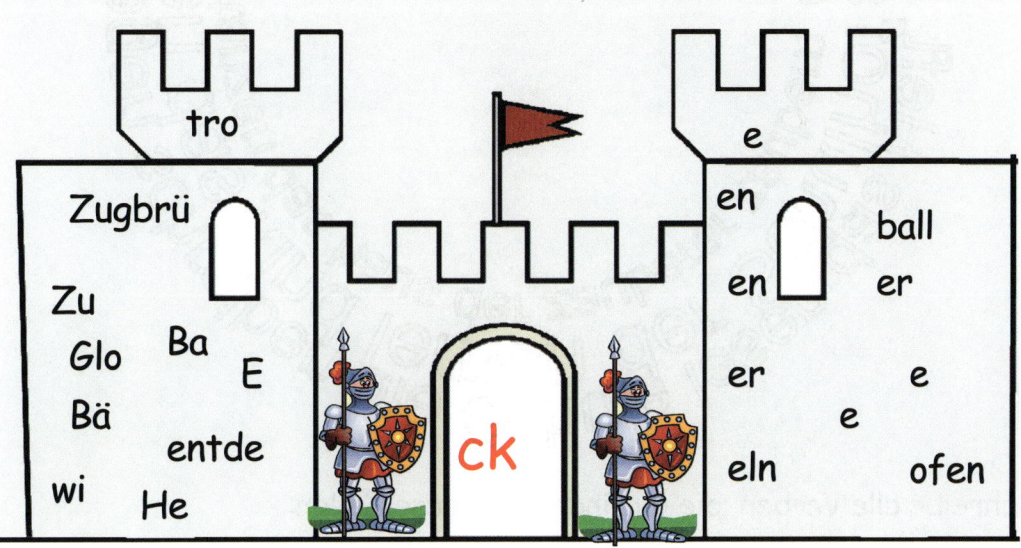

_____

_____

In diesem Wörter-Mandala findest du Nomen (Namenwörter), Artikel (Begleiter) und Verben (Tunwörter)

Male alle Nomen blau, alle Artikel grün und alle Verben rot aus.

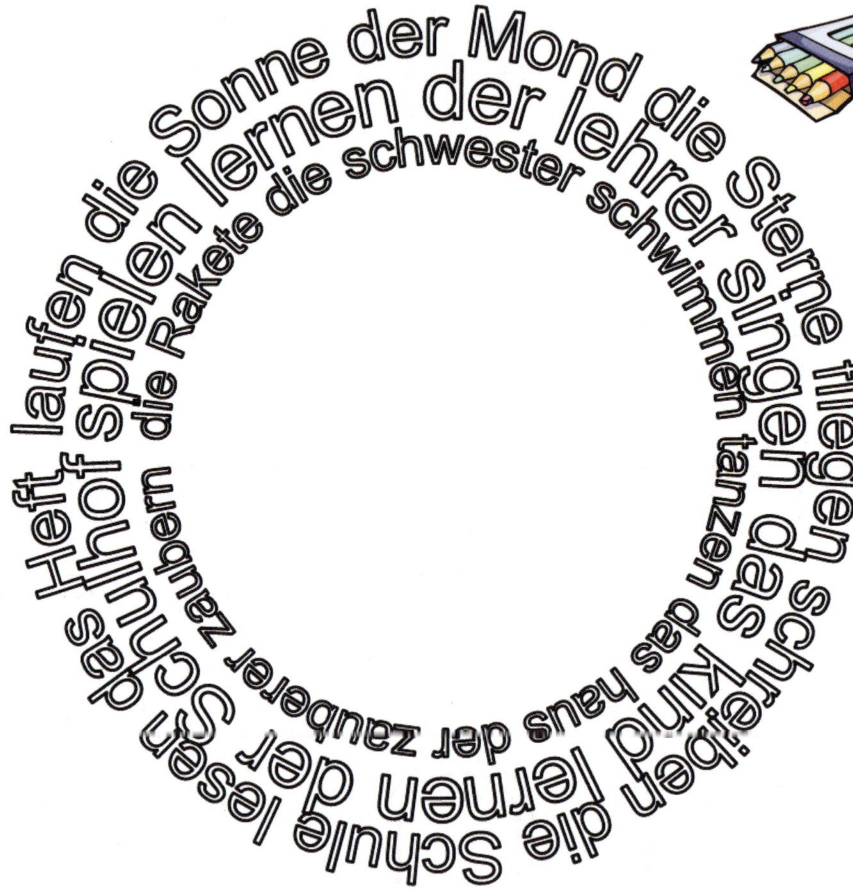

die Sonne der Mond die Sterne fliegen schreiben das Kind das haus tanzen schwimmen die schwester der lehrer singen lernen spielen laufen die Heft das Schulhof das Schule lesen die lernen der zauberer der Rakete die zaubern

Schreibe alle Verben, die du findest, in diese Zeilen:

_____

_____

_____

Test 145: Herbst

Ergänze den Text, indem du die Lücken ausfüllst:

Im H_____ werden die Blätter br_____ und fallen
schließlich von den B_____. Die Tage werden k_____,
und es r_____ häufig.

Auch der W_____ bläst im H_____ kräftiger. Das Gute daran
ist, dass man dann sehr gut einen Dr_____ steigen lassen
kann.

Hilfswörter:
DrachenWindkürzerbraunHerbstBäumenregnetHerbst

Test 146: Wörter, die zum Herbst passen

W_____

D_____

K_____

R_____

braune Bl_____

Hilfswörter:
BlätterRegenDrachenWindKastanien

Test 147: Das lange i

Das lang gesprochene *i* kann ganz unterschiedlich geschrieben werden.
Trage die Wörter in die richtigen Spalten ein.

Dieb · Er sieht · Apfelsine · Krokodil · Er liest · ihre · Sie · Tiger · Riegel · Riese · viel · ihn · Igel · wiehern · Rosine · ziehen

i	ie	ih	ieh

Test 148: Wortarten

Hier sind einige Wörter im Wald versteckt. Finde sie und ordne sie nach Adjektiven (Eigenschaftswörtern) und Nomen (Namenwörter).

Kerze   hoch

        saftig

                lustig

        Buntstift   Pferd

Computer

                grün

        schnell

                spät

Schule   Baum

Gras   gut

        mäßig

        ausgezeichnet

Telefon

Nomen

Kerze

Adjektive

hoch

Test 149: Das stumme Dehnungs-h (eh)

Bilde Wörter aus den Wortbruchstücken auf der linken und rechten Seite.

Tipp: Das Dehnungs-*h* steht nur vor den Buchstaben *l*, *m*, *n* und *r*.

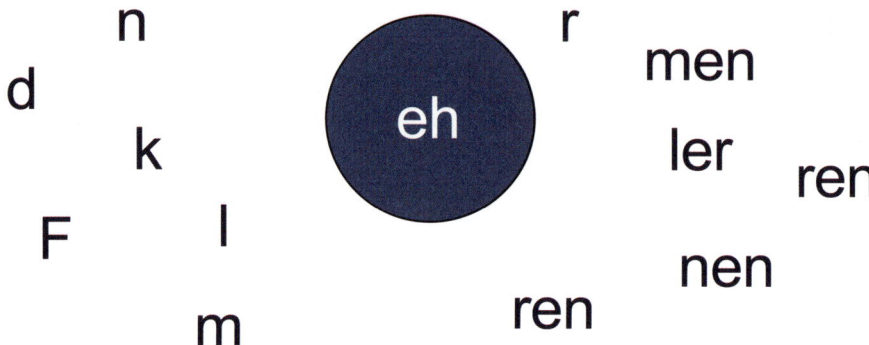

n

d

k

F   l

m

eh

r

men

ler   ren

nen

ren

Test 150: Das stumme Dehnungs-h (ah)

Bilde Wörter aus den Wortbruchstücken auf der linken und rechten Seite. Verbinde die jeweils zusammengehörenden Teile.

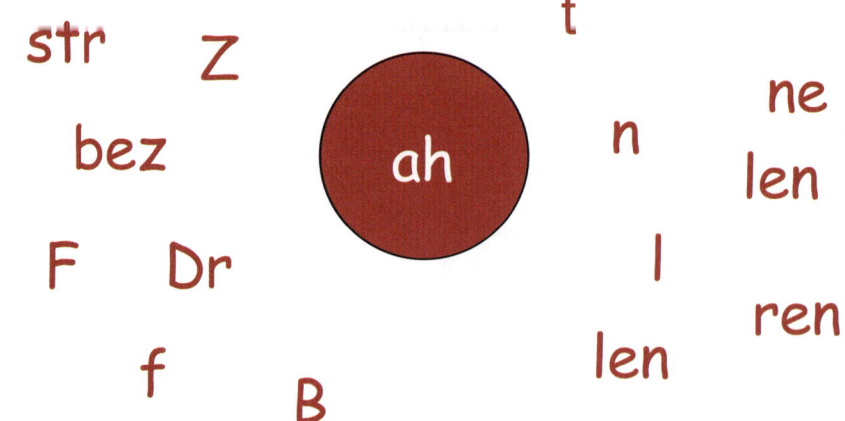

str   Z

bez

F Dr

f   B

ah

t

n   ne

len

l

len ren

Bilde Wörter aus den Wortbruchstücken auf der linken und rechten Seite.

R   K   r
  b   w   **oh**   n   nen

    F   ren
        S   le   l
  S   len

Verbinde die jeweils zusammen-gehörenden Teile. Schreibe die Wörter hier auf.

_____

_____

_____

_____

_____

_____

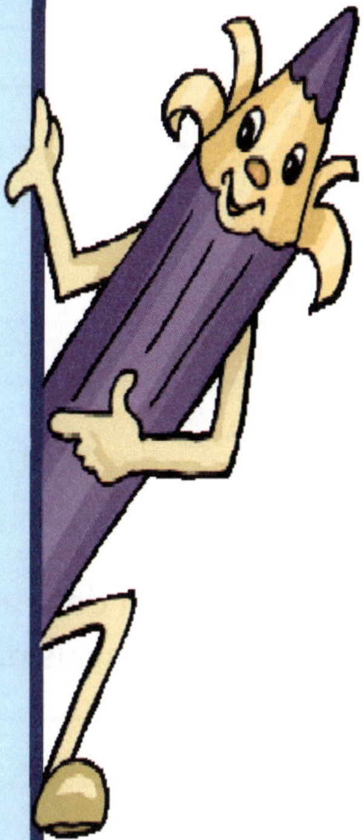

Tipp: Das Dehnungs-h vor *i* kommt ausschließlich bei den Personalpronomen (ihn, ihr, ihnen usw.) vor.

Test 152: Wortbildung: Adjektive mit -ig, -lich, -los und -bar

3/4

Bilde durch das Anhängen der Buchstaben
-ig, **-lich**, **-los** und **-bar** neue Adjektive.

Herbst	herbstlich ...
König	
Ruhe	
Schmerz	
Saft	
Geschmack	
Sommer	
Ende	
Abend	
Wunder	

Kommt „zickig" von Ziege?

Test 153: Wortbildung: Nomen mit -ung, -keit, -heit und -nis

3/4

Bilde durch das Anhängen der Buchstaben **-ung**, **-keit**, **-heit** und **-nis**
neue Nomen aus diesen Stammwörtern.

Stimme	
heiter	
wahr	
vielfältig	
wagen	
ziehen	
heizen	
prüfen	

Test 154: Wörter mit *ng*

3/4

Bilde Wörter aus den Anfangsbuchstaben auf der linken Seite, „ng" in der Mitte und den Wortendungen rechts.

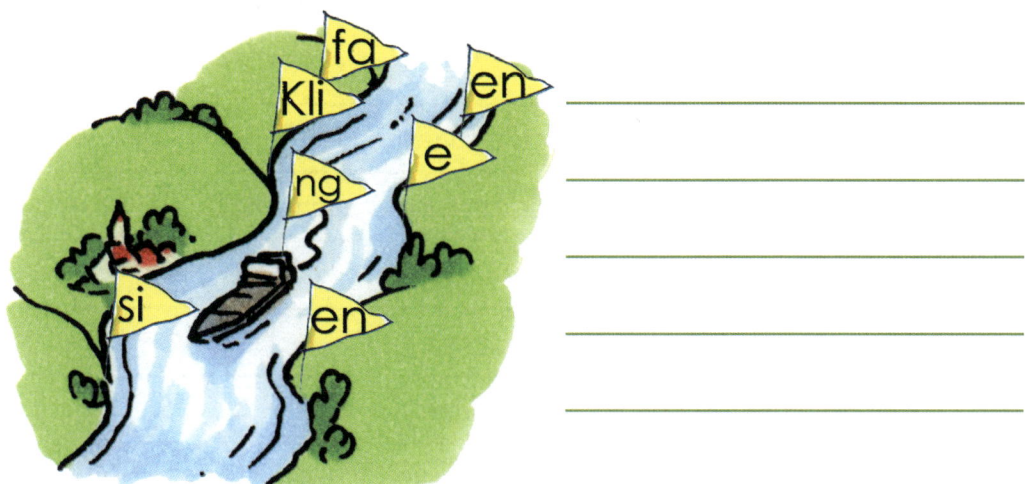

_____

_____

_____

_____

_____

Test 155: Wörter mit *nk*

3/4

Bilde Wörter aus den Anfangsbuchstaben und „nk". Trage die gefundenen Wörter rechts ein.

_____

_____

_____

_____

_____

Test 156: Hier werden Verben (Tunwörter) großgeschrieben

Manchmal werden Verben (Tunwörter) nicht klein, sondern großgeschrieben. Trage die richtige Schreibweise ein, indem du die fehlenden Buchstaben in die Lücken schreibst.

Nach dem ___(a)ufstehen wird gefrühstückt.
Ich finde das _____ (l)esen der Zeitung sehr spannend.
Das ___(s)pringen vom Beckenrand ist untersagt.
Das ___(b)etreten des Rasens ist verboten.
Das ___(f)üttern der Pferde ist hier erlaubt.
Im ___(r)echnen bekam Tim nur eine Vier.
Beim ___(s)chlafen darf man Antonia nicht stören.
Das ___(s)prechen fiel ihm immer noch schwer.

Test 157: s oder ss? Das ist hier die Frage.

Fülle die Lücken aus. Was fehlt: s oder ss?

AMEI __ E	ANANA __	ME __ ER
E __ KIMO	EIN __	TA __ E

Test 158: Rechtschreibung: *s*, *ss* oder *ß*

Fülle die Wortlücken richtig mit s/ss/ß aus.

In meiner Ho___e befand sich ein langer Ri___.

In Afrika kann ein Schlangenbi___ tödlich sein.

Ein Bi___ in den Fu___ ist sehr schmerzhaft.

Bestell deinen Eltern einen Gru___.

Vorsicht beim Überqueren der Stra___e.

Hunde, die bellen, bei_en nicht.

Test 159: Nomen und Pronomen im Singular und Plural

Setze Nomen und Pronomen in den Plural.

Das ist mein Bonbon.

Das sind unsere Bonbons.

Das ist seine Laterne.

Das ist dein Papagei.

Das ist unser Buch.

Das ist dein Haus.

Test 160: Wörter-Puzzle

Hier sind einige Wörter in der Mitte auseinandergebrochen. Verbinde die beiden passenden Teile miteinander. Schreibe das ganze Wort auf die Linien.

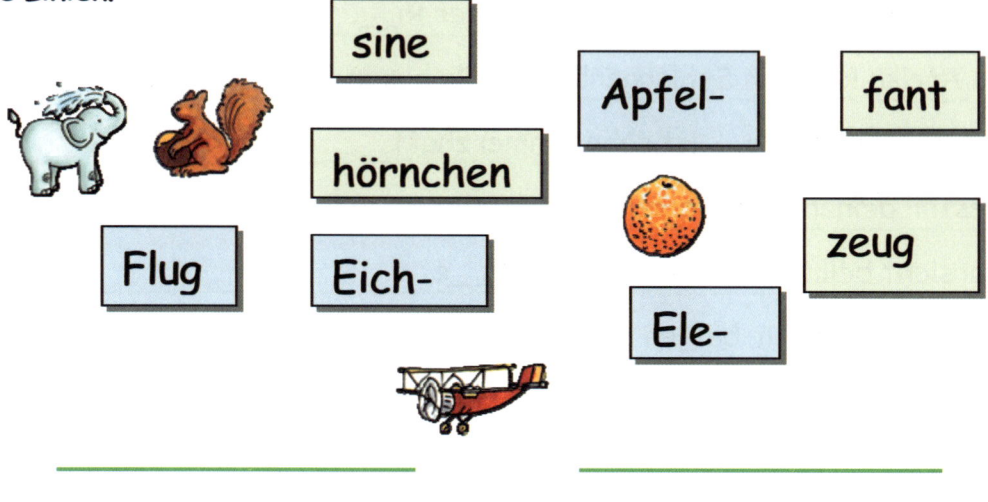

_____   _____

_____   _____

Test 161: Schreibübung: Wörter mit x, cks oder ks

Schreibe die Namen dieser Dinge, so schön du kannst, in die Zeilen.

Test 162: Noch mehr tierische Vergleiche

Auf dieser Seite findest du noch mehr Tiere, die häufig zum Vergleich mit Menschen herhalten müssen. Trage die Adjektive ein.

Thomas arbeitet sehr viel. Er ist _____ wie eine Ameise.

Nachts kann Fraukes Mutter nicht gut sehen. Sie ist dann _____ wie ein Maulwurf.

Simones Bruder ist Gewichtheber.
Er ist _____ wie ein Bär.

Wenn sich jemand sehr gut an etwas erinnern kann, was schon lange her ist, hat er ein _____
wie ein Elefant.

Lisas kleiner Bruder braucht für alles sehr viel Zeit. Er ist _____ wie eine Schnecke.

Mein Name wird auch oft als Bezeichnung für Menschen verwendet. Das dürfen wir hier aber nicht schreiben. Deshalb vergessen wir das ganz schnell wieder!

Test 163: Waschtag

Ordne die Wörter nach Wortarten. Achte darauf, welche Wortarten kleingeschrieben und welche großgeschrieben werden.

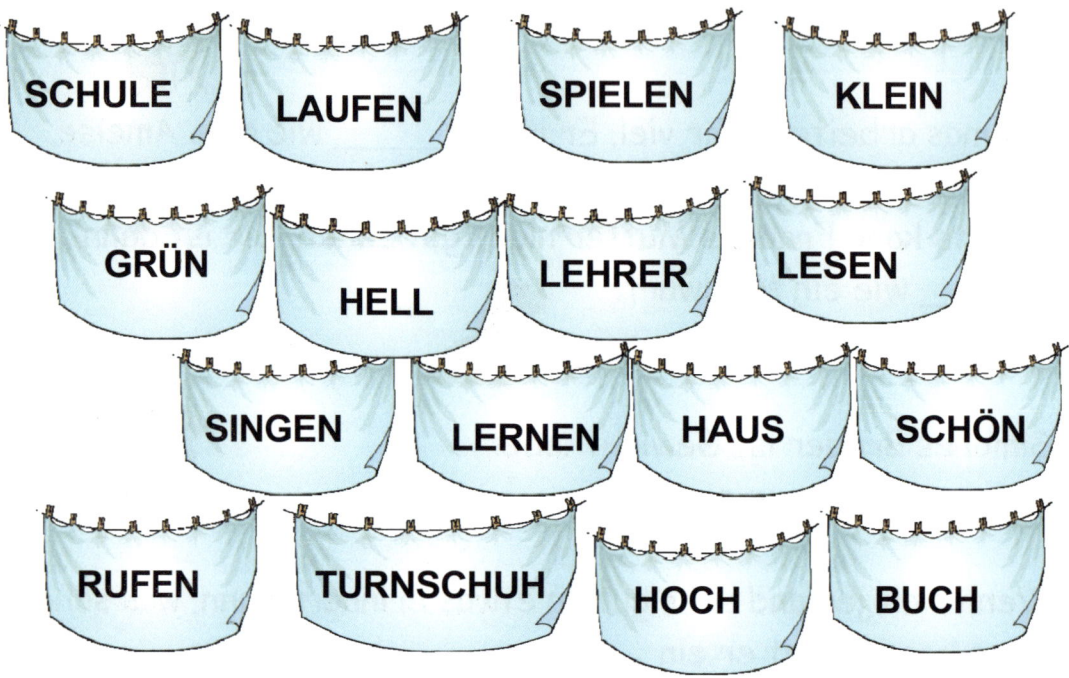

SCHULE LAUFEN SPIELEN KLEIN

GRÜN HELL LEHRER LESEN

SINGEN LERNEN HAUS SCHÖN

RUFEN TURNSCHUH HOCH BUCH

Nomen (Namenwörter)	Verben (Tunwörter)	Adjektive (Eigenschaftswörter)

Test 164: Wörter mit k, ck oder ch

Trage die passenden Wörter unter den dazugehörigen Bildern ein:

K	A	B	H

B	G	G	D

Test 165: Wörtersuche k, ck oder ch

Finde heraus, welche Wörter hier gemeint sind:

J	H	L	H

H	F	S	S

Setze aus **Wider/ wider** und den Wörtern darum herum neue Wörter zusammen.

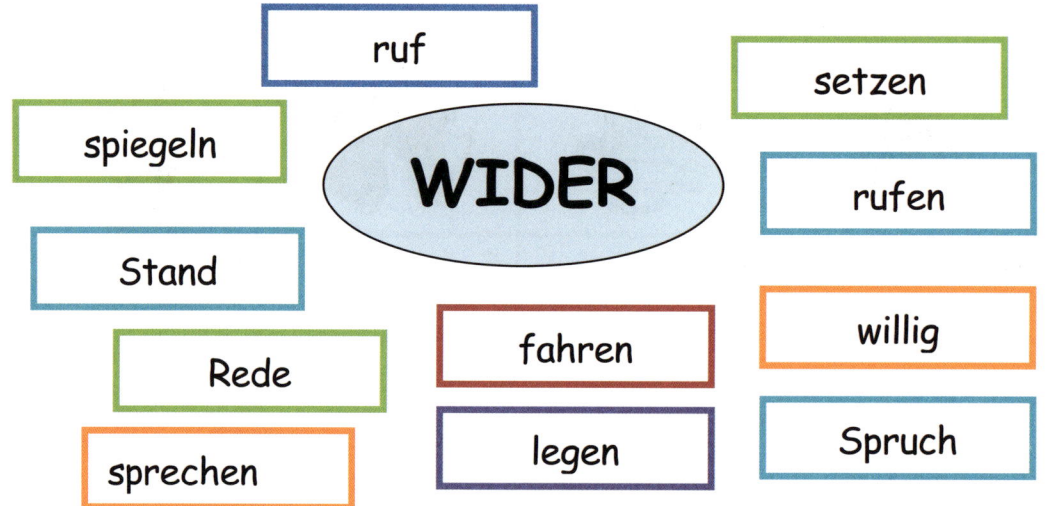

ruf

setzen

spiegeln

WIDER

rufen

Stand

Rede

fahren

willig

sprechen

legen

Spruch

Test 167: Vorsicht Falle! Diktat: „Ur" oder „Uhr"

3/4

Benno bekommt zum Geburtstag eine Armbanduhr von seinen Urgroßeltern geschenkt. Sein Urgroßvater erzählt, dass früher nicht jeder eine eigene Uhr besaß. Stattdessen schauten alle regelmäßig zur Kirchturmuhr. Die gibt es heute immer noch, sie ist aber schon uralt. In einer Urkunde aus uralten Zeiten steht, dass der Urgroßvater des Bürgermeisters die Uhr gestiftet hat.
Frederik freut sich über die neue Uhr, die kann er im kommenden Urlaub gut gebrauchen.

Test 168: Beim Sportfest

Beim Sportfest erreichten die Schüler folgende Ergebnisse:

	100-Meterlauf	Hochsprung	Weitwurf
Torben	14 Sekunden	100 cm	32 m
Antonia	17 Sekunden	95 cm	35 m
Moritz	16 Sekunden	105 cm	29 m
Jasmin	17 Sekunden	90 cm	30 m

Ergänze die folgenden Sätze:

Torben   lief   *zwei Sekunden schneller als*   Moritz.
_____

Antonia   sprang   _____   Jasmin.

Antonia   lief   _____   Torben.

Moritz   warf   _____   Jasmin.

Torben   warf   _____   Moritz.

Jasmin   lief   _____   Torben.

Jasmin   warf   _____   Moritz.

Moritz   sprang   _____   Jasmin.

Test 169: Oberbegriffe

Oberbegriffe beschreiben eine ganze Gruppe von Dingen. Stuhl, Tisch und Schrank gehören zum Beispiel zum Oberbegriff „Möbel". Finde die Oberbegriffe für die aufgeführten Dinge und schreibe sie auf.

M......... _____

Sessel
Stuhl
Sofa
Tisch
Schrank
Bank

O......... _____

Apfel
Birne
Kirsche
Melone
Banane
Himbeere

K......... _____

Jacke
Hose
Hemd
Mantel
T-Shirt
Schuhe

Test 170: Was gehört zum Oberbegriff?

Finde hier Wörter, die zu dem Oberbegriff gehören.

Bäume

Tanne
_____
_____
_____
_____

Tiere

Löwe
_____
_____
_____
_____

Blumen

Tulpe
_____
_____
_____
_____

Test 171: Kreuzworträtsel

Gesucht sind Wörter mit einem doppelten Vokal. Trage die Lösungen in die Kästchen ein.

senkrecht:

1. Es wächst auf der Wiese, Kühe fressen es gerne und manchmal kann es Glück bringen.
2. Erwachsene trinken es oft aus einer Tasse.
3. Sie wachsen an Sträuchern und manche kann man essen.
4. Dort ist es sehr matschig und man kann darin versinken.
10. Ein Fisch, der aussieht wie eine Schlange.
11. Damit wäscht man sich die Haare.
12. Es ist grün, weich und wächst im Wald am Boden.
15. Im Garten kann man in ihm Gemüse anpflanzen.
19. Ein anderer Name für ein totes Tier.

waagerecht:

5. So nennt man eine Straße, an der rechts und links Bäume wachsen.
6. Bezeichnung für etwas, das du gar nicht gut findest.
7. Wenn jemandem etwas Tolles einfällt, dann hat er sie.
8. Im Märchen kann sie oft Wünsche erfüllen.
9. Sie wachsen auf dem Kopf und sind manchmal lang und manchmal kurz.
11. So nennt man einen großen Teich.
13. Ein englisches Wort für Schwimmbecken.
14. Man kann etwas darauf wiegen.
16. Es ist weiß und fällt im Winter vom Himmel.
17. Das englische Wort für etwas, das einem sehr gut gefällt.
18. Zwei, die zusammen gehören.
20. Dort gibt es viele Tiere, die in Käfigen leben.
21. Ein anderer Name für einen sehr großen Raum.

Test 172: Tageszeiten

Fülle die Lücken aus. Vergiss die Groß- und Kleinschreibung nicht!

Familie Bäcker macht Urlaub auf einem Bauernhof. Schon am frühen _____ sind Anne und Moritz aufgewacht. Sie wollen nämlich dabei sein, wenn _____ die Kühe auf die Alm getrieben werden. Am _____ werden sie pünktlich zum Essen wieder zurück sein.
Den _____ verbringen die beiden im Schwimmbad. Erst spät am _____ kommen sie müde zurück. Zum Glück gibt es _____ etwas Gutes zu essen. In der _____ schlafen beide wie die Murmeltiere.

Setze ein: NACHT/ABEND/NACHMITTAGS/MITTAG/ABENDS/ MORGEN/MORGENS

Test 173: Noch mehr Tageszeiten

Hier heißt es aufgepasst! Wie schreibt man die Tageszeiten hier?

Anne und Moritz wachen ___(m)orgens früh auf.
Sie wollen ___(v)ormittags mit auf die Alm gehen.
___(m)ittags sind sie zum Essen wieder zurück.
Die beiden sind ___(n)achmittags im Schwimmbad.
Sie kommen ___(a)bends zurück.
Die Geschwister schlafen ___(n)achts wie die Murmeltiere.

Test 174: Im Zoo

3/4

In diesem Text sind die Buchstaben der Tiernamen durcheinandergeraten. Finde alle Tiernamen und schreibe sie auf:

Antonia und Moritz gehen heute in den Zoo. Dort besuchen sie zuerst die FAFNE. Die machen viel Unsinn und es gibt immer etwas zu lachen. Im nächsten Gehege läuft ein IÄSRBE herum. Ihm ist es mit seinem dicken Fell heute viel zu warm. Da geht es dem IRGTE ganz anders. Er genießt die Wärme und lässt sich die Sonne auf den Bauch scheinen. Die EIGUNPIN werden gerade gefüttert. Das ist immer ein ganz besonderer Spaß. Im EEENNALFT-Gehege ist heute der Tierarzt zu Besuch. Einer der AELEFENTN ist erkältet und muss behandelt werden. Bei den WÖELFN ist heute nicht viel los. Die beiden wollen einfach nicht aus ihrer künstlichen Höhle herauskommen. Bei den INRAFGFE hat es Nachwuchs gegeben. Nun beugen sich die NIRAFGFE mit ihren langen Hälsen liebevoll zu dem Neuankömmling herunter. Zum Schluss besuchen Antonia und Moritz noch die EMAKEL. Ihre Schulklasse hat nämlich eine Patenschaft für ein MELAK namens Emil übernommen. Fast wäre noch ein Unglück passiert, ein AALM spuckt und verfehlt Moritz nur um ein paar Zentimeter.
„Glück gehabt!", ruft Antonia.

_____

_____

Test 175: Im Zoo (Textverständnis)

3/4

Beantworte diese Fragen:

Bei welchem Tier ist der Tierarzt?

_____

Wer ist erkältet?

_____

Was passiert Antonia und Moritz bei den Lamas?

_____

Test 176: Geheimschrift

Frederik und Jan benutzen eine Geheimschrift, damit niemand lesen kann, was die beiden sich schreiben. Hier siehst du einen Brief, den Jan an Frederik geschickt hat. Ganz unten findest du den geheimen Schlüssel für die Nachricht.
Na, findest du heraus, was Jan geschrieben hat?

W?R TR§FF§Z XZS H§XT§ ZYCHÜ?TTYG #§?
TOR#§Z. J§D§R SOLL §?Z COÜPXT§RSP?§L
Ü?T#R?ZG§Z. D?§S§R T§RÜ?Z ?ST G§H§?Ü.
KL§?Z§R§ G§SCHW?ST§R S?ZD XZ§RWÜZSCHT.
W§R Z?CHT KOÜÜT, ?ST S§L#§R SCHXLD.

A = Y I = ? M = Ü B = # N = Z E = § U = X

Test 177: Geheimschrift

Schreibe Jan und Frederik diese Antwort in Geheimschrift:

Ich komme um drei Uhr und bringe Chips mit!

Test 178: Vorsicht Falle! Diktat ei oder ai

Lisa und Felix wollen einen Laib Brot kaufen. Sie müssen sich beeilen, weil die Bäckerei um drei Uhr schließt. Die Bäckerei ist dann verwaist. Den Bäckerladen gab es schon zu Zeiten von Kaiser Wilhelm. Es gibt dort ein sehr breites Angebot. Auch leckere Teilchen sind dabei. Lisa weiß, dass Brotlaibe aus Teig gemacht werden. Der Teig wird aus Getreide hergestellt. Außerdem braucht man Eier dazu. Es gibt auch feines Brot, das mit Maismehl zubereitet wird. Maisbrot ist nicht weiß, sondern gelb und schmeckt einigen Menschen sehr gut. Lisa und Felix kommen rechtzeitig an. Auf dem Heimweg beobachten sie noch einen Maikäfer auf einem Eichenblatt.

Test 179: Rechtschreibung

Lerne diese Wörter mit „ai" auswendig:

Hai
Hain (ein kleines Wäldchen)
Kai   (eine Schiffsanlegestelle)
Kaiser
Laie   (jemand, der etwas tut, das er nicht erlernt hat)
Laib
Mai
Mais
Maid (ein Mädchen)
Waidmann   (jemand, der sich mit Wild beschäftigt, Jäger/Förster)
Waise (ein Kind, das keine Eltern mehr hat)

Test 180: -chen und -lein machen alle Dinge klein.

Du siehst hier einige Dinge, die durch das Anhängen von *-chen* oder *-lein* klein gemacht werden können. Schreibe jeweils das Wort und die Verkleinerungsform auf.

	- chen	Fuß	Füßchen
	- chen		
	- lein		
	- lein		
	- chen		
	- chen		
	- chen		
	- chen		
	- chen	Manche Wörter gibt's nur in der Verkleinerungsform!	
			Den gibt's natürlich nur groß!

Test 181: Finde die Nomen

Finde die **Nomen** und kreuze sie an.

Fahrrad	X	fahren		schnell	
er		Himmel		Wald	
laufen		ihn		Lokomotive	
grün		Bahnhof		Rose	
Susanne		hüpfen		Kalender	
sonnig		rosa		Sonne	
blau		Schule		sie	
Auto		Ameise		rennen	

Test 182: Finde die Verben und Adjektive

Finde die **Verben** und **Adjektive**. Kreuze Verben grün und Adjektive rot an.

es		klein	X	Frau	
blühen	X	Fehler		Gesang	
blumig		Einkauf		kaufen	
Hotel		baden		fröhlich	
singen		schlafen		Baum	
Urwald		silbern		springen	
Stift		schreiben		sorglos	

Test 183: Sprichwörter

Tipp: Hier findest du alle gesuchten Wörter.
Du musst sie nur noch auseinanderschneiden:

GoldbeißenMeisterÜbungGewissenDrittebeißendreiGrube

Ergänze die Sprichwörter:

Es ist noch kein _____ vom Himmel gefallen.

Morgenstund hat _____ im Mund.

Aller guten Dinge sind _____.

Hunde, die bellen, _____ nicht.

Test 184: Sprichwörter

Hier kommen noch mehr Sprichwörter:

Ein gutes _____ ist ein sanftes Ruhekissen.

_____ macht den Meister.

Wenn zwei sich streiten, freut sich der _____.

Wer anderen eine _____ gräbt, fällt selbst hinein.

Test 185: Personalpronomen

Finde die Personalpronomen und markiere sie.

Ich lerne morgen mit ihr Mathe.

Wir werden ihn gern zu uns einladen.

Ich habe gestern mein Buch bei dir vergessen.

Sie fahren an jedem Wochenende zu meinen Großeltern.

Ich spiele gern mit meinem Hund.

Kannst du mir bitte dein Heft leihen?

Das ist mein altes Fahrrad. Du kannst es gerne haben.

Test 186: Possessivpronomen

Finde die Possessivpronomen (besitzanzeigende Fürwörter) und markiere sie.

Dennis geht mit seinem Hund spazieren.

Tina zeigt ihrer Schwester ihr neues Computerspiel.

Marc lässt seine Freunde nie im Stich.

Die Lehrer fordern ihre Schüler auf, ruhig zu sein.

Meine Mutter hat einen leckeren Kuchen gebacken.

Lisa fand ihren verlorenen Schlüssel wieder.

„Schließ dein Fahrrad lieber ab", sagte Paul.

Test 187: Pronomen statt Nomen

Schreibe die Sätze so, dass du das unterstrichene
Wort durch ein Pronomen ersetzt.

Der <u>Lehrer</u> geht in die Schule.

Er geht in die Schule.

Die <u>Sonne</u> schien den ganzen Tag.

Der <u>Baum</u> hat grüne Blätter.

Mein <u>Vater</u> geht zur Arbeit.

Das <u>Buch</u> hat 200 Seiten.

Der <u>Nikolaus</u> kommt am 6. Dezember.

Der <u>Hund</u> bellt sehr laut.

Meine <u>Schwester</u> besucht die 2. Klasse.

<u>Marc</u> will immer Fußball spielen.

<u>Mädchen</u> tragen manchmal Kleider.

Test 188: Wortstamm und Wortbildung

Finde in diesem Rätsel 13 versteckte Wörter, die von den Wörtern „fahren" und „gehen" abstammen.

O	Ü	L	G	S	I	C	H	T	B	A	R	E	Ö
P	Z	P	V	B	E	G	E	H	B	A	R	F	F
B	F	A	H	R	R	A	D	L	N	E	Ö	Ä	A
T	C	F	U	ß	G	Ä	N	G	E	R	H	H	H
Ö	F	A	H	R	E	N	Ö	C	Ä	N	A	R	R
F	A	H	R	K	A	R	T	E	Y	T	F	E	Z
G	A	N	G	S	C	H	A	L	T	U	N	G	E
O	Z	F	A	I	B	E	G	E	H	B	A	R	U
Ü	Z	V	O	R	G	A	N	G	F	Q	A	A	G
W	Q	P	X	B	W	E	G	Ä	N	G	I	G	O
O	V	E	R	F	A	H	R	E	N	A	I	Y	R
O	B	H	M	U	H	B	K	G	A	N	G	I	E

_____

_____

_____

Test 189: Präpositionen, auf die ein Genitiv folgt

Bilde aus den Präpositionen auf der linken Seite und den Nomen auf der rechten Seite Sätze.

statt	Schule
wegen	Ferien
während	Regen
trotz	Blumen
außerhalb	Hitze
innerhalb	Turnhalle

wegen der Hitze

_____

_____

_____

_____

Test 190: Zeitformen

Trage hier die fehlenden Verbformen in die Tabelle ein.

Infinitiv	Präsens	Präteritum	Perfekt	Futur
gehen	Ich gehe	Ich ging	Ich bin gegangen	Ich werde gehen
spielen				
lesen				
laufen				
schreiben				
sagen				
holen				

114

Test 191: Diktat – Präteritum (Vergangenheit)

3/4

Gestern las Antonia ein spannendes Buch. In der Geschichte ging es um ein Mädchen, das allein zu Hause war. Plötzlich hörte Antonia ein leises Knarren. Gerade so, als ob jemand ganz leise die Hintertür geöffnet hätte. Antonia versteckte sich sofort hinter dem Sofa im Wohnzimmer. Das war keine Sekunde zu früh, denn tatsächlich betrat ein maskierter Einbrecher den Raum.
Antonia duckte sich schnell, doch es war bereits zu spät. Der Mann griff nach ihr, und Antonia schrie, so laut sie konnte, um Hilfe. Gerade als der Einbrecher sie packte, hörte sie plötzlich die Stimme ihrer Mutter: „Du hast geschlafen und schlecht geträumt."
Antonia war noch nie so erleichtert.

Test 192: Präsens (Gegenwart)

3/4

Setze den Text ins Präsens (Gegenwart). Unterstreiche alle Verben (Tunwörter).

Heute liest Antonia ...

_____

_____

_____

_____

_____

_____

_____

_____

Test 193: Hausmeister Katschmarek

Hausmeister Katschmarek liebt nichts mehr als Verbotsschilder. Er hat schon eine ganze Sammlung. Leider fehlen überall die Anfangsbuchstaben. Kannst du ihm helfen?

Das [ ]_etreten des Rasens ist verboten!

Falsches [ ]arken führt zu einer Anzeige!

Das [ ]pielen im Hof ist nicht erlaubt!

Das [ ]nbringen von Verbotsschildern ist streng verboten!

Zum [ ]eiern von Partys muss eine Genehmigung vorliegen.

Das [ ]rgern des Hausmeisters ist strengstens untersagt!

Test 194: Aufsatztraining

Um einen guten Aufsatz zu schreiben, solltest du nicht immer die gleichen Wörter verwenden. Oft gibt es für bestimmte Dinge Wörter, die das Gemeinte genauso gut oder besser beschreiben. Hier kannst du das am Beispiel des Worts „*sagen*" einmal einüben. Trage die Sprech-Wörter in der richtigen Zeile ein.

vorlesen nuscheln schreien
flüstern sagen schwatzen
rufen sprechen reden
plaudern brüllen tuscheln
kreischen murmeln plappern

laut:

leise:

schnell:

unverständlich:

Test 195: Aus drei mach eins

Manche Wörter bestehen sogar aus drei einzelnen Wörtern, zum Beispiel das Wort **Haustürschloss**.

Haus	+	Tür	+	Schloss	=	Haustürschloss

Hunde Tassen Fenster Kaffee Glas Topf

Hals Blumen Erde Henkel Reiniger Band

Test 196: Aufsatztraining

Hier geht es darum, Wörter zu finden, die du in einem Aufsatz anstelle des Worts „gehen" verwenden kannst. Schreibe die passenden Wörter zu den Bildern.

schleichen

rennen

hüpfen

watscheln

kriechen

Test 197: Aufsatztraining

Kennst du noch weitere passende Wörter? Trage sie hier ein:

Test 198: Groß oder klein?

Wie werden diese Wörter geschrieben? Fülle die Lücken aus.

Gestern haben wir etwas _(s)pannendes erlebt.

Heute sehen wir einen _(s)pannenden Film.

Zum Geburtstag wünsche ich dir alles _(g)ute.

Ich habe eine _(g)ute Nachricht für euch.

Sabine wurde vom _(k)lingeln des Weckers geweckt.

Die Schulglocke _(k)lingelte, die Stunde war vorbei.

Herr Müller wurde vom _(k)nattern des Rasenmähers gestört.

Das (k)natternde Motorrad seines Sohnes störte ihn aber nicht.

Das (b)etreten des Rasens ist verboten.

Die Schüler (b)etreten den Rasen trotz des Verbots.

Test 199: Wörter mit ck

Diese zerbrochenen Wörter haben alle in der Mitte ein *ck*. Setze sie wieder zusammen und schreibe sie in die leeren Zeilen.

anste tro end
lo ba en er
le Lo ck e en
entde er en

_____

_____

_____

_____

_____

_____

Test 200: Adverbien (Umstandswörter)

Unterstreiche alle Adverbien in diesen Sätzen.

Max lief so schnell er konnte.
Maria liest immer sehr langsam.
Simone stellt sich manchmal wirklich dumm an.
Frederik spielte vorgestern sehr gut.
Tim spielte genauso gut wie Matthias.
Deshalb gab es vom Trainer ein dickes Lob.

Test 201: Wörter mit ck

Finde das „ck"

Schnecke

ticken

Glocke

Schmuck

zackig

erschrecken

lecker

Rückstrahler

verstecken

entdecken

verpackt

Test 202: Wortart

Ordne die Wörter mit ck richtig ein:

Nomen (Namenwörter)	Adjektive (Wiewörter)	Verben (Tunwörter)

Test 203: Trenne diese Wörter nach Silben

Hecke   ⟹ He-cke   backen ⟹ _____

wickeln   _____   Zucker   _____

stecken   _____   Glocke   _____

Rücken   _____   Eckball   _____

Test 204: Die Konjunktion (Bindewort) weil

Bilde aus zwei vorgegebenen Sätzen einen neuen Satz mit *weil*. Denke daran, dass vor *weil* immer ein Komma stehen muss.

Beispiel:

> Tim geht heute nicht zur Schule. Tim ist krank.
>
> 1. Tim geht heute nicht zur Schule, weil er krank ist.
> 2. Weil Tim krank ist, geht er heute nicht zur Schule.

> Lisa hat heute Geburtstag. Sie bekommt Geschenke.

> Torben bekommt eine gute Note. Er hat fleißig gelernt.

Test 205: weitere Konjunktion (Bindewörter)

Unterstreiche die Bindewörter in diesen Sätzen:

1. Die Jungen spielen Fußball, obwohl es sehr kalt ist.

2. Zum Nachtisch gab es Eis und Schokoladentorte.

3. Er kommt oder er kommt nicht.

4. Benni sagt, dass Lisa heute Geburtstag hat.

5. Jasmin spielt mit, wenn es nicht regnet.

Test 206: Ein Brief

3/4

Setze die richtigen Anredepronomen in diesem Brief in die Lücken ein.

Sehr geehrter Herr Müller,

hiermit möchte ich mich noch einmal ganz herzlich für das
schöne Geburtstagsgeschenk bedanken. Ich hoffe, der
Kuchen hat _____ und _____ Frau gut geschmeckt. Ich
habe mit der neuen Kamera schon viele Fotos gemacht. Die werde ich
_____ beim nächsten Besuch zeigen. Bitte grüßen _____ auch
_____ Frau von mir.

_____ Tim

Test 207: Ein Brief

3/4

Schreibe jetzt den gleichen Brief an einen Freund. Was ändert sich?

Hallo Torben,

hiermit möchte ich mich noch einmal ganz herzlich für das schöne
Geburtstagsgeschenk bedanken. Ich hoffe, der Kuchen hat _____ und
_____ Schwester gut geschmeckt. Ich habe mit der neuen Kamera
schon viele Fotos gemacht. Die werde ich _____ beim nächsten
Besuch zeigen. Bitte grüße auch _____ Schwester von mir.

_____ Tim

Tipp: Die Anredepronomen (Fürwörter) *Sie, Ihr, Ihnen* usw. werden
immer großgeschrieben. Wenn du an jemanden schreibst, den du mit *Du*
ansprichst, kannst du das *Du* entweder klein- oder großschreiben. Wenn
du besonders höflich sein willst, schreibst du es immer groß.

Test 208: s oder ss?

Finde die Verlängerungen, um das weiche (stimmhafte) oder das harte (stimmlose) s zu hören!

Wort	Verlängerung
das Gras	die Gräser
der Preis	die
der Riss	die
er reist	sie
der Kreis	die
die Maus	die
das Moos	die

Test 209: s oder ss?

Suche auch von diesen Wörtern die Verlängerungen.

Wort	Verlängerung
das Haus	die
das Glas	die
das Ross	die
nass	am
der Schluss	die
das Verlies	die
der Verschluss	die
er löst	sie

Test 210: Welche Wortart ist das?

Trage ein, um welche Wortart es sich handelt.

Wort	Wortart	Wort	Wortart
laufen	Verb	Bildschirm	Nomen
blau		sprechen	
sie		Stuhl	
schwimmen		liegen	
ihm		Schreibtisch	
tief		gelb	
einfach		Sonne	

Test 211: Welche Wortart ist das?

Wort	Wortart	Wort	Wortart
grün		bald	
Fußball		gestern	
er		unter	
schreiben		ihn	
ihre		der	
schmutzig		teuer	

Test 212: Akkusativ- und Dativobjekte

Finde heraus, ob es sich um ein Akkusativ- oder um ein Dativobjekt handelt. (Akkusativ: wen oder was?; Dativ: wem?)

	Akkusativ oder Dativ?
Der Hund frisst <u>die Wurst</u>.	Akkusativobjekt
Sara gratuliert ihrer Oma.	
Das Mädchen liest ein Buch.	
Heidi telefoniert mit Katrin.	
Der Vater bügelt sein Oberhemd.	

Test 213: Akkusativ- und Dativobjekte

Finde heraus, ob es sich um ein Akkusativ- oder um ein Dativobjekt handelt.

Ich widerspreche dir.	
Charlotte streichelt ihr Kaninchen.	
Tim verleiht seinen Buntstift.	
Jannis kocht Nudeln.	
Das Auto gehört meinen Eltern.	
Den Kindern schmeckt das Essen!	
Das T-Shirt passt Sven nicht.	

Test 214: Bilde den Imperativ (Befehlsform)

Grundform: ein Buch lesen
Aufforderung an eine Person:
Lies ein Buch!
Aufforderung an mehrere Personen:
Aufforderung an eine Person, die gesiezt wird:

Test 215: Bilde den Imperativ (Befehlsform)

Grundform: einen Brief schreiben
Aufforderung an eine Person:
Aufforderung an mehrere Personen:
Aufforderung an eine Person, die gesiezt wird:

Test 216: Bilde den Imperativ (Befehlsform)

Grundform: das Zimmer aufräumen
Aufforderung an eine Person:
Aufforderung an mehrere Personen:
Aufforderung an eine Person, die gesiezt wird:

Test 217: Bilde den Imperativ (Befehlsform)

Grundform: die Musik leiser stellen
Aufforderung an eine Person:
Aufforderung an mehrere Personen:
Aufforderung an eine Person, die gesiezt wird:

Test 218: Verben (Tunwörter) im Präsens (Gegenwart)

Ergänze die fehlenden Verben im Präsens:

rennen	Er _____ über die Straße zum Kiosk.
holen	Tommi _____ den Ball aus dem Keller.
bestellen	Im Eiskaffee _____ Carola ein Erdbeereis.
gehen	Vor der Schule _____ es immer rund.
brennen	Feuer! Das Haus _____.
trampeln	Zwei Elefanten_____ über eine Ameisenstraße.
schieben	Die Freunde _____ die schwere Kiste vor die Tür.

Test 219: Verben (Tunwörter) im Imperfekt (1. Vergangenheit)

Ergänze hier die fehlenden Verben im Imperfekt:

springen	Der kleine Affe _____ von Ast zu Ast.
fangen	Thomas _____ den Ball im Flug.
benutzen	In Paris _____ Tim die Metro.
fahren	In London _____ Max mit dem Taxi.
schreien	Das kleine Baby _____ die ganze Nacht.
streichen	Jasmin _____ die Tür mit weißer Farbe.

Test 220: Präteritum (Imperfekt)

Ergänze die fehlenden Verben im Präteritum:

rennen	Er _____ über die Straße zum Kiosk.
holen	Tommi _____ den Ball aus dem Keller.
bestellen	Im Eiskaffee _____ Carola ein Erdbeereis.
gehen	Vor der Schule _____ es immer rund.
brennen	Feuer! Das Haus _____.
trampeln	Zwei Elefanten _____ über eine Ameisenstraße.

Test 221: Perfekt (2. Vergangenheit)

Ergänze die fehlenden Verben im Perfekt:

springen	Der kleine Affe _____ von Ast zu Ast _____.
fangen	Thomas _____ den Ball im Flug _____.
benutzen	In Paris ___ Tim die Metro _____.
fahren	In London _____ Max mit dem Taxi _____.
schreien	Das kleine Baby _____ die ganze Nacht _____.
streichen	Jasmin ____ die Tür mit weißer Farbe _____.

Test 222: Futur (Zukunft)

3/4

Ergänze die fehlenden Verben im Futur:

rennen	Er _____ über die Straße zum Kiosk _____.
holen	Tommi _____ den Ball aus dem Keller _____.
bestellen	Im Eiskaffee _____ Carola ein Erdbeereis _____.
gehen	Vor der Schule _____ es immer rund _____.
brennen	Feuer! Das Haus ____ _____.
trampeln	Zwei Elefanten _____ über eine Ameisenstraße _____.

Test 223: Futur (Zukunft)

3/4

Ergänze die fehlenden Verben im Futur:

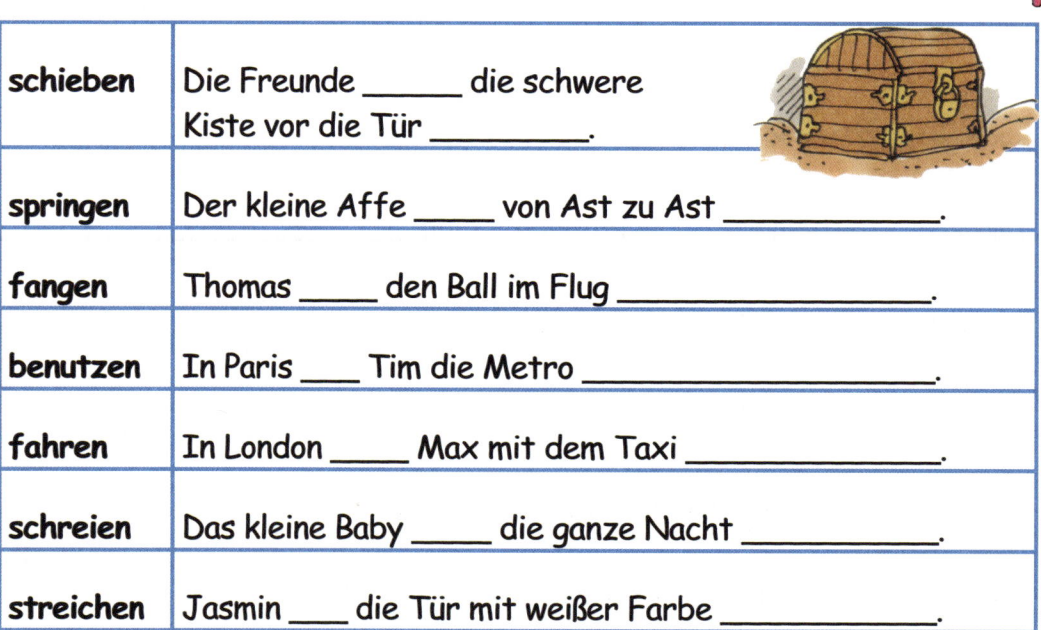

schieben	Die Freunde _____ die schwere Kiste vor die Tür _____.
springen	Der kleine Affe _____ von Ast zu Ast _____.
fangen	Thomas _____ den Ball im Flug _____.
benutzen	In Paris ____ Tim die Metro _____.
fahren	In London _____ Max mit dem Taxi _____.
schreien	Das kleine Baby _____ die ganze Nacht _____.
streichen	Jasmin ____ die Tür mit weißer Farbe _____.

Test 224: Imperfekt oder Perfekt?

Kreuze an. Imperfekt oder Perfekt?

	Imperfekt	Perfekt
Rolf ging zur Schule.		
Alina hat alles aufgegessen.		
Der Zug kam zu spät.		
Der Lehrer hat uns viele Hausaufgaben aufgegeben.		
Paul hat gestern viel gelacht.		
Das Fahrrad hat 100 Euro gekostet.		
Die Blume ist verblüht.		
Ayla las das neue Buch.		

Test 225: Präsens oder Futur?

Kreuze an. Präsens oder Futur?

	Präsens	Futur
Jasmin gewinnt beim Scrabble.		
Meike wird morgen verreisen.		
Die Eltern freuen sich über den Besuch.		
Meine Schwester wird sich sehr ärgern.		
Alle machen beim Schulfest mit.		
Ich werde die Prüfung bestehen.		
Gleich werde ich fertig sein.		
Sabine lügt, ohne rot zu werden.		
Eric passt auf.		

Test 226: Artikel und Nomen

Ergänze die Artikel und die Nomen in allen vier Fällen in der Einzahl:

der Schuh

1. Fall: _____

2. Fall: _____

3. Fall: _____

4. Fall: _____

der Schüler

1. Fall: _____

2. Fall: _____

3. Fall: _____

4. Fall: _____

Test 227: Artikel und Nomen

Ergänze die Artikel und die Nomen in allen vier Fällen in der Mehrzahl:

die Kinder

1. Fall: _____

2. Fall: _____

3. Fall: _____

4. Fall: _____

die Lehrer

1. Fall: _____

2. Fall: _____

3. Fall: _____

4. Fall: _____

die Vögel

1. Fall: _____

2. Fall: _____

3. Fall: _____

4. Fall: _____

Test 228: Subjekt (Satzgegenstand)

Finde in jedem Satz das Subjekt oder die Subjekte und unterstreiche sie:

Thomas fährt gern mit seinem neuen Fahrrad.

Meine Plastikente schwimmt in meiner Badewanne.

Im letzten Jahr bin ich in England gewesen.

Er sprach laut und deutlich.

Meine Freunde und ich erleben viele Abenteuer.

Zu Weihnachten bekommt Lisa ein Kaninchen.

Test 229: Prädikat (Satzaussage)

Finde in jedem Satz das Prädikat und unterstreiche es:

Torben sitzt auf seinem Stuhl.

Ohne meine Ente gehe ich nicht in die Wanne.

Im letzten Jahr war ich in Italien.

Sam, mein Hund, schläft fast den ganzen Tag.

Marc bekommt zu Weihnachten eine Spielekonsole.

Tim feiert seinen Geburtstag am nächsten Wochenende.

Test 230: Auf jeden Fall: vier Fälle

3/4

Trage zu diesen Nomen die Formen der Fälle im Singular (Einzahl) ein:

Nomen	Nominativ	Genitiv	Dativ	Akkusativ
die Puppe				
der Ball				
das Haus				
das Pferd				
der Hase				
das Kind				
die Hose				
das Hemd				
der Bär				

Test 231: Auf jeden Fall: vier Fälle

3/4

Trage zu diesen Nomen die Formen der Fälle im Plural (Mehrzahl) ein:

Nomen	Nominativ	Genitiv	Dativ	Akkusativ
die Puppen				
die Bälle				
die Häuser				
die Pferde				
die Hasen				
die Kinder				
die Hosen				
die Hemden				
die Bären				

Test 232: Hier fehlen Kommas

Hier hat Jessica alle Kommas vergessen. Setze sie bitte für sie ein.

Marcel kann sich nicht entscheiden ob er lieber Nudeln Kartoffeln oder Reis mag.

Der Blumenstrauß war voller Rosen Nelken Veilchen und Tulpen.

Johannas Lieblingsfarben sind Rot Blau Gelb Grün und Orange.

Auf der Einkaufsliste stehen Seife Obst Wurst Gemüse und Blumen.

In der Klasse stehen Stühle Tische Regale und Schultaschen herum.

Sarah isst am liebsten Pommes Pizza Spaghetti sowie Eis.

Fatma mag Fußball Tennis Handball und Schwimmen.

Test 233: Diktat – Hier fehlen Kommas

Die Klasse trifft sich im Computerraum. Eigentlich ist heute kein Unterricht, aber trotzdem sind alle erschienen. Die meisten Mädchen und Jungen haben schon einmal im Internet gesurft, jedoch wissen viele noch nicht, dass das auch gefährlich sein kann. Kinder dürfen im Internet niemals ihren richtigen Namen, ihre Adresse oder Telefonnummer angeben, denn man weiß nie, wer sie bekommt. Wenn Kinder im Internet von Fremden angesprochen werden, sollten sie das nicht verheimlichen, sondern ihren Eltern sagen.
Kinder sollten nur Seiten für Kinder besuchen, denn es gibt auch viele Seiten, die für Kinder sehr erschreckend oder schädlich sein können.
Wenn sie gut aufpassen, können Kinder aber auch einmal alleine im Internet surfen. Wenn etwas Unvorhergesehenes passiert, können sie ja ihre Eltern dazurufen.

Kommas werden nicht diktiert

Test 234: Hier fehlen Kommas

Hilf Lisa bei den Hausaufgaben. Trage alle fehlenden Kommas ein.

Morgen gehe ich zur Schule weil ich wieder gesund bin.
Bitte kaufe Eier ein weil ich Kuchen backen möchte.
Der Angeklagte wurde verurteilt weil er etwas gestohlen hatte.
Ich mache meine Hausaufgaben damit ich bessere Noten bekomme.
Tim hat eine rote Tasche obwohl seine Lieblingsfarbe Blau ist.
Jana hat ihre Aufgaben erledigt wenn sie den Geschirrspüler ausgeräumt hat.
Sarah geht zur Schule damit sie etwas lernt.

Test 235: Diktat - Hier fehlen Kommas

In diesem Diktat geht es auch um Kommas. Du musst also genau zuhören und nachdenken.

Finja hat zum Geburtstag eine Digitalkamera geschenkt bekommen, weil sie gerne fotografiert. Die neue Kamera ist besser als ihre alte, obwohl sie mit der auch gerne fotografiert hat. Jetzt wartet Finja auf einen sonnigen Tag, weil man bei gutem Wetter bessere Fotos machen kann. Sobald die Fotos geknipst sind, überträgt sie diese auf den Computer. Dort kann sie auf dem großen Bildschirm genau sehen, ob die Fotos gut geworden sind. Als sie die neue Kamera bekommen hat, war sie sehr glücklich. Sie kann jetzt so viele Fotos machen, wie sie will, weil die Entwicklung der Fotos nichts kostet. Während sie früher immer teure Filme kaufen musste, braucht sie jetzt gar keinen Film mehr.

Kommas werden nicht diktiert

Ergänze die Doppelpunkte, Kommas und die Anführungszeichen für die wörtliche Rede. Vergiss auch die übrigen Satzzeichen wie zum Beispiel die Fragezeichen nicht.

Der Lehrer rief Hefte raus Klassenarbeit
Die Prinzessin sagte Oh ein Frosch
Hörst du schlecht wollte Tina wissen
Der Polizist ruft Halt stehen bleiben
Geh jetzt in die Klasse sagte der Lehrer
Torben fragte Wie spät ist es jetzt
Antonia murmelte So ein Mist
Psst da kommt jemand flüsterte Elisabeth
Wann beginnt die Aufführung fragte Charlotte
Lisa überlegte Was sollen wir heute Abend machen
Super dachte Thomas
Macht doch nicht so einen Lärm flüsterte Elisabeth
Fred gähnte Ich muss jetzt unbedingt schlafen
Widerstand ist zwecklos rief der Kommissar
Es ist Zeit zu gehen bemerkte Sabine

Test 237: Wortarten

4

Trage ein, um welche Wortart es sich handelt:

riechen	Verb
rot	
es	
baden	
ihn	
Wolke	
schwierig	

Test 238: Wortsuche

4

Schreibe zu jeder Wortart drei Wörter auf. Welche, kannst du selbst aussuchen.

Pronomen	
Personalpronomen	
Substantiv	
Verb	
Adjektiv	

Test 239: Pronomen – Fallunterscheidung

4

Ergänze die Tabelle:

Kasus (Fall)	1. Person Singular	2. Person Singular	3. Person Singular
Nominativ	ich	du	er, sie, es
Genitiv	meiner	...	...
Dativ			
Akkusativ			

Test 240: Pronomen – Fallunterscheidung

4

Und hier noch die Tabelle für den Plural (Mehrzahl):

Kasus (Fall)	1. Person Plural	2. Person Plural	3. Person Plural
Nominativ	wir	ihr	sie
Genitiv	unser	...	...
Dativ			
Akkusativ			

Test 241: Subjekt, Prädikat und Objekt 4

Bestimme Subjekt, Prädikat und Objekt. Unterstreiche alle Subjekte rot, die Prädikate blau und die Objekte grün.

Torben besucht am Sonntag seine Freundin.

Frederic kämmt seine Haare.

Thomas isst einen Hamburger.

Der Hund bellt.

Wir lesen ein Buch.

Kim schreibt Briefe.

Test 242: Adverbiale Bestimmungen 4

Markiere hier die adverbiale Bestimmung. Es können auch mehrere sein!

Der Polizist fragte gestern erstaunt nach dem unbekannten Mann.

Das Schulfest findet am Mittwoch in zwei Wochen statt.

Morgens macht mein Bruder gut gelaunt das Frühstück.

Bei uns wird immer abends in der Küche gegessen.

Gelangweilt nahm sich Max im Wartezimmer sein Mathebuch vor.

Test 243: Personalformen finden

Bilde die Personalformen.

Grundform: schreiben
1. Person Singular:
2. Person Singular:
3. Person Singular:
1. Person Plural:
2. Person Plural:
3. Person Plural:

Test 244: Personalformen finden

Bilde auch hier die Personalformen.

Grundform: essen
1. Person Singular:
2. Person Singular:
3. Person Singular:
1. Person Plural:
2. Person Plural:
3. Person Plural:

Test 245: Er, sie oder es?

4

Trage in die Lücken das richtige Pronomen (*er*, *sie*, *es*) ein.

Der Lehrer liest eine Geschichte vor.
_____ kann sehr gut vorlesen.

Antonia schaut sich einen Film an. Leider ist _____ sehr langweilig.

Anne ist neu in der Schule. Am ersten Tag ist _____ noch sehr schüchtern.

Jasmin läuft auf die Straße. Dabei wäre _____ fast überfahren worden.

Test 246: Er, sie oder es?

4

Setze auch hier die passenden Pronomen ein.

Torben liest ein Buch. _____ hat über 600 Seiten.

Mirkos Computer ist kaputt. Dabei ist _____ erst ein Jahr alt.

Moritz schoss auf das Tor. Doch leider traf _____ nicht.

Ein Flugzeug war am Himmel zu sehen. _____ flog so hoch, dass man _____ nicht hören konnte.

Test 247: Setze ein: „das" oder „dass"

Denke gut nach. Was muss hier eingesetzt werden: „das" oder „dass"?

Den Lehrer freut es, _____ Moritz seine Hausaufgaben gemacht hat.

Matthias gehört _____ grüne Fahrrad.

Frauke ärgert es, _____ Anne nicht mit ihr ins Kino gehen will.

Jan behauptet, _____ Marc bei ihm abgeschrieben habe.

Frau Meier hat gesagt, _____ wir _____ Buch bis morgen gelesen haben müssen.

In der Buchhandlung erfuhr Tim, _____ _____ gewünschte Buch bestellt werden müsste.

Test 248: Setze ein: „das" oder „dass"

Und hier kommen noch mehr Lückensätze, in die „das" oder „dass" eingesetzt werden muss.

Bernd hat herausgefunden, _____ Moritz lügt.

Man sagt, _____ sich ein Wunsch erfüllt, wenn man eine Sternschnuppe sieht.

Philipp hat gesehen, _____ Paul mit dem Fahrrad weggefahren ist.

Mirko muss _____ Buch, _____ er ausgeliehen hat, zurückgeben.

Die Klasse hofft, _____ es morgen nicht regnen wird.

Herr Bäcker bemerkt, _____ er _____ Klassenbuch vergessen hat.

Test 249: Grammatik: Personalpronomen

4

Schreibe die richtigen **Pronomen** in die Lücken.

Marc hat eine schwere <u>Tasche</u>.
[____] trägt [____] auf dem Rücken.

Das <u>T-Shirt</u> ist <u>Sara</u> zu groß.
[____] mag [____] trotzdem sehr gern.

Die Mutter ist böse auf <u>Tim</u>.
[____] hat eine <u>Blumenvase</u> zerbrochen.
[____] war sehr wertvoll.

<u>Thomas</u> ist sehr blass. [____] ist krank.

Das <u>Buch</u> hat 600 Seiten. [____] ist sehr dick.

Test 250: Besitzanzeigende Pronomen

4

Was ist richtig? *sein* oder *ihr*?

Tim trägt _____ Schultasche über der Schulter.

Tina fährt heute mit _____ neuen Fahrrad zur Schule.

Benno feiert heute _____ Geburtstag.

Anne liest mit Begeisterung in _____ neuen Buch.

Gestern hat mir Marc _____ neues Fahrrad ausgeliehen.

Test 251: Diktat: Das Navigationsgerät
(Groß- und Kleinschreibung)

Lisas Vater hat neulich ein Navigationsgerät für das Auto gekauft. Jetzt wird er sich hoffentlich nicht mehr so oft verfahren. Das Navigationsgerät hat eine Frauenstimme. Die sagt zum Beispiel: „Sie befinden sich auf der Weststraße. Nach 500 Metern können Sie in die Berggasse einbiegen." oder: „Fahren Sie noch 200 Meter auf der Schlossstraße. Sie erreichen dann den Rathausplatz. In nördlicher Richtung liegt der Alte Weg. Sie haben Ihr Ziel erreicht."
Als das Navigationsgerät noch ganz neu war, hat Lisas Mutter den Vater einmal im Wagen angerufen. Zuerst war sie ganz eifersüchtig, weil sie dachte, der Vater würde mit einer anderen Frau spazieren fahren. Als sie dann zu Hause die Stimme aus dem Navigationsgerät gehört hat, mussten alle furchtbar lachen.

Test 252: Geografische Namen
(Groß- und Kleinschreibung)

Am __ölner Flughafen konnte ein Flugzeug wegen Nebels nicht starten.
In ganz __ürnberg gab es kein __übecker Marzipan mehr. Gleichzeitig waren in Lübeck die __ürnberger Lebkuchen ausgegangen.
Zum Glück gab es aber überall noch __rankfurter Würstchen.
Am __randenburger Tor war eine Schulklasse aus __ünchen angekommen.

Test 253: Wortfelder

Wörter, die zu einem bestimmten Thema gehören, nennt man auch Wortfeld.

Unterstreiche alle Wörter, die zum Wortfeld <u>Sommer</u> gehören.

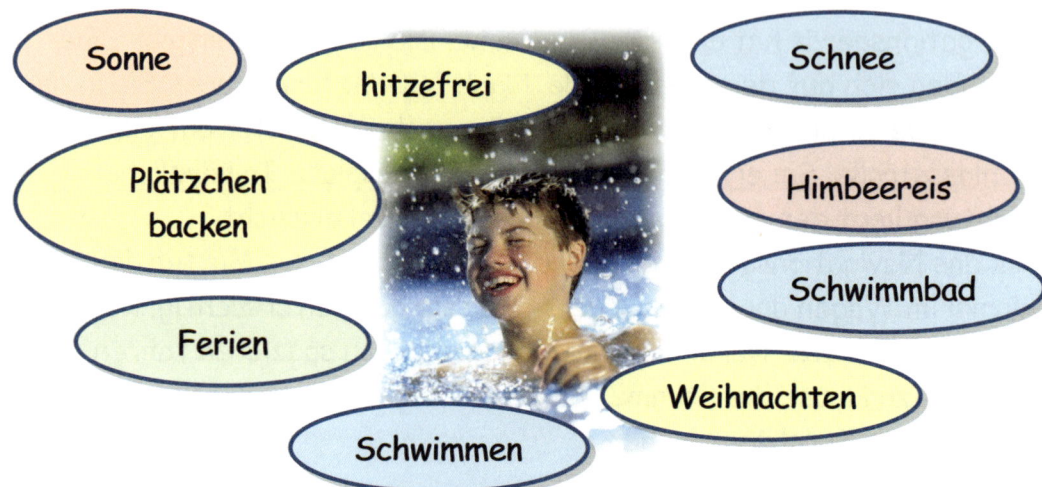

Sonne · hitzefrei · Schnee · Plätzchen backen · Himbeereis · Schwimmbad · Ferien · Weihnachten · Schwimmen

Test 254: Wortfelder

Unterstreiche alle Wörter, die zum Wortfeld <u>Winter</u> gehören.

Sonne · hitzefrei · Schnee · Plätzchen backen · Schlitten · Schneemann · Eiszapfen · Weihnachten · Schwimmen

4

4

Erklärung der Fachbegriffe

In der Schule wird bei der Betrachtung von Sprache und Texten eine Reihe von kompliziert klingenden Fachbegriffen verwendet. Im Folgenden finden Sie die wichtigsten Begriffe erklärt und durch Beispiele erläutert. Alle grammatischen Begriffe werden mit ihren deutschen und lateinischen Bezeichnungen vorgestellt. Beachten Sie bitte, dass in den weiterführenden Schulen vermehrt oder ausschließlich die lateinischen Namen verwendet werden: statt „Namenwort" also „Nomen" oder statt „1. Vergangenheit" „Imperfekt" und so weiter. Sie helfen Ihrem Kind also, wenn Sie spätestens im 3. oder 4. Schuljahr darauf achten, dass es diese Fachbegriffe kennt und anwenden kann. Die maßgeblichen Namen sind im Folgenden jeweils unterstrichen dargestellt.

Buchstaben und Laute:
Selbstlaute/Vokale
Als Vokale werden die Laute a, e, i, o und u bezeichnet.

Mitlaute/Konsonanten
Als Konsonanten werden die übrigen Laute wie b, c, d, f … bezeichnet.

Doppellaute/Zwielaute/Diphthonge:
Dazu zählen: ai, au, äu, ei, eu

Wortarten:
Bindewort/Konjunktion:
Beispiele: und, oder, obwohl, zudem, weil, damit

Wiewort/Adjektiv/Eigenschaftswort
Adjektive beschreiben Eigenschaften von Dingen oder Personen.

Beispiele: groß, blau, stark, weich, kurz

Adjektive können gesteigert werden:

Beispiel: groß, größer, am größten
Diese Steigerungsformen werden in der Grundschule auch
Vergleichsformen genannt.

Namenwort/Nomen/Substantiv
Nomen benennen Dinge, Personen, aber auch Gefühle, Stimmungen,
Einstellungen usw.

Beispiele: Hund, Frau, Haus, Schule

Man unterscheidet konkrete Nomen (Auto, Pferd ...) und abstrakte
Nomen (Ehrlichkeit, Hoffnung ...).

Nomen verändern sich, je nachdem, wie sie benutzt werden.

Einzahl (Singular): das Buch
Mehrzahl (Plural): die Bücher

Man unterscheidet bei Nomen vier Fälle:

Nominativ:	das Buch	(wer oder was?)
Genitiv:	des Buches	(wessen?)
Dativ:	dem Buch	(wem?)
Akkusativ:	das Buch	(wen oder was?)

Begleiter/Artikel:
Bestimmter Artikel: der, die, das ...
Unbestimmter Artikel: ein, eine ...

Fürwort/Pronomen:
Wörter, die statt eines Nomens verwendet werden.
Beispiele: er, sie, ihnen ...

Eine besondere Form von Pronomen sind die besitzanzeigenden Pronomen (<u>Possessivpronomen</u>).
Beispiele: mein, dein, ihres ...

Tunwort/<u>Verb</u>/Tuwort/Tätigkeitswort/Zeitwort
Beispiele: laufen, schreiben, verstehen

Verben haben eine Grundform (<u>Infinitiv</u>):
Beispiele: gehen, rufen, verstehen ...

Außerdem erscheinen sie in verschiedenen Zeitformen:

Gegenwart/<u>Präsens</u>: Ich gehe./Er liest.

1. Vergangenheit/<u>Präteritum</u>/Imperfekt:
   Ich ging. Er las.

2. Vergangenheit/<u>Perfekt</u>:
   Ich bin gegangen. Er hat gelesen.

Zukunft/<u>Futur</u>:
Ich werde gehen. Er wird lesen.

Das Präteritum oder Imperfekt wird häufig auch als „unvollendete Vergangenheit" bezeichnet. In Österreich verwendet man ebenfalls den Begriff „Mitvergangenheit".

Umstandswort/Adverb:

Mit Adverbien wird beschrieben, wie, wann oder wo eine Tätigkeit ausgeführt wird.

Beispiele: gestern, schnell, hier

Verhältniswort/Präposition:

Mit Präpositionen wird das Verhältnis zwischen Personen, Gegenständen und Sachverhalten bestimmt.

Beispiele: in, auf, unter, über ...

Satzteile

In der grammatischen Betrachtung hat jeder Teil eines Satzes eine Funktion, die durch einen grammatischen Begriff gekennzeichnet ist. So lässt sich zum Beispiel der folgende Satz zerlegen oder analysieren:

Das Mädchen schenkt seiner Freundin in der Schule ein Buch.

Das Mädchen = **Satzgegenstand/Subjekt**

schenkt = **Satzaussage/Prädikat**

seiner Freundin = **Ergänzung im 3. Fall (Dativobjekt)**

in der Schule = **Umstandsbestimmung/adverbiale Bestimmung**

ein Buch = **Ergänzung im 4. Fall (Akkusativobjekt)**

Lösungen

Nr.	Lösung	Nr.	Lösung
7/8	Der Ritter steht vor einer Burg. / Der Schaffner steht neben einer Lokomotive.	9	Ball | Mond | Laterne | Nase | Rakete | Pinguin | Kirsche
10	M Mädchen / H Haus / B Bär / B Blume / Z Zebra	11	Apfel | Affe | Ameise | Banane | Elefant | Ente
12	Rot | Gelb | Grün | Braun | Orange Blau | Lila | Rosa | Weiß | Schwarz	13	Esel | Eule | Eskimo / Birne | Brot | Ball / Zeh | Zitrone
14	Indianer | Fisch | Finger | Giraffe | Pilz	15	Ball | Blume | Buch | Dino | Farbe / Flugzeug | Frosch | Fuß | Glas | Hahn / Hexe | Katze | Kuh | Luftballon | Kuchen
16	Banane | Blume | Buch | Bleistift | Baum	17	Motorrad | Mais | Maus | Mond | Messer
18	Eins | Eis | Ei | Erdbeere | Ente	19	Wecker | Würfel | Weihnachtsbaum | Wal | Weintrauben
20	der Clown | die Eule | das Eichhörnchen | die Blume | das Mädchen | der Elefant | die Giraffe | das Haus | der Baum | der Mond | die Sonne | der Stern | die Schule | der Lehrer | der Ball	21	Handschuh | Fußball | Schulhof | Regenschirm | Armbanduhr
22	Sonne | Säge | Gras | Dose | sauer | Haus | lesen | rasen | Maus | Reis | etwas	23	Eisbären | Nashorn | Löwen | Tiger | Schlange
24	Die Schlange ist sehr giftig. | Das Fell des Eisbären ist weiß. | Das Horn des Nashorns ist sehr hart.. | Der Löwe brüllt so laut er kann.	25	Zwerg | Berg
26	Schuh | Kuh	27	Igel | Spiegel
28	die Lehrer | die Zahlen | die Bäume | die Betten | die Vögel | die Klassen | die Pferde | die Eier	29	die Fahne | die Mutter | der Baum | der Stuhl | die Giraffe | das Rad | der Schuh | das Heft
30	Die Hunde | Die Jungen | Die Fenster | Die Äpfel | Die Affen | Die Finger | Die Löwen | Die Hexen | Die Torten	31	Zitrone
32	Ziege | Mine | Birne | Sieben | Apfelsine | Bild | Brief | Dieb | Finger | Kirsche | Vier | Spiegel	33	Tina winkt. | Alina und Tim spielen Fangen. | Tom läuft. | Torben spielt Fußball.
34	tiefer, am tiefsten | länger, am längsten | kürzer, am kürzesten | breiter, am breitesten | freundlicher, am freundlichsten | schneller, am schnellsten | langsam, am langsamsten	35	kälter, am kältesten | wärmer, am wärmsten | heißer, am heißesten | höher, am höchsten | schmutziger, am schmutzigsten | fleckiger, am fleckigsten | sauberer, am saubersten | herrlicher, am herrlichsten | fantastischer, am fantastischsten
36	Lösungswort: FERIEN	37	Vampir | Vogel | Fahrrad | Frosch | Vulkan

38		39	Haus / Maus | Wal / Aal | Hund / Mund | Hose / Rose
	H Ü A U G E A M A B A D L E R R U H R Ü O E O S S R A K E T E T D G N Q C Ü T E H E M Z N F O R D R Ü O M J Ü N L L U P E Z E I	40	10:15 Uhr / 12:30 Uhr / 12:15 Uhr / 10:30 Uhr /12:00 Uhr / 2:00 Uhr
		41	Montag | Mittwoch | Donnerstag | Sonntag | Samstag | Sonntag | Montag
		42	Laub | halb | gelb | Korb | Stab | Betrieb | Ohrclip | Antrieb | Kalb | Dieb | Chip | lieb | Bub | Ketschup | Typ | Sieb | Sirup | Urlaub
43	Vulkan | Flugzeug | Vampir | Flasche | Vogel | Farbe	44	Rie|sen|rad | Welt|raum|fahrt | Ei|sen|bahn|ver|kehr | Eis|ver|käu|fer | Ge|schenk | Ta|sche | Nu|deln | Frei|tag | Ro|sen|strauch
45	Freun|de | Mäu|se | Schu|le | Kin|der | Hung|er | le|sen | He|xe | Trop|fen | Misch|ling | fins|ter | ring|en | ang|eln	46	Chor | Computer | Vogel | Fuß | Qualm
47	Schneefrau | Pinguin | Eisbär	48	Eisdiele
49	Badewanne	50	Durchgefallen!
51	der Baum – ein Baum | der Abend – ein Abend | der Hund – ein Hund | das Mädchen – ein Mädchen | die Wolke – eine Wolke | der Regen – ein Regen | die Kreide – eine Kreide	52	Nase Hase | Rose Hose | Nonne Sonne
53	a) sehen: Sehhilfe, Ansichtskarte, Fernsehen, … b) gehen: Abgang, Gangschaltung, … c) singen: Singsang, Sänger, … d) hören: schwerhörig, Hörgerät, Hörbuch, …	54	sieben | Eins | Zweite | dritten | zwei
		55	Apfelsine | Aal | Boot | Delfin | Ziege | Stuhl
57	Regentropfen | Apfelbaum | Pferdeschwanz | Hochhaus | Bügeleisen | Kindergarten	58	lachen Sack | denken Fehler | turnen Halle | laufen Schuhe | tanzen Saal | trinken Flasche | rauben Vogel | kaufen Mann | schlafen Sack | braten Pfanne | dick Haut | fluten Licht | braun Bär
59	Eierbecher | Fahrradhelm | Fußball | Regenschirm | Apfelbaum	60	auf | neben | vor | hinter
61	Haftung | Dunkelheit | Freundschaft | Dummheit | Helligkeit | Freiheit | Trockenheit | Finsternis | Festung | Lehrerschaft | Lehrerin | Freundlichkeit	62	sonnig | arbeitsam | lesbar | wackelig | krankhaft | geizig
63	Hamburger | Rose | Spaghetti | Hammer | Rakete	64	Baum | Luftmatratze | Lehrer | Wintermantel | Badehose
65	verlaufen | vertragen | verstehen | annehmen | anfeuern | angeben	66	annehmen | vertragen | anfeuern
67	langsam / lahm / kriechend | hurtig / rasch / schnell	68	groß / größer / am größten | schnell / schneller / am schnellsten | langsam / langsamer / am langsamsten | hoch / höher / am höchsten | tief / tiefer / am tiefsten

69 70	Liebe Lisa, wie geht es dir? Bei uns sind bald Ferien. Darauf freue ich mich schon sehr. In den Ferien mache ich mit meinen Eltern Urlaub auf einem Pferdehof. Da kann ich von morgens bis abends reiten und die Pferde versorgen. Das wird toll! Wenn wir wieder zurück sind, werde ich dich besuchen. Dann können wir zusammen ins Schwimmbad gehen und Eis essen. Bitte grüße auch deine Eltern und deinen Bruder von mir. Bis bald! Deine Anne	71	Gute Eigenschaften: pünktlich, freundlich, ehrlich, humorvoll, zuverlässig / Schlechte Eigenschaften: gemein, ungerecht, grob
		72	Beispiel: gerecht, aufmerksam, lieb, fröhlich
		73	
74	Quark | Steg | Park | lang | Burg | Krug | Werkzeug | Sieg | stark | schräg | Betrug | Flugzeug | Fabrik | Musik | Tag | Lok | krank | Berg | Schlag	75	Kind | bunt | Jogurt | Boot | laut | Elefant | Brot | Nilpferd | Obst | Mond | rot | Wald | Fahrrad | Nacht | Schwert | Mund | Bild | Beet | Ast | Leopard | Hand | Axt | Hund | Pferd | Saft | Salat | Wind | Schild | Acht | Pirat
76	Schuld | wund | rund | Wand | hart | Geld | Gold | mild	77	Esel | Affe | Kuh | Hund | Raubkatze / Katze
78	Segelschiff | Affentheater | Rasenmäher | Gartenzaun | Baumhaus | Kaninchenstall	79 80	Ket|ten|ka|rus|sell – Zu|cker|wat|te|stand — Geis|ter|bahn – Irr|gar|ten Im|biss|bu|de – Schwert|schlu|cker – Rie|sen|rad
81	denken | lenken | renken | verschenken Dank | Zank | Schrank | blank | Trank blinken | Zinken | Schinken | hinken | versinken	82	
83	Ganz ganze ganzen stolz Grenze grenzend grenzen zwanzig		
84	a) Stimmhaft: Sonne | sauer | Rasen | lesen | Dose | Säge b) Stimmlos: Gras | Reis | Maus | etwas | Haus		
85	hängen | bellen | Bälle | gefährlich | hell | schnell | Hände | gähnen | schräg | Regen | Rennen		
86	Mäuse | Bäume | heute | aufräumen | Beute | Träume | läuten | Feuer | Freunde | Eule | heulen	87	Puppe | Mantel | Fußball | Rucksack
88	Schiff (Boot) | Windrad | Schaukelpferd | Fisch	89	Beispiele: ähnlich, glücklich, gründlich, handlich gierig, fleißig, schwierig, grausam, langsam, folgsam, dankbar, kostbar, offenbar, elektrisch, mürrisch
90	Beispiele: Dummheit, Bescheidenheit, Heiterkeit, Sparsamkeit, Schwierigkeit, Richterin, Königin, Haftung, Lesung, Biegung, Erbschaft, Herrschaft, Wirtschaft	91	Doppelte Mitlaute: Butter | Affe | Pfanne | Ball | Kartoffeln | Giraffe | Gitarre | Schiff | Pudding | Sonne Einfache Mitlaute: Katze | Zeitung

92	Beispiele: ff: Waffe, Treffen, Stoff, Ziffer mm: Kamm, Himmel, kommen, brummen, bestimmen pp: Suppe, Puppe, hoppeln, zappeln, Gruppe, doppelt nn: Wanne, Pfanne, Tonne, brennen, kennen, Mann rr: sperren, Geschirr, Herr, schnurren	93	Hallo Tim, gestern haben bei uns die Ferien begonnen, und alle Schüler freuen sich auf die nächsten sechs Wochen. Leider können meine Eltern und ich in diesem Jahr nicht in den Urlaub fahren. Papa meint aber, dass wir auch hier Urlaub machen können. Morgen geht es schon los. Wir fahren zum Schwimmen zu einem Baggersee. Morgen Abend werden wir dann grillen. Zum Glück ist es jetzt abends noch lange hell. So kann ich mit meinen Freunden jeden Abend lange spielen. Wann beginnen die Ferien bei euch? Komm mich doch einfach einmal besuchen, wenn es so weit ist. Meine Eltern erlauben das bestimmt, und ich würde mich sehr freuen. Dein Tobias
94	Schramme | Trommel | immer | brummen | Klammer | Kamm		
95	Rinne | Spinne | Sonne | Kanne		
96	1. bloß | 2. Fass | 3. Fluss | 4. Ross | 5. Strauß | 6. reißen | 7. dass | 8. Riss | 9. Straße		
97	Das Schwein quiekt. Die Kuh muht. Die Ente quakt. Das Pferd wiehert. Die Kegel poltern. Der Ballon knallt. Der Hubschrauber brummt.		
100	Spiegel | Specht | spitz | Spinne | Speer | spielen | Stern	101	sparen | spielen | Stempel | Steg
103	putzen | Zähne | Innenflächen | vergessen | gesund	105	Rot | Blau | Gelb | Rosa | Grün | Schwarz | Braun
107	Hausmeister | Radweg | Kindergarten | Schultasche	108	Berg | Hund | Laub | Mond | Korb | rund
109	dick / dünn | groß / klein | warm / kalt | niedrig / hoch | krank / gesund | trocken / nass | schnell / langsam | lang / kurz | heiß / kalt | nass / trocken | spannend / langweilig	110	kraftlos | Kleidung | büffeln | dick | doof | Schule
111	dünn | klein | kalt | hoch | gesund | nass | langsam | trocken | langweilig	112	Tina: lockige, kurze Haare, gelbe Ohrringe, gelbe Schuhe, weiße Socken, grünes Kleid Roberta: schwarze, kurze Haare, rotes T-Shirt, blaue Latzhose, braune Schuhe Kim: schwarze, kurze Haare, gelber Pullover, graue Hose, weiße Schuhe, Skateboard Lisa: braune, lange Zöpfe, rosa Zopfschleifen, rote Jacke, rosa T-Shirt, weiße Socken, rosa Schuhe Alina: braune, kurze Zöpfe, lila Kleid mit weißem Kragen, weiße Socken, lila Schuhe, gelbes Buch
113	blau: Schnee | Schneemann | Rodeln | Abfahrt grün: Schwimmen | Tauchen | Sonnenschirm | Eis essen | Strand | Palmen | Meer		
114	die Frau | die Kinder | die Mädchen | die Musik | der Hund | der Mann | der Stift | der Junge | das Haus | das Kind | das Auge | das Mädchen		
115	Donnerstag | Fahrrad | Einkaufen | Supermarkt | abschließen Fahrrad | Schreck | er | Glück	116	Verb: tanzen, lesen, hören, laufen | Adjektiv: groß, schön, hoch, grün | Nomen: Baum, Schulhof, Buch
117	am Vormittag | heute Vormittag | vormittags am Mittag | heute Mittag | mittags am Nachmittag | heute Nachmittag | nachmittags am Abend | heute Abend | abends in der Nacht | heute Nacht | nachts	118	Ich liege nachts im Bett und schlafe. | Ich bin morgens auf dem Weg in die Schule. | Morgens und abends putze ich mir die Zähne. | Wenn es am Abend dunkel wird, gibt es Abendbrot. | Lisa spielt oft nachmittags mit dem Bären.

119	Kuh | Ohr | Stuhl | Uhr | Hahn | Windmühle	120	Pinguin | Tiger | Zitrone | Elefant | Krokodil
121	H E E R G H A Ä Ä I G Ü U J B C K S C H W E I N H X D K A N I N C H E N N V R Ä R B W D E Ö Z S P D D U C X C W F G T Y A S E Z Q X D G L J G X P P E H V O G E L I Z ß A F R A H T P D Q Z T K G E J M U K D ß C F U Ä E R M S N A Ä T O D I M I D A T D T P T U C S R N O U E B Z O K U H R Z Q V S R G E P H A S E K	122	Biene | Blume | Hahn | Hase | Knie | Nilpferd
		123	Frisch vom Feld Äpfel | Birnen | Kirschen | Erdbeeren | Pflaumen | Brombeeren
		124	Du machst jetzt sofort die Hausaufgaben! Geh bitte mit dem Pferd auf die Wiese (!) oder (.) Der Letzte macht die Tür zu! Räum sofort dein Zimmer auf! Geh jetzt in die Klasse! Warum ist die Banane krumm? Wie spät ist es?
125	Warst du schon einmal in Berlin? Haben wir heute eigentlich Hausaufgaben auf? Das ist doch wohl nicht dein Ernst (?) oder (!) Magst du auch so gern Hamburger? Wie viele Geschwister hast du? Wer war schon dran? Du bleibst heute zu Hause! Heute ist ein schöner Tag. Bleiben Sie sofort stehen!	126	schneeweiß | rabenschwarz | butterweich | bildschön | spiegelglatt | steinhart | mausetot | riesengroß | federleicht | hellblau | nagelneu
		127	Wal | Vogel | Tiger | Papagei | Nilpferd (Flusspferd) | Nashorn | Löwe | Leopard
		128	Kuh | Krokodil | Katze | Ziege | Zebra | Schwein | Schnecke | Wolf | Igel | Hund | Giraffe | Frosch
		129	Hammerhai | Königspinguin | Klammeraffe | Windhund
130	C F O R A N G E W L R G C W C G E L B E O P R H R S R O T Z I K R Ü Q R T M B N Ü ß Ö R N L O B R A U N A Z I K B S F S C H W A R Z R C A P ß Z Ö Q T C H D O N K A N H R J Q B I L N Z M W ß I H N L A E A V W G L I L A U S E P O O H U B X M U	131	im | unter | neben | auf | an
		132	vor | hinter | neben
		133	Birne / Pflaume / Zitrone | Ball / Fisch / Rose | Affe / Baum / Fahrrad
		134	Elefant / Garten / Zoo | Apfel / Jogurt / Milch | Moos / Pilz / Schule
135	1 Apfel | 2 Apfelsine | 3 Banane | 4 Birne | 5 Erdbeere | 6 Himbeere | 7 Kirsche	136	Ananas | Apfel | Aprikose | Arm | Balkon | Ball | Banane | Barfuß
137	Himbeereis | Insel | Torwart | Zeugnis | Eskimo | Futter | Rücklicht | Eismann | Imker HITZEFREI	138	Waage | Saar | Saal | Staat
139	See | Meer | Kaffee | leer | Teer | Tee	140	Moschee | Schnee | Kaffee | See | Klee | Püree | Allee | Idee
141	Shampoo | Zoo | Boot | doof | cool | Moor | Moos	142	Pilz | Schmalz | Holz | Harz | Stolz | Sturz | Salz | März | Pelz
143	trocken | Zugbrücke | Zucker | Glocke | Backofen | Bäcker | entdecken | wickeln | Hecke	144	Nomen: Sonne, Mond, Sterne, Schule, Heft, Lehrer, Kind, Schulhof, Rakete, Schwester, Haus, Zauberer Verben: fliegen, schreiben, lesen, laufen, lernen, singen, lernen, spielen, schwimmen, tanzen, zaubern Artikel: der, die das
145	Herbst | braun | Bäumen | kürzer | regnet Wind | Herbst | Drachen		
146	Wind, Drachen, Kastanien, Regen, braune Blätter		

148	a) Nomen: Kerze, Buntstift, Pferd, Computer, Schule, Baum, Gras, Telefon b) Adjektive: hoch, saftig, lustig, grün, schnell, spät, gut, mäßig, ausgezeichnet	149	nehmen | Fehler | dehnen | lehnen | mehren | kehren
		150	strahlen | Zahl | bezahlen | Draht | fahren | Bahn
		151	Kohl | Rohr | bohren | wohl | Fohlen | Sohle | Sohn
152	königlich | ruhelos | schmerzlich | schmerzlos | saftig | geschmacklich | geschmacklos | sommerlich | endlich | endlos | abendlich | wunderlich	153	Stimmung | Heiterkeit | Wahrheit | Vielfältigkeit | Wagnis | Ziehung | Heizung | Prüfung
154	Klinge | Klingen | singen | fangen	155	Schranke | Klinke | Kranke | trinken | krank | Schrank | Schranken
156	Nach dem Aufstehen wird gefrühstückt. | Ich finde das Lesen der Zeitung sehr spannend. | Das Springen vom Beckenrand ist untersagt. | Das Betreten des Rasens ist verboten. | Das Füttern der Pferde ist hier erlaubt. | Im Rechnen bekam Tim nur eine Vier. | Beim Schlafen darf man Antonia nicht stören. | Das Sprechen fiel ihm noch immer schwer.	157	Ameise | Ananas | Messer | Eskimo | Eins | Tasse
		158	Hose | Riss | Schlangenbiss | Biss | Fuß | Gruß | Straße | beißen
		159	Das <u>sind</u> <u>unsere</u> Laternen. | Das <u>sind</u> <u>unsere</u> Papageien. | Das <u>sind</u> <u>unsere</u> Bücher. | Das <u>sind</u> <u>unsere</u> Häuser.
160	Apfelsine | Flugzeug | Eichhörnchen | Elefant	161	Axt | Keks | Hexe | Nixe | Klecks | Fuchs
162	fleißig | blind | stark | Gedächtnis | langsam	163	a) Nomen: Schule, Lehrer, Turnschuh, Buch b) Verben: laufen, lesen, singen, spielen, rufen, lernen c) Adjektive: klein, grün, hell, hoch, schön
164	Keks – Anker – Bäcker – Haken Bank – Gießkanne – Glocken – Dachs	165	Jacke – Harke – Lokomotive – Heftzwecken Hecke – Fackel – Socken – Schokolade
166	widerrufen | Widerruf | widerspiegeln | Widerstand | widersetzen | widersprechen | widerlegen | widerwillig | Widerspruch | widerfahren | Widerrede	168	Antonia sprang fünf Zentimeter höher als Jasmin. Antonia lief drei Sekunden langsamer als Torben. Moritz warf einen Meter kürzer als Jasmin. Torben warf drei Meter weiter als Moritz. Jasmin lief drei Sekunden langsamer als Torben. Jasmin warf einen Meter weiter als Moritz. Moritz sprang fünfzehn Zentimeter höher als Jasmin.
169	Möbel | Obst | Kleidung		
170	Beispiele: Tanne | Fichte | Eiche | Buche | Ahorn | Birke / Löwe | Pferd | Huhn | Hund | Maus / Tulpe | Rose | Nelke | Veilchen		

171

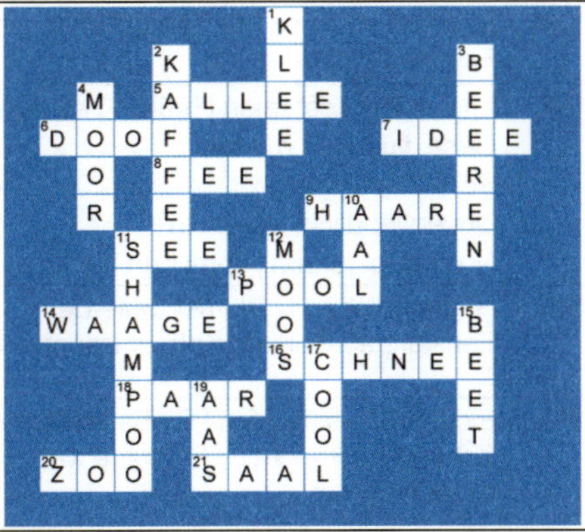

Crossword grid (letters as placed):

```
            K                 
         K  L           B     
      M  A L L E E      E     
   D O O F E        I D E E   
      O  F E E          E     
      R        H A A R E      
      S E E    M              
      H        P O O L        
   W A A G E   O           B  
      M        S C H N E E    
      P A A R  O           E  
      O        O           T  
   Z O O    S A A L           
```

Across/Down entries: KLEE · ALLEE · DOOFE · IDEE · FEE · HAARE · SEE · MANN · POOL · WAAGE · SCHNEE · PAAR · ZOO · SAAL · MOORE · SCHMOO · BEEREN · BEET

---

172 Morgen | morgens | Mittag | Nachmittag | Abend | abends | Nacht

173 morgens | vormittags | Mittags | nachmittags | abends | nachts

174 Affen | Eisbär | Tiger | Pinguine | Elefanten | Elefanten | Wölfen | Giraffen | Giraffen | Kamele | Kamel | Lama

175 Der Tierarzt ist bei den Elefanten. | Ein Elefant hat sich erkältet. | Ein Lama hätte beinahe Moritz angespuckt.

---

176 Wir treffen uns heute Nachmittag bei Torben. Jeder soll ein Computerspiel mitbringen. Dieser Termin ist geheim. Kleinere Geschwister sind unerwünscht. Wer nicht kommt, ist selber schuld.

177 ?ch koüü§ xü dr§? Xhr xzd #r?zg§ Ch?ps ü?t!

---

180 Hase / Häschen | Frosch / Fröschlein | Ente / Entlein | Katze / Kätzchen | Bär / Bärchen | Blume / Blümchen | Ast / Ästchen | Eichhörnchen | Elefant

181 Fahrrad | Himmel | Wald | Lokomotive | Bahnhof | Rose | Susanne | Kalender | Sonne | Schule | Auto | Ameise

182 klein | blühen | blumig | kaufen | baden | fröhlich | singen | schlafen | silbern | springen | schreiben | sorglos

183 Meister | Gold | drei | beißen

184 Gewissen | Übung | Dritte | Grube

185 ihr | ihn | mein | dir | Sie | meinen | meinem | mir | dein | mein | es

186 seinem | ihr | seine | ihr | meine | ihren | dein

187 Sie scheint den ganzen Tag. | Er hat grüne Blätter. | Er geht zur Arbeit. | Es hat 200 Seiten. | Er kommt am 6. Dezember. | Er bellt sehr laut. | Sie besucht die 2. Klasse. | Er will immer Fußball spielen. | Sie tragen manchmal Kleider.

188

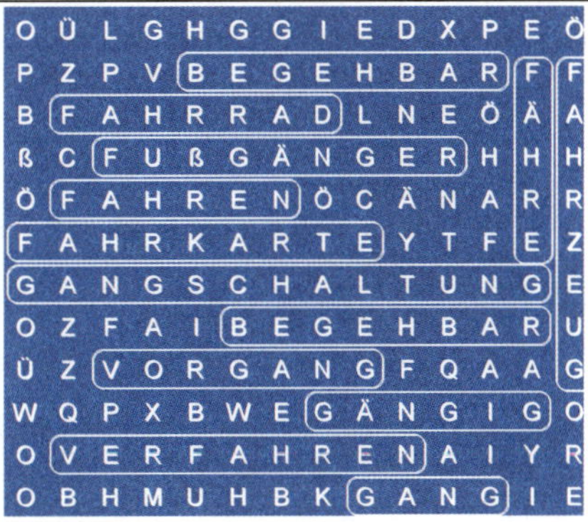

Word search grid:

```
O Ü L G H G G I E D X P E Ö
P Z P V B E G E H B A R F F
B F A H R R A D L N E Ö Ä A
ß C F U ß G Ä N G E R H H H
Ö F A H R E N Ö C Ä N A R R
F A H R K A R T E Y T F E Z
G A N G S C H A L T U N G E
O Z F A I B E G E H B A R U
Ü Z V O R G A N G F Q A I O
W Q P X B W E G Ä N G I G O
O V E R F A H R E N A I Y R
O B H M U H B K G A N G I E
```

Found words: BEGEHBAR · FAHRRAD · FUSSGÄNGER · FAHREN · FAHRKARTE · GANGSCHALTUNG · BEGEHBAR · VORGANG · WEGGÄNGIG · VERFAHREN · GANG

189 während der Ferien | statt der Blumen | trotz des Regens | außerhalb der Schule | innerhalb der Turnhalle

190 spiele | spielte | habe gespielt | werde spielen
lese | las | habe gelesen | werde lesen
laufe | lief | bin gelaufen | werde laufen
schreibe | schrieb | habe geschrieben | werde schreiben
sage | sagte | habe gesagt | werde sagen
hole | holte | habe geholt | werde holen

192	Heute <u>liest</u> Antonia ein spannendes Buch. In der Geschichte <u>geht</u> es um ein Mädchen, das allein zu Hause <u>ist</u>. Plötzlich <u>hört</u> Antonia ein leises Knarren. Gerade so, als ob jemand ganz leise die Hintertür <u>öffnet</u>. Antonia <u>versteckt</u> sich sofort hinter dem Sofa im Wohnzimmer. Das <u>ist</u> keine Sekunde zu früh, denn tatsächlich <u>betritt</u> ein maskierter Einbrecher den Raum. Antonia <u>duckt</u> sich schnell, doch es <u>ist</u> bereits zu spät. Der Mann <u>greift</u> nach ihr, und Antonia <u>schreit,</u> so laut sie kann, um Hilfe. Gerade als der Einbrecher sie <u>packt</u>, <u>hört</u> sie plötzlich die Stimme ihrer Mutter: „Du <u>schläfst</u> und <u>träumst</u> schlecht." Antonia <u>ist</u> erleichtert.	193	Betreten | Parken | Spielen | Anbringen | Feiern | Ärgern
		194	Laut: rufen | schreien | brüllen | kreischen Leise: flüstern | murmeln Schnell: plappern Unverständlich: nuscheln Normal: plaudern | sprechen | reden
		195	Hundehalsband | Blumentopferde | Fensterglasreiniger | Kaffeetassenhenkel
		196	Eichhörnchen hüpfen | Diebe schleichen | Schnecken kriechen | Pinguine watscheln | Kinder rennen
197	Beispiel: schlendern, laufen, zockeln, latschen, wandern, bummeln, schreiten, wandern	198	Spannendes | spannenden | Gute | gute | Klingeln | klingelte | Knattern | knatternde | Betreten | betreten
199	ansteckend | trocken | locker | lecker | Locken | entdecken | Entdecker | backen	200	Max lief so ==schnell== er konnte. Maria liest ==immer sehr langsam==. Simone stellt sich ==manchmal== ==wirklich dumm== an. Frederik spielte ==vorgestern sehr gut==. Tim spielte ==genauso gut== wie Matthias. ==Deshalb== gab es vom Trainer ein dickes Lob.
201	Schnecke | ticken | Glocke | Schmuck | zackig | erschrecken | lecker | zackig | verstecken | verpackt | Rückstrahler | entdecken		
202	a) Nomen: Schnecke | Glocke | Schmuck | Rückstrahler b) Adjektive: zackig | lecker | verpackt c) Verben: erschrecken | ticken | verstecken | entdecken	203	wi|ckeln | ste|cken | Rü|cken | ba|cken | Zu|cker | Glo|cke | Eck|ball
204	Lisa bekommt Geschenke, weil sie Geburtstag hat. Weil Lisa heute Geburtstag hat, bekommt sie Geschenke. Torben bekommt eine gute Note, weil er fleißig gelernt hat. Weil Torben fleißig gelernt hat, bekommt er eine gute Note.	205	obwohl | zum | oder | dass | wenn
206	Sehr geehrter Herr Müller, hiermit möchte ich mich noch einmal ganz herzlich für das schöne Geburtstagsgeschenk bedanken. Ich hoffe, der Kuchen hat <u>Ihnen</u> und <u>Ihrer</u> Frau gut geschmeckt. Ich habe mit der neuen Kamera schon viele Fotos gemacht. Die werde ich <u>Ihnen</u> beim nächsten Besuch zeigen. Bitte grüßen <u>Sie</u> auch <u>Ihre</u> Frau von mir. <u>Ihr</u> Tim	207	Hallo Torben, hiermit möchte ich mich noch einmal ganz herzlich für das schöne Geburtstagsgeschenk bedanken. Ich hoffe, der Kuchen hat <u>dir</u> und <u>deiner</u> Schwester gut geschmeckt. Ich habe mit der neuen Kamera schon viele Fotos gemacht. Die werde ich <u>dir/euch</u> beim nächsten Besuch zeigen. Bitte grüße auch <u>deine</u> Schwester von mir. <u>Dein</u> Tim
208	Gräser | Preise | Risse | reiste (reisten) | Kreise | Mäuse | Moose	209	Häuser | Gläser | Rösser | nassesten | Schlüsse | Verliese | Verschlüsse | löste
210	Verben: laufen, schwimmen sprechen liegen Nomen: Schreibtisch, Stuhl, Sonne Adjektive: blau, tief, einfach, gelb Pronomen: sie, ihm	211	Verben: schreiben Nomen: Fußball Adjektive: grün, schmutzig, teuer Pronomen: er, ihre, ihn Adverbiale Bestimmungen: bald, gestern Präposition: unter Artikel: der

212	Wurst: Akkusativobjekt | Oma: Dativobjekt | ein Buch: Akkusativobjekt | mit Katrin: Dativobjekt | sein Oberhemd: Akkusativobjekt	213	dir: Dativobjekt | ihr Kaninchen: Akkusativobjekt | Nudeln: Akkusativobjekt | meinen Eltern: Dativobjekt | Sven: Dativobjekt
214	Lest ein Buch! Lesen Sie ein Buch!	215	Schreib einen Brief! Schreibt einen Brief! Schreiben Sie einen Brief!
216	Räum das Zimmer auf! Räumt das Zimmer auf! Räumen Sie das Zimmer auf!	217	Stell die Musik leiser! Stellt die Musik leiser! Stellen Sie die Musik leiser!
218	rennt | holt | bestellt | geht | brennt | trampeln | schieben	219	sprang | fing | benutzte | fuhr | schrie | strich
220	rannte | holte | bestellte | ging | brannte | trampelten	221	ist gesprungen | hat gefangen | hat benutzt | ist gefahren | hat geschrien | hat gestrichen
222	wird rennen | wird holen | wird bestellen | wird gehen | wird brennen | werden trampeln	223	werden schieben | werden springen | wird fangen | wird benutzen | wird fahren | wird schreien | wird streichen
224	Rolf ging zur Schule. / Imperfekt | Alina hat alles aufgegessen. / Perfekt | Der Zug kam zu spät. / Imperfekt | Der Lehrer hat uns …/ Perfekt | Paul hat gestern viel …/ Perfekt | Das Fahrrad hat …/ Perfekt | Die Blume ist verblüht. / Perfekt | Ayla las das neue Buch. / Imperfekt	225	Jasmin gewinnt…/ Präsens | Meike wird morgen …/ Futur | Die Eltern freuen …/ Präsens/ | Meine Schwester wird …/ Futur | Alle machen …/ Präsens | Ich werde die …/ Futur | Gleich werde ich …/ Futur | Sabine lügt …/ Präsens | Eric passt auf. / Präsens
226	der Schuh, des Schuhs, dem Schuh, den Schuh der Schüler, des Schülers, dem Schüler, den Schüler	227	die Kinder, der Kinder, den Kindern, die Kinder die Lehrer, der Lehrer, den Lehrern, die Lehrer die Vögel, der Vögel, den Vögeln, die Vögel
228	<u>Fahrrad</u> | <u>Plastikente</u> | <u>ich</u> | <u>Er</u> | <u>Meine Freunde und ich</u> | <u>Lisa</u>	229	<u>sitzt</u> | <u>gehe war</u> | <u>schläft</u> | <u>bekommt</u> | <u>feiert</u>
230	die Puppe, der Puppe, der Puppe, die Puppe der Ball, des Balls, dem Ball, den Ball das Pferd, des Pferdes, dem Pferd, das Pferd der Hase, des Hasen, dem Hasen, den Hasen das Kind, des Kindes, dem Kind, das Kind die Hose, der Hose, der Hose, die Hose das Hemd, des Hemdes, dem Hemd, das Hemd der Bär, des Bären, dem Bär, den Bär	231	die Puppen, der Puppen, den Puppen, die Puppen die Bälle, der Bälle, den Bällen, die Bälle die Pferde, der Pferde, den Pferden, die Pferde die Hasen, der Hasen, den Hasen, die Hasen die Kinder, der Kinder, den Kindern, die Kinder die Hosen, der Hosen, den Hosen, die Hosen die Hemden, der Hemden, den Hemden, die Hemden die Bären, der Bären, den Bären, die Bären

232	Marcel kann sich nicht entscheiden, ob er lieber Nudeln, Kartoffeln oder Reis mag. Der Blumenstrauß war voller Rosen, Nelken, Veilchen und Tulpen. Johannas Lieblingsfarben sind Rot, Blau, Gelb, Grün und Orange. Auf der Einkaufsliste stehen Seife, Obst, Wurst, Gemüse und Blumen. In der Klasse stehen Stühle, Tische, Regale und Schultaschen herum. Sarah isst am liebsten Pommes, Pizza, Spaghetti sowie Eis. Fatma mag Fußball, Tennis, Handball und Schwimmen.	234	Morgen gehe ich zur Schule, weil ich wieder gesund bin. Bitte kaufe Eier ein, weil ich Kuchen backen möchte. Der Angeklagte wurde verurteilt, weil er etwas gestohlen hatte. Ich mache meine Hausaufgaben, damit ich bessere Noten bekomme. Tim hat eine rote Tasche, obwohl seine Lieblingsfarbe Blau ist. Jana hat ihre Aufgaben erledigt, wenn sie den Geschirrspüler ausgeräumt hat. Sarah geht zur Schule, damit sie etwas lernt.
236	Der Lehrer rief: „Hefte raus, Klassenarbeit!" Die Prinzessin sagte: „Oh, ein Frosch!" „Hörst du schlecht?", wollte Tina wissen. Der Polizist ruft: „Halt, stehen bleiben!" „Geh jetzt in die Klasse!", sagte der Lehrer. Torben fragte: „Wie spät ist es jetzt?" Antonia murmelte: „So ein Mist!" „Psst, da kommt jemand", flüsterte Elisabeth. „Wann beginnt die Aufführung?", fragte Charlotte. Lisa überlegte: „Was sollen wir heute Abend machen?" „Super", dachte Thomas. „Macht doch nicht so einen Lärm!", flüsterte Elisabeth. Fred gähnte: „Ich muss jetzt unbedingt schlafen." „Widerstand ist zwecklos!", rief der Kommissar. „Es ist Zeit zu gehen", bemerkte Sabine.	237	rot – Adjektiv | es – unbestimmter Artikel | baden – Verb | ihn – Pronomen | Wolke – Nomen | schwierig – Adjektiv
		239	meiner – ihrer – ihrer | meinem – ihrem – ihrem | meinen – ihren – ihren
		240	wir – ihr – sie | unser – euer – ihr | uns – euch – ihnen | uns – euch – sie
		241	Torben besucht Freundin. | Frederic kämmt Haare. | Thomas isst Hamburger. | Der Hund bellt (kein Objekt!) | Wir lesen ein Buch. | Kim schreibt Briefe.
242	gestern erstaunt, Mittwoch in zwei Wochen, Morgens gut gelaunt, abends immer, Gelangweilt im Wartezimmer	243	ich schreibe | du schreibst | er/sie/es schreibt | wir schreiben | ihr schreibt | sie schreiben
244	ich esse | du isst | er/sie/es isst | wir essen | ihr esst | sie essen	245	Er | er | sie | sie
246	Es | er | er | Es | es	247	dass | das | dass | dass | dass das | dass das
248	dass | dass | dass | das das | dass | dass das	249	Er trägt sie auf dem Rücken. Sie mag es trotzdem sehr gern. Er hat eine Blumenvase zerbrochen. Sie war sehr wertvoll. Er ist krank. Es ist dick.
250	seine | seinem | seinen | ihrem | sein	252	Kölner | Nürnberg | Lübecker | Nürnberger | Frankfurter | Brandenburger | München
253	Sonne | hitzefrei | Himbeereis | Schwimmbad | Ferien | Schwimmen	254	Schnee | Schlitten | Schneemann | Weihnachten | Eiszapfen | Plätzchen backen

Frank E. Callies

250 Tests

1.- 4. Klasse

Englisch

Vokabeln
Konversation

FRANZIS ... macht fit fürs Gymnasium

© 2009 Franzis Verlag GmbH, 85586 Poing

Bildnachweise:
© 2008 soft.art GmbH, Gummersbach, Deutschland
© 2008 JupiterImages Corporation: Fotos und Abbildungen bei den folgenden Tests 4, 17, 20, 26, 30, 33, 36, 37, 38 , 39, 46, 52, 71, 74, 75, 84, 85, 86, 102, 103, 104, 109, 114, 118, 119, 121, 122, 123,124 ,126, 133, 141, 142, 146, 149, 150, 151, 152, 153, 156, 157, 158, 159, 163, 164, 165, 166, 167, 168, 169, 170, 171, 172, 173, 176,177, 178, 182, 184, 185, 186, 187, 188, 189, 191, 193, 194, 195, 196, 199, 200, 203, 208, 209, 210, 211, 212, 213, 214, 215, 216, 217, 218, 219, 220, 229, 233, 234, 235, 236, 237, 238, 239, 240, 243, 244, 247, 248, 249, 250, 251, 252, 253

Satz: DTP-Satz A. Kugge, München
art & design: www.ideehoch2.de
Druck: NOVATISK a.s. Letovice
Printed in Czech Republic

Inhaltsverzeichnis

At the zoo, Animals, Where do you come from, Colours, At home, Anatomy, In the kitchen, The living room, Lisa's room, Bill's room, The bathroom, Places of interest, Every day used, Musical instruments, Musicians, Clothes, Days of the week, Months, Special days, Seasons, Outer Space, Telling the time, A day in Tim's life, Fruits, Vegetables, Drinks, Breakfast, Directions, Dates, The weather, City map, Buildings in a city, Saying hello, Saying goodbye, Information, Jobs, Hobbies, Numbers, Shopping, At school, Like and don't like, Countries, On holiday, At the playground, Move your body, Europe, Food, Christmas, English is fun, Favourites, Halloween, Back to school, The human body, Nature, Flowers, On the beach, My family, That's me, My pet, My feelings, My toys, Schoolbag, Alphabet, Asking questions, Listen carefully, At the circus, Dresses, Pirates, Amusement parks, Opposites, The house, Breakfast, Lunch, Drinks, Tea time, Spot the difference, At the farm, Parts of the body, Winter, Asking for help, Farm animals, The haunted house, What the teacher says, Saying goodbye, The street, Birds, On the street u. a.

Vorwort

Liebe Eltern,

Lernen kann und soll Spaß machen! Der Lerneffekt ist erwiesenermaßen deutlich größer, wenn Lernstoff spielerisch und abwechslungsreich vermittelt wird.
Aus diesem Grund finden Sie in dem vorliegenden Buch eine große Zahl unterschiedlicher Tests und Übungen, mit denen das Grundschulwissen im Fach Englisch spielerisch eingeübt werden kann.

Zum Lernen und Üben in der Grundschule noch einige **wichtige Hinweise:**
Wir leben in einer Zeit, in der die schulischen Leistungen bereits in der Grundschule wesentlichen Einfluss auf die spätere Schullaufbahn und die Erfolgsaussichten in der Arbeitswelt haben. Aus diesem Grund ist es verständlich, wenn Eltern ihren Kindern durch zusätzliches Üben zu Hause bessere Startchancen ermöglichen möchten.
Wichtig ist dabei allerdings, dass Sie Ihr Kind nicht überfordern. Versuchen Sie beim gemeinsamen Üben, Spaß zu haben. Ermutigen Sie Ihr Kind, statt schlechte Leistungen zu kritisieren. Betonen Sie Lernfortschritte und erarbeiten Sie neues Wissen gemeinsam mit Ihrem Kind.

Englischunterricht in der Grundschule

Der Englischunterricht in der Grundschule unterscheidet sich sowohl formal als auch inhaltlich deutlich vom Fremdsprachenunterricht an den weiterführenden Schulen.
Unterrichtsziele bestehen in der Grundschule nicht darin, möglichst viele Vokabeln zu erlernen oder die Kenntnisse in Prüfungssituationen wie z. B. Klassenarbeiten zu beweisen.
Vielmehr soll den Kindern in der Grundschule Interesse und Freude an der englischen Sprache vermittelt werden.
Vokabeln und auch ganze Sätze dienen hier dem Zweck, die Kinder zu befähigen, sich in Alltagssituationen artikulieren zu können.
Aus diesem Grund werden (in der Regel) auch keine Klassenarbeiten oder Vokabeltests geschrieben. Vielmehr wird der Umgang mit der englischen Sprache meist spielerisch und entdeckend vermittelt. Auch Grammatikkenntnisse des Englischen stehen hier nicht im Vordergrund.
Wenn Sie als Eltern diesen spielerischen und stressfreien Umgang mit der Sprache Englisch ebenfalls unterstützen, steht dem Lernerfolg nichts mehr im Weg.

Englisch im Alltag

Kinder erlernen eine Sprache in der Regel spielerisch durch Zuhören und durch das Sprechen selbst.

Mit einigen einfachen Mitteln können Sie Ihrem Kind dabei helfen, die Fremdsprache Englisch auch auf diesem Weg zu erlernen, selbst wenn Ihr eigener Englischunterricht schon ein paar Jahre zurückliegt. Ideal sind natürlich (Ferien-)Aufenthalte in einem Land, in dem Englisch als Landessprache gesprochen wird.

Es muss aber nicht sofort ein Sprachurlaub sein. Auch durch das Anhören von englischen Liedern, das Anschauen von Video-DVDs mit englischem Originalton oder das (Vor-)Lesen von englischsprachigen Kinderbüchern, Bilderbüchern oder Comics können Sie Ihr Kind beim Erlernen dieser wichtigen Sprache unterstützen. Sehr hilfreich ist auch das Einüben von englischen Kinderliedern oder Reimen und ebenso das gemeinsame Spielen. Wenn Ihr eigenes Englisch schon ein wenig eingerostet ist, üben und lernen Sie einfach gemeinsam mit Ihren Kindern.

Denken Sie bitte daran:

Kinder verfügen von Geburt an über eine herausragende Fähigkeit zum Erlernen von Sprachen. Wird diese angeborene Fähigkeit gefördert, wird Ihr Kind ohne Mühe und Druck die Grundlagen der englischen Sprache erlernen.

Mit dem vorliegenden Buch können Sie Ihr Kind dabei aktiv unterstützen.

Benutzung der Vokabellisten im Buch:

Auf den Aufgabenseiten finden Sie am unteren Seitenrand die wichtigsten Vokabeln, die für die Lösung der Aufgaben auf der jeweiligen Seite benötigt werden. Diese Liste dient als Unterstützung bei der Lösung der Aufgaben. Hat Ihr Kind die Vokabeln bereits gelernt, können Sie einfach den Vokabelteil auf der Seite abdecken.

Test 1: At the zoo – Im Zoo

Lisa und Bill besuchen heute den Londoner Zoo. Hier ist allerdings alles durcheinandergeraten. Hilf den beiden, die Schilder den richtigen Tieren zuzuordnen. Zeichne eine Linie von jedem Tier zu seinem richtigen Schild.

ELEPHANT

RHINOCEROS

TIGER

PARROT

HIPPOPOTAMUS

LION

lion	Löwe		rhinoceros	Nashorn
tiger	Tiger		hippopotamus	Flusspferd
elephant	Elefant		parrot	Papagei

Test 2: At the zoo – Im Zoo

Hier hat jemand die Namen von den Schildern an den Käfigen ausradiert, kannst du sie wieder hineinschreiben? Die nötigen Wörter findest du auf der vorhergehenden Seite.

Test 3: Animals

Ergänze diese Sätze. In der ersten Zeile siehst du, wie es gemacht wird.

Where is the lion?

Where is the elephant?

Where _ _ _ _ _ parrot?

_ _ _ _ _ _ the tiger?

_ _ _ _ _ _ _ _ _ rhinoceros?

_ _ _ _ _ _ _ _ hippopotamus?

The lion is in cage 5.

The _ _ _ _ _ _ _ is in _ _ _ _ _.

The _ _ _ _ _ _ _ _ _ _ _ _ _.

_ _ _ _ _ _ _ _ _ _ _ _ _ _ cage _.

_ _ _ rhinoceros _ _ in cage _.

_ _ _ hippopotamus is in cage _.

where	wo
is	ist
the	der/die/das
cage	Käfig/Gehege
elephant	Elefant

rhinoceros	Nashorn
hippopotamus	Flusspferd
lion	Löwe
tiger	Tiger
parrot	Papagei

Test 4: More animals – Noch mehr Tiere

Trage die englischen Namen der Tiere ein:

1			2	
3			4	
5			6	
7			8	

Test 5: Fill in

Ergänze die Sätze.

4	This is a _ _ _ _ _.		3	This is a _ _ _ _.
7	This _ _ a crocodile.		1	_ _ _ _ is a _ _ _ _ _ _.
2	_ _ _ _ is a _ _ _ _ _.		8	This is an _ _ _ _ _.

monkey	*Affe*	koala bear	*Koalabär*	zebra	*Zebra*
leopard	*Leopard*	giraffe	*Giraffe*	eagle	*Adler*
bear	*Bär*	crocodile	*Krokodil*		

Test 6: Where do you come from? Woher kommst du?

Answer the questions – beantworte die Fragen:

Hi, my name is Steve. I am from London, too.

Hi, my name is Tina. I am from Cologne

Hi, my name is Susan. I am from London.

Hi, my name is Tim. I am from Munich.

Where is Tina from?

Who is from London?

Who is from Munich?

Test 7: I am from ... Ich komme aus ...

Answer the questions – beantworte die Fragen:

What is your name?

Where do you come from?

hi	hallo	am	bin	too	auch
my	mein/meine	from	von/aus	what	was / wie
name	Name	London	London	your	dein
is	ist	Cologne	Köln	where	wo/woher
I	ich	Munich	München	who	wer

Test 8: Colours – Farben

Wie heißen diese Farben? Trage die Namen der Farben ein.

Test 9: Colour in the parrot

Male den Papagei aus.

red	rot	white	weiß	colour in	ausmalen
green	grün	black	schwarz	parrot	Papagei
blue	blau	pink	rosa	crayons	Buntstifte
yellow	gelb	orange	orange	lilac	lila

Test 10: At home – Zu Hause

Trage die englischen Namen der Räume in die leeren Zeilen ein:

bedroom	Schlafzimmer	living room	Wohnzimmer
study	Arbeitszimmer	bathroom	Badezimmer
kitchen	Küche	cellar	Keller
garret	Dachboden	stairs	Treppe(nhaus)

Test 11: At home

Fülle die Zeilen jeweils mit einem ganzen Satz aus.

	This is the bedroom.		This is the living _ _ _ _.
	This ist the bath_ _ _ _.		This is the s_ _ _ _ .
	This is the k _ _ _ _ _ _.		This is the g _ _ _ _ _.
	These *are* the st _ _ _ _.		

Test 12: True or false?

Trage ein: T für true oder F für false.

The bed is in the living room. ☐

The desk is in the bathroom. ☐

The chimney is on top of the roof. ☐

The bath tub is in the bathroom. ☐

is	ist	chimney	Schornstein
in	in	bath tub	Badewanne
bed	Bett	true	wahr
desk	Schreibtisch	false	unwahr/falsch

Test 13: Der Körper – Anatomy

Trage die englischen Bezeichnungen für diese Teile eines Kopfes ein:

Test 14: True or false?

True or false? Setze das Lösungswort zusammen.

	true	false
The English word for "Mund" is nose.	f	m
The English word for "Brille" is glasses.	o	a
The English word for "Auge" is eye.	u	l
The English word for "Ohr" is eye.	s	t
The English word for "Haare" is mouth.	e	h

eye	Auge	glasses	Brille
nose	Nase	lips	Lippen
hair	Haar(e)	ear	Ohr
mouth	Mund	head	Kopf

Test 15: In der Küche – In the kitchen

Trage die englischen Namen dieser Küchengegenstände ein:

Test 16: What have you got?

Bilde ganze Sätze.

	In our kitchen we have got a knife.

spoon	Löffel	chair	Stuhl
fork	Gabel	table	Tisch
plate	Teller	glass	Glas
knife	Messer	refrigerator	Kühlschrank

Test 17: In the kitchen – In der Küche

Trage auch hier die englischen Namen ein:

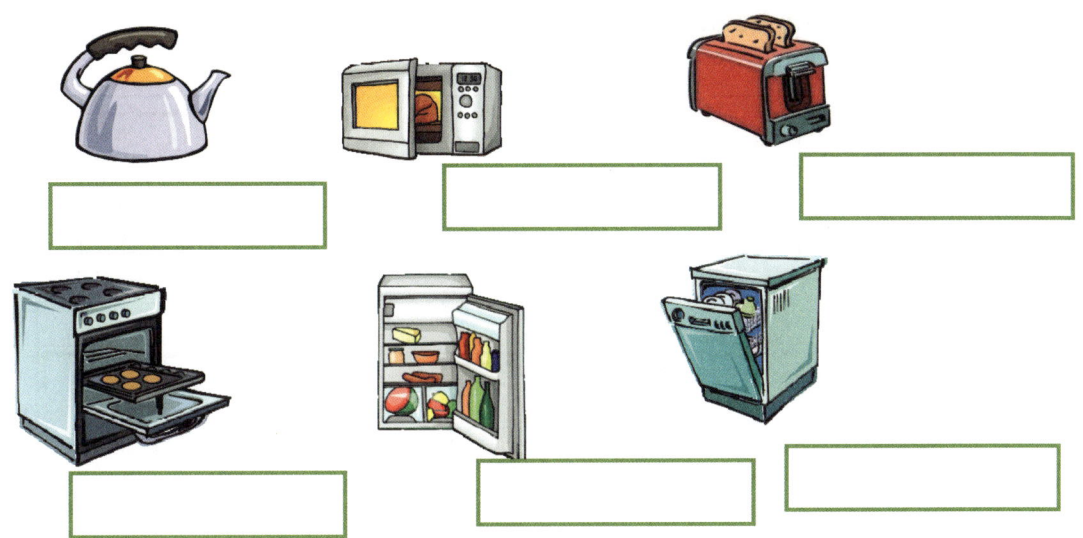

Test 18: True or false?

Setze das Lösungswort zusammen.

	true	false
The washing machine is in the kitchen.	da	di
The microwave is in the kitchen.	sh	go
The refrigerator is in the bathroom.	she	wa
The toaster is in the kitchen.	sh	ir
The dishwasher is in the livingroom.	ed	er

kettle	Wasserkessel	dishwasher	Geschirrspüler	kitchen	Küche
microwave	Mikrowelle	refrigerator	Kühlschrank	bathroom	Badezimmer
toaster	Toaster	washing machine	Waschmaschine	is in	ist in
electric cooker	Elektroherd	living room	Wohnzimmer	the	der/die/das

Test 19: The livingroom – Das Wohnzimmer

Trage die englischen Bezeichnungen zu den Abbildungen ein:

Test 20: Find out

What can you find in the livingroom? Kreuze an.

television set   washing machine   sofa

window	Fenster	armchair	Sessel	painting	Gemälde
guitar	Gitarre	book	Buch	television set	Fernsehgerät
sofa	Sofa	cabinet	Schrank	washing machine	Waschmaschine
carpet	Teppich	sofa	Sofa		

Test 21: Lisa's room – Lisas Zimmer

Beschrifte die Gegenstände:

1 _____

2 _____

3 _____

4 _____

5 _____

6 _____

7 _____

8 _____

9 _____

curtain	*Vorhang*	commode	*Kommode*	doll	*Puppe*
clock	*Uhr*	desk	*Schreibtisch*	chair	*Stuhl*
bookshelf	*Bücherregal*	pillow	*Kissen*	dog	*Hund*
computer	*Computer*	bed	*Bett*	cat	*Katze*
mirror	*Spiegel*	guitar	*Gitarre*	carpet	*Teppich*

Test 22: In my room – In meinem Zimmer

Ergänze die Sätze:

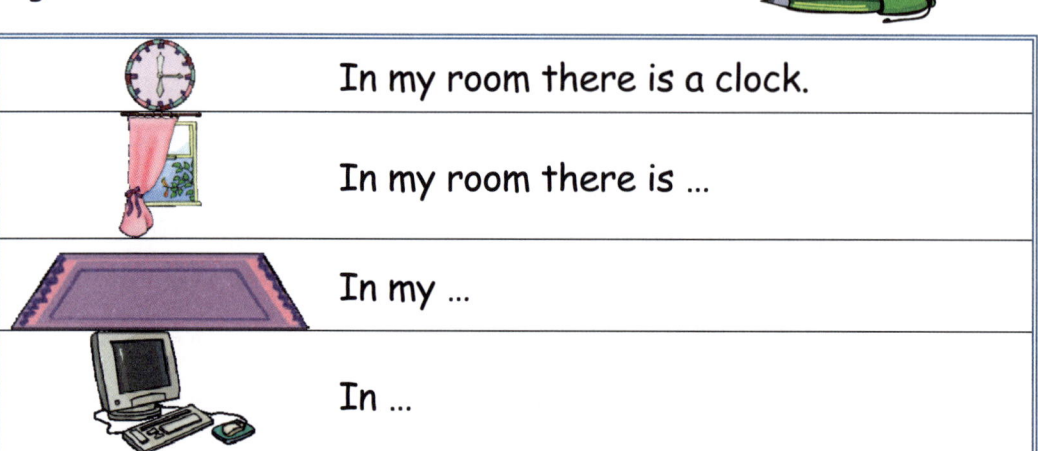

In my room there is a clock.

In my room there is ...

In my ...

In ...

Test 23: Something else

Schreibe eigene Sätze.

	This is my chair.
	This is __ __ _____.
	This __ __ ____.
	____ is __ _____.

in my room	*in meinem Zimmer*	carpet	*Teppich*	commode	*Kommode*
there is	*gibt es*	computer	*Computer*	bed	*Bett*
a	*ein/eine/einer*	this is	*das ist*	mirror	*Spiegel*
clock	*Uhr*	my	*mein/meine*		
window	*Fenster*	chair	*Stuhl*		

Test 24: In Bill's room

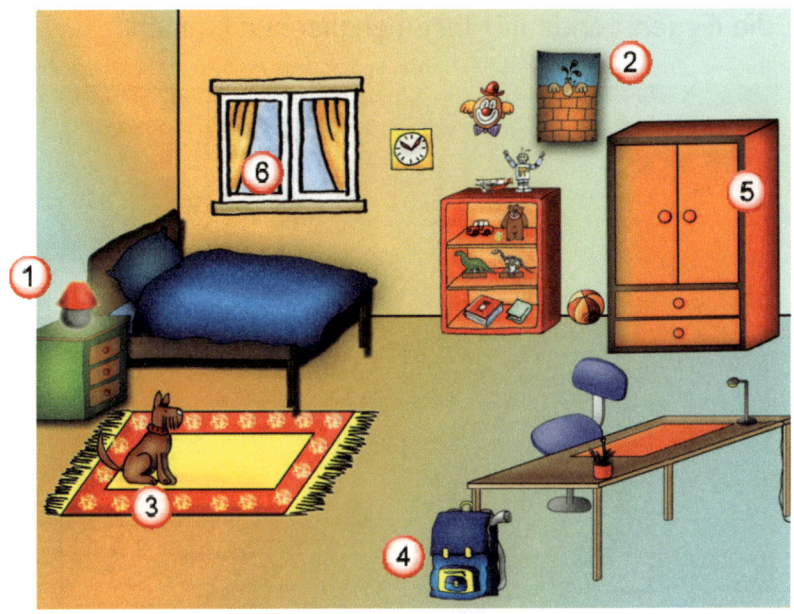

Fill in – trage die englischen Namen dieser Dinge ein:

1			2	
3			4	
5			6	

Test 25: Fill in …

Bilde Sätze.

 This is Bill's schoolbag.

 -

 -

- -

lamp	Lampe		wardrobe	Kleiderschrank		dog	Hund
poster	Poster/Plakat		window	Fenster		schoolbag	Schultasche
pillow	Kissen						

Test 26: The bathroom – Das Badezimmer

Beschrifte die Gegenstände mit ihren englischen Namen:

1 _____

2 _____

3 _____

4 _____

5 _____

6 _____

7 _____

Test 27: Fill in – Das Badezimmer

Oh look! My _____ likes the bathroom, too! –
Schau mal, meine _____ mag das Badezimmer auch!

shower	Dusche		towel	Handtuch
bath tub	Badewanne		toilet paper	Toilettenpapier
basin	Waschbecken		toilet	Toilette
mirror	Spiegel		cat	Katze
like	mögen		too	auch

Test 28: The bathroom

Trage die englischen Namen ein:

Test 29: A puzzle – Ein Rätsel

Welche Wörter kannst du hier finden? Kreise sie ein.

S	X	T	O	W	E	L	Y
H	P	O	L	A	Y	T	O
O	M	I	R	R	O	R	X
W	Z	L	T	O	M	M	Y
E	Q	E	B	A	S	I	N
R	T	T	R	A	P	T	R

towel	Handtuch		toothbrush	Zahnbürste
toilet	Toilette		mirror	Spiegel
sink	Waschbecken		bath tub	Badewanne

Test 30: Grat Britain – Großbritannien

Wie werden die Londoner Polizisten auch genannt?

a) robby ☐   b) bobby ☐   c) cops ☐

Was trinken die Briten besonders gern?

a) Kaffee ☐   b) Wasser ☐   c) Tee ☐

Test 31: Places of interest – Sehenswürdigkeiten

Trage die richtige Nummer ein:

1	Tower Bridge
3	Buckingham Palace

2	Picadilly Circus
4	St. Paul's Cathedral

tower	Turm
palace	Palast
circus	Rundweg/Rondell

bridge	Brücke
cathedral	Kathedrale/Kirche

Test 32: Englische Wörter im Alltag

Im Deutschen gibt es viele Wörter, die aus dem Englischen stammen.
Kannst du erraten, welche Wörter hier gemeint sind? Schreibe sie in die
leeren Zeilen.

_____

_____

_____

_____

_____

_____

_____

Test 33: Every day used

Wie schreibt man diese Wörter? Unterstreiche jeweils das richtige
Wort.

CIHPS

CHISP

CHIPS

SHOMPAO

SHAMPOO

SHAPMOO

PULLOVER

POLLUVER

PULVEROO

every	jeden/jede/jedes
day	Tag
use	benutzen/verwenden
used	benutzt /verwendet

Jeans	Computer	Ketchup
Cheeseburger	Chips	Hotdog
Hamburger	Shampoo	CD
Baby	Pullover	DVD

Test 34: Musical instruments – Musikinstrumente

Trage die englischen Namen dieser Musikinstrumente ein:

Test 35: True or false?

		true	false
	This is a piano.	mu	f
	This is a trumpet.	al	s
	This is a guitar.	se	ic

guitar	Gitarre	harp	Harfe
piano	Klavier	drums	Schlagzeug
keyboard	Keyboard (Tasteninstrument)	trumpet	Trompete
saxophone	Saxofon	violin	Geige/Violine

Test 36: Musical instruments – Musikinstrumente

Which musical instrument do you play?

I play the_____.

I play the_____.

I play the_____.

I play the _____.

I play the _____.

Test 37: Musicians – Musiker

Trage hier die englischen Begriffe ein:

trumpet	Trompete		which	welches		microphone	Mikrofon
guitar	Gitarre		instrument	Instrument		disc jockey	Discjockey
drums	Schlagzeug		I	ich		dancer	Tänzer/-in
keyboard	Tasteninstrument		play	spielen		singer	Sänger/-in
piano	Klavier		the	der/die/das			

Test 38: Clothes – Kleidung

Trage die englischen Namen für diese Kleidungsstücke ein:

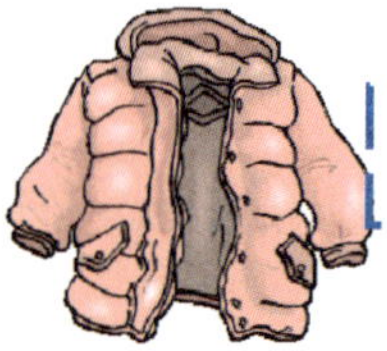

Test 39: True or false? – Richtig oder falsch?

Schreibe ein T für true und ein F für false.

This is a hat. ☐

This is a shirt. ☐

These are gloves. ☐

This is a skirt. ☐

sneakers	Turnschuhe	socks	Socken	scarf	Schal
shoes	Schuhe	skirt	Rock	shirt	Hemd
pullover	Pullover	shorts	kurze Hose	hat	Hut
T-Shirt	T-Shirt	coat	Mantel/Jacke	sweater	Sweatshirt/Pull⌐
gloves	Handschuhe	cap	Mütze		

Test 40: Days of the week – Wochentage

Ordne die Wochentage richtig zu. Ziehe eine Linie vom deutschen Wort zu dem entsprechenden englischen Wochentag.

Monday	Mittwoch
Tuesday	Freitag
Wednesday	Sonntag
Thursday	Samstag
Friday	Montag
Saturday	Donnerstag
Sunday	Dienstag

Test 41: Put the letters in order – Ordne die Buchstaben

Die Wochentage und die Buchstaben der einzelnen Wochentage sind durcheinandergepurzelt. Bitte bringe sie in die richtige Reihenfolge:

E W A N E S D D Y

U T E S D A Y

N A U S Y D

O N D A M Y

T R A D A U Y S

R D A I Y F

H U T Y S R D A

Monday	Montag	Friday	Freitag
Tuesday	Dienstag	Saturday	Samstag
Wednesday	Mittwoch	Sunday	Sonntag
Thursday	Donnerstag		

Test 42: Days of the week – Wochentage

Ergänze die folgenden Sätze:

The day after Sunday is

The day before Friday is

The day after Tuesday is

The day after Saturday is

The day before Sunday is

The day after Thursday is

Test 43: Fill in

Bilde Sätze.

Monday/play tennis: On Monday, I play tennis.

Tuesday/eat banana   On Tuesday, I _ _ _ a banana.

Wednesday/go to school: On W_ _ _ _ _ _ _ _ _, I _ _ _ _   school.

Thursday/sleep: O_ _ _ _ _ _ _ _ _ _,_ _ _ _ _ _.

Sunday/read the news: On S_ _ _ _ _, I _ _ _ _ _ the _ _ _ _.

tomorrow	morgen	play	spielen	go	gehen
the day after tomorrow	übermorgen	eat	essen	sleep	schlafen
yesterday	gestern	banana	Banane	school	Schule
the day before yesterday	vorgestern	news /newspaper	Zeitung		

Test 44: Months – Monate

Ordne zu:

Test 45: Month

Beschrifte die Monatsziffern:

January	Januar	February	Februar	March	März
April	April	May	Mai	June	Juni
July	Juli	August	August	September	September
October	Oktober	November	November	December	Dezember

Test 46: Special days – Feiertage

Zu welchen Monaten passen die Bilder? Trage die Monatsnamen ein.

J _ _ _ _ _ _

M _ _ _ _

F _ _ _ _ _ _ _

S _ _ _ _ _ _ _ _

A _ _ _ _

N _ _ _ _ _ _ _

O _ _ _ _ _ _

D _ _ _ _ _ _ _

Test 47: Answer the question

What's your favourite month? Welcher ist dein Lieblingsmonat?

My favourite month is _____.

January	Januar	February	Februar	March	März
April	April	May	Mai	June	Juni
July	Juli	August	August	September	September
October	Oktober	November	November	December	Dezember

Test 48: Seasons – Jahreszeiten

Trage die englischen Namen der Jahreszeiten ein:

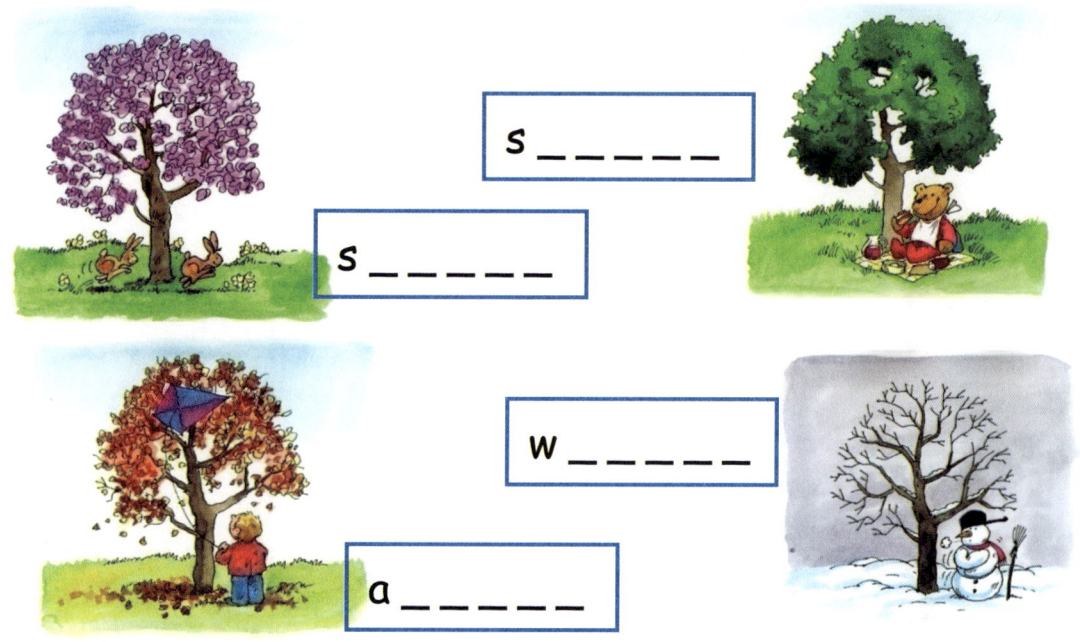

s _ _ _ _ _ _

s _ _ _ _ _

w _ _ _ _ _

a _ _ _ _ _ _

Test 49: Seasons – Find out

Welche englischen Monatsnamen kannst du hier finden? Kreise sie ein.

A	L	J	A	N	U	A	R	Y
A	U	G	U	S	T	P	A	A
P	U	P	S	M	A	R	C	H
L	O	O	R	A	L	I	A	N
U	J	U	L	Y	T	L	G	T
F	E	B	R	U	A	R	Y	U

spring	Frühling	summer	Sommer
autumn	Herbst	winter	Winter

33

Test 50: Seasons – Jahreszeiten

This season …	is in …	true	false
	spring		
	summer		
	winter		
	spring		
	winter		

Test 51: Questions

Answer the questions – beantworte die Fragen:

Beispiel: When is your birthday? My birthday is in June.

When is your birthday? My birthday is in

When is the birthday of your best friend?

His/her birthday is in

birthday	Geburtstag	when	wann
season	Jahreszeit	Friend	Freund/Freundin

Test 52: Outer Space – Im Weltraum

Unten siehst du eine Liste mit Wörtern. Alle Wörter haben sich zwischen den anderen Buchstaben versteckt.
Finde sie und kreise sie ein. Beachte bitte, dass die Wörter senkrecht, waagrecht, diagonal und auch rückwärts angeordnet sein können.

```
U C A M S P S A A T E R A E O T E E I E
S T A O U T M O N E K U O R X C E N R T
C T O B E R Q R O E E T T C I A H M O E
A U P M O C S G E M N T B M Z S J O Y E
S N O S T N A P L Q O U C E R S V O R P
O C W Y E E C O P E O A C E I O P H O O
N I T M N R B L P K M U P Z O R Q M I C
O N T E Z E T T E O M A J P E B J M A S
B U P E E A N T N L T P E N P I F N A E
N S E O T E N A L P Q T B L A T H O R L
T D A W X E M O E B B E R C A T A C E E
V Y A N N L T P E L R O E T E M L J D T
N Q S O P A T U A N O R T S A U L A R U
N Z I O M C S N Z V J M E X O P B A P M
O S I O S T A R P E E B B D E T D X E R
```

WORD LIST

COMET	STAR	SUN
PLANET	MOON	ORBIT
TELESCOPE	ASTRONAUT	METEOR

Test 53: What is this?

Was ist das? Beschrifte:

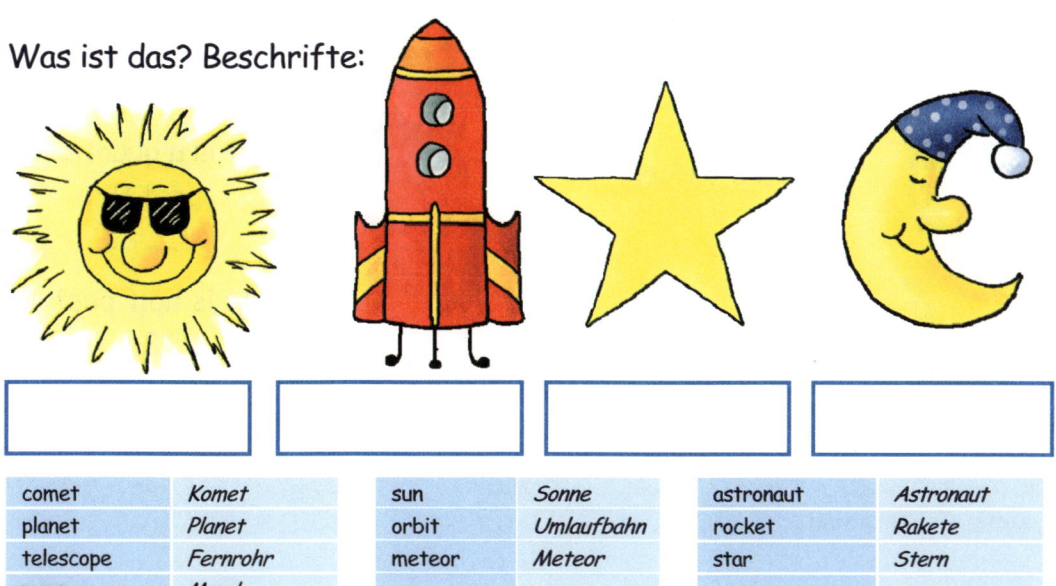

comet	*Komet*	sun	*Sonne*	astronaut	*Astronaut*
planet	*Planet*	orbit	*Umlaufbahn*	rocket	*Rakete*
telescope	*Fernrohr*	meteor	*Meteor*	star	*Stern*
moon	*Mond*				

Test 54: Telling the time

Tell me: What's the time? Fill in:

	It is 12 o'clock.

Test 55: Telling the time

Sign in:

	It is half past 5.
	It's 3 o'clock.
	It is half past 6.

	It is a quarter to 10.
	It is a quarter past 9.
	It is half past 12.

o'clock	Uhr	is	ist	past	nach
it	es	half	halb	to	vor
quarter	viertel				

Test 56: A day in Tim's life – Ein Tag im Leben von Tim

What is Tim doing? True or false?

Wake up at 7 o'clock	Dinner at 7 o'clock
Go to school at 8 o'clock	Sleep at 8 o'clock
Breakfast at quarter past 7	End of school at half past 12

Test 57: Tim's day

Trage die richtigen Uhrzeiten ein:

Tim wakes up at_____.

He has breakfast at _____.

He goes to school at_____.

School is out at_____.

He has his dinner at_____.

He goes to bed at_____.

wake up	aufwachen	sleep	schlafen
breakfast	Frühstück	go to school	zur Schule gehen
dinner	Abendessen	end of school	Schulende
bed	Bett		

37

Test 58: Fruits – Obst

Fill in the missing English words – trage die englischen Namen ein:

Test 59: Vegetables – Gemüse

Fill in the English words:

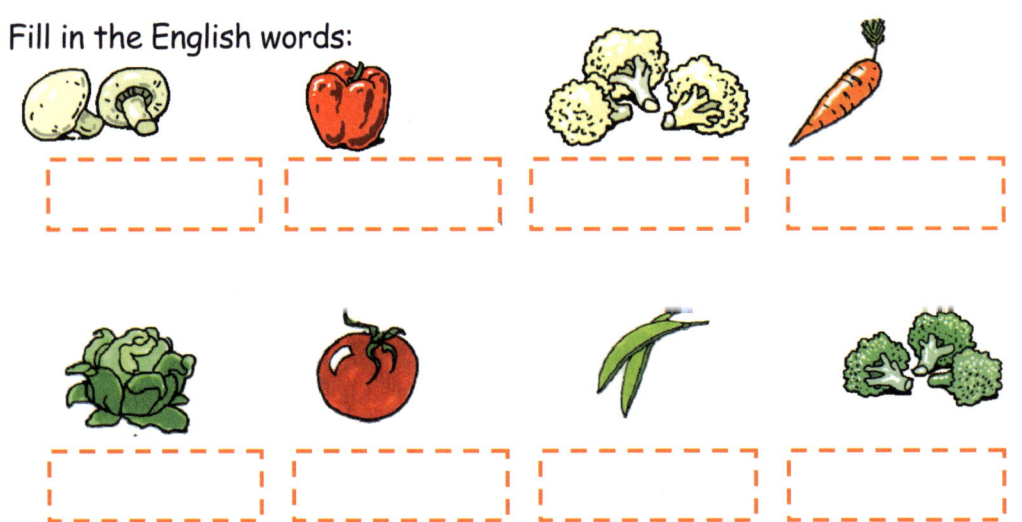

apple	*Apfel*	tomato	*Tomate*	bean	*Bohne*
lemon	*Zitrone*	banana	*Banane*	broccoli	*Brokkoli*
salad	*Salat*	carrot	*Karotte/Möhre*	cherry	*Kirsche*
cauliflower	*Blumenkohl*	orange	*Orange*	mushroom	*Pilz*
pineapple	*Ananas*	strawberry	*Erdbeere*	red pepper	*rote Paprika*

Test 60: True or false? – Wahr oder falsch?

Welche dieser Aussagen sind wahr und welche falsch?

		true	false
	This is an apple.		
	This is a strawberry.		
	This is a carrot.		
	This is a cherry.		

Test 61: Fruits – Answer the questions

Beantworte diese Fragen mit den englischen Namen.

a) Welche Frucht ist lang und gelb?

----

b) Welche Frucht ist rund und orange?

----

c) Welche Frucht ist klein, rot und süß?

----

d) Welche Frucht heißt auf Deutsch genau
   so wie auf Englisch?

----

apple	*Apfel*	strawberry	*Erdbeere*	banana	*Banane*
lemon	*Zitrone*	cherry	*Kirsche*	orange	*Orange*

Test 62: Drinks – Getränke

Fill in the missing English words – trage die englischen Namen ein:

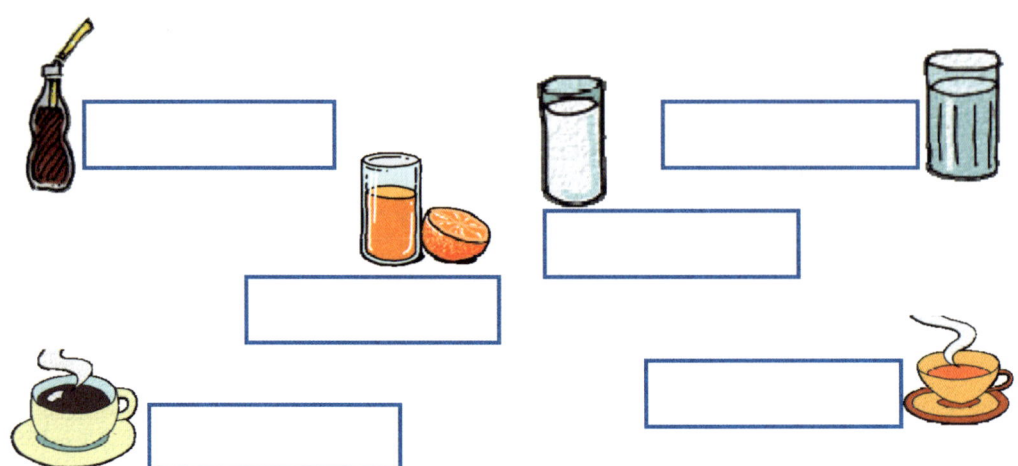

Test 63: Breakfast – Frühstück

Fill in the missing English words – trage die englischen Namen ein:

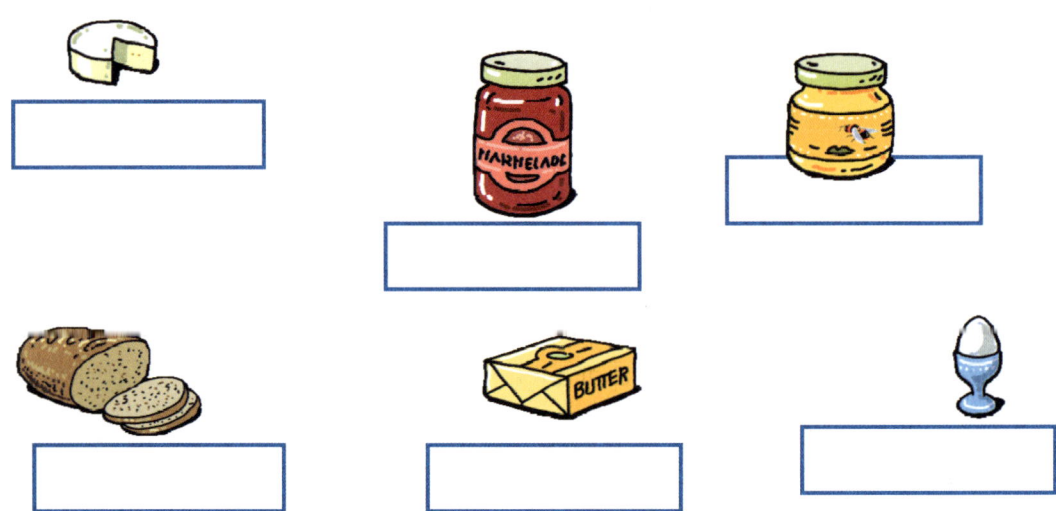

orange juice	*Orangensaft*	jam	*Marmelade*	butter	*Butter*
coke	*Cola*	cheese	*Käse*	egg	*Ei*
milk	*Milch*	honey	*Honig*	bread	*Brot*
water	*Wasser*	coffee	*Kaffee*	tea	*Tee*

Test 64: Breakfast – Frühstück

Fill in the missing English words – trage die englischen Namen ein:

Test 65: Your favourite breakfast

What do you like for breakfast? Was magst du zum Frühstück?
Mark and answer – markiere und antworte:

I like

with

or

salami	Salami	rolls	Brötchen
fruits	Obst	muesli	Müsli
breakfast	Frühstück	yoghurt	Jogurt
my	mein/meine	or	oder
like	mögen	favourite	Lieblings...
What do you like for breakfast?	Was möchtest du zum Frühstück?	I would like for breakfast ...	Ich möchte zum Frühstück ...

Test 66: Directions – Richtungen

Ordne zu:

| straight ahead | turn right | turn left |

Test 67: Directions – Richtungen

Ordne zu:

A   **B**   **C**   **D**

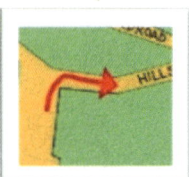   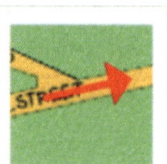

Turn left   Turn right

Go straight ahead   Cross the street

direction	Richtung	left	links
cross	überqueren	right	rechts
turn left	links abbiegen	straight ahead	geradeaus
turn right	rechts abbiegen	the street	die Straße

Test 68: Wegbeschreibungen

True or false?

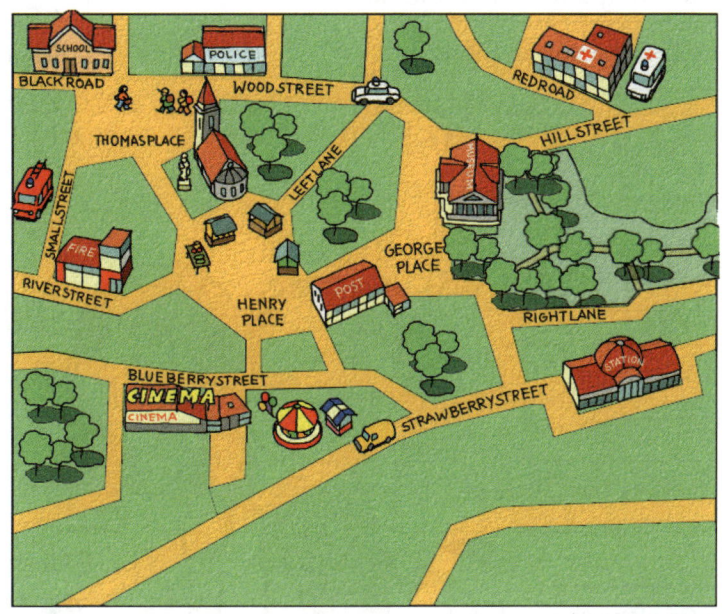

You can ...
turn left from Leftlane into Woodstreet.
cross Rightlane to get from Georgeplace to Strawberrystreet.
turn right from Hillstreet into Rightlane.

□
□
□

Test 69: Wegbeschreibungen

Fill in:

To get from the cinema to the railway station, you have to
_____ Blueberrystreet.

At the 3rd crossing, you have to _____

into Strawberrystreet. Go _____ Strawberrystreet.

turn left	links abbiegen	turn right	rechts abbiegen
cross	überqueren	go along	entlanggehen
get	erreichen/bekommen	from ... to	von ... nach
street	die Straße	lane	Weg
railway station	Bahnhof	have to	sollen/müssen
crossing	Kreuzung	3rd	dritte

Test 70: Wegbeschreibungen

Find the german translation:

1 It is right over there.

2 Turn left.

3 Go straight ahead.

4 Turn right.

5 Cross the ... street.

6 Go along the ... street.

A Es ist gleich da drüben.

B Gehen Sie geradeaus.

C Biegen Sie links ab.

D Biegen Sie rechts ab.

E Überqueren Sie die ... Straße.

F Gehen Sie die ... Straße entlang.

Test 71: Richtungsanweisungen

Beschrifte:

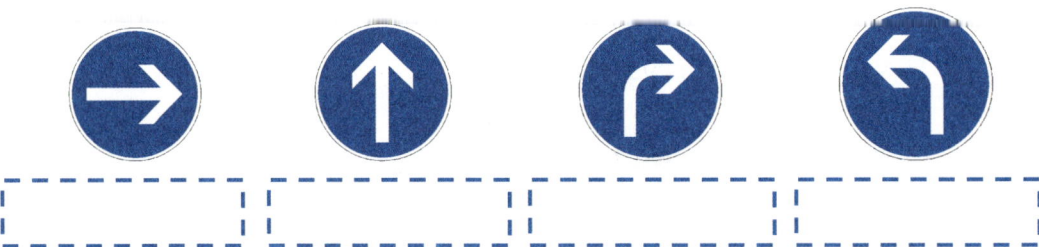

turn left	links abbiegen	turn right	rechts abbiegen
right over there	gleich da drüben	go along	entlanggehen
get	erreichen/bekommen	from ... to	von ... nach
street	Straße	lane	der Weg

Test 72: Seasons – Jahreszeiten

Trage die Nummern dieser Dinge in der richtigen Jahreszeitenspalte der Tabelle ein:

spring	summer	autumn	winter

Test 73: Dates

Ordne zu und fülle aus:

December, 24th

December, 31th

October, 31th

summer	Sommer	spring	Frühling
winter	Winter	autumn	Herbst
December	Dezember	October	Oktober
Christmas	Weihnachten	New Year's Eve	Silvester
Halloween	Halloween	24th/31th	24./31.

Test 74: The weather – Das Wetter

Trage die richtigen Namen ein:

cold, hot, snow, rain, storm, wind ...

Test 75: The weather – Das Wetter

Answer the questions – beantworte die Fragen:

	How is the weather?	**It's windy.**
	How is the _ _ _ _ _ _ _ _?	**It's st _ _ _ _ _.**
	How _ _ _ _ _ w_ _ _ _ _ _ _?	**_ _'_ r_ _ _ _.**
	_ _ _ _ _ _ _ _ _ _ _ _ _ _ _?	**_ _'_ s _ _ _ _.**

spring	*Frühling*	sun	*Sonne*	rain	*Regen*
summer	*Sommer*	windy	*windig*	wind	*Wind*
autumn	*Herbst*	stormy	*stürmisch*	snow	*Schnee*
fall (am.)	*Herbst*	rainy	*regnerisch*	sun	*Sonne*
winter	*Winter*	sunny	*sonnig*	beach	*Strand*

Test 76: City map – Stadtplan

Ergänze die Sätze:

The hospital is in Redroad.
The school is in

_ _ _ _ _ _ _ _ _ _.

The police department is in

_ _ _ _ _ _ _ _ _ _.

The fire department is in

_ _ _ _ _ _ _ _ _ _.

The museum is at _ _ _ _ _ _ _
place.
The cinema is in _ _ _ _ _ _ _ _ _
street.

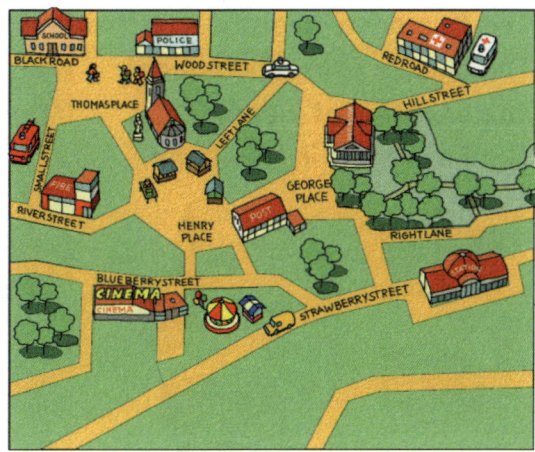

Test 77: City map – Stadtplan

True or false?

	T	F
The fire department is in Riverstreet.	☐	☐
The museum is in Strawberrystreet.	☐	☐
The cinema is in Longlane.	☐	☐
The hospital is in Hillstreet.	☐	☐
The church is at Thomasplace.	☐	☐

street	Straße	school	Schule	museum	Museum
road	Landstraße	police department	Polizeistation	fire department	Feuerwehr-station
is in ...	ist in ...	cinema	Kino	city	Stadt
is at ...	liegt an ...	lane	Weg/Gasse	map	Plan/Karte
hospital	Krankenhaus	look	anschauen	market	Markt

Test 78: Buildings in a city – Gebäude in einer Stadt

Zeichne die Gebäude an den richtigen Stellen ein.

The fire department is in Strawberrystreet.
The church is in Woodstreet.
The school is at Henry Place.
The hospital is in Rightlane.

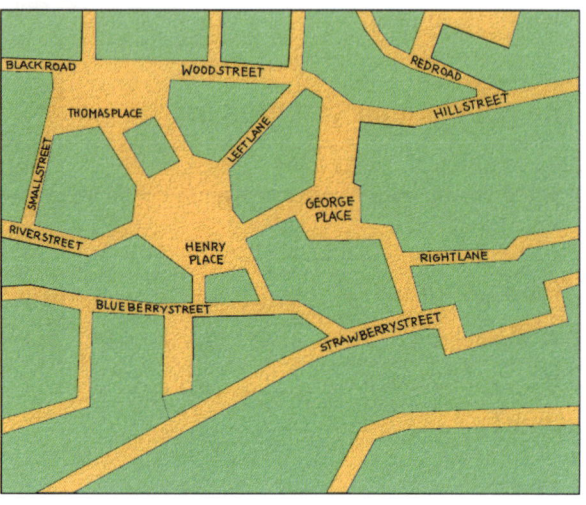

Test 79: Buildings in a city – Gebäude in einer Stadt

What do you have in your city?

In my city we have a _____.

In my city we have a _____.

In my city we have a _____.

In my city we have a _____.

lane	Weg/Gasse	church	Kirche
city	Stadt	hospital	Krankenhaus
building	Gebäude	fire department	Feuerwehr
school	Schule	road	Straße/Weg

48

Test 80: Saying hello – Begrüßen

Ergänze ...

Good mor_____

Good aft_____

Good ev_____

Test 81: Saying goodbye – Sich verabschieden

Ergänze:

Goodb _ _.

B _ _.

Goodb _ _.

B _ _ -
b _ _.

good	gut/guten	afternoon	Nachmittag	bye	Tschüs!
morning	Morgen	night	Nacht	goodbye	Auf Wiedersehen!
day	Tag	Hello!	Hallo!	evening	Abend

Test 82: Informationen über Personen

Bill Strawberry
London
Green Street 1
12 years old
Prince school

Lisa Strawberry
London
Green Street 1
43 years old
works in a bookstore

Jenny Davis
Manchester
Bridge Road 40
38 years old
Teacher

Lisa Brown
Chester
East Road 44
Victoria school

Hier siehst du einige Kärtchen, auf denen Informationen über Personen zu finden sind. Beantworte die Fragen.

How old is Bill Strawberry?

How old is Jenny Davis?

What is Jenny's family name?

What is Mrs. Strawberry's given name?

Test 83: Information about you

What is your given name?

What Is your family name?

How old are you?

year(s)	*Jahr(e)*	family name	*Nachname*	school	*Schule*
work	*arbeiten*	given name	*Vorname*	paint	*zeichnen*
bookstore	*Buchhandlung*	about	*über*	picture	*Bild*
How old is ...?	*Wie alt ist ...?*	you	*du/dich*	yourself	*dir/dich/euch/sich*

Test 84: Jobs – Berufe

Trage die richtigen Berufe zu den Bildern ein:

Test 85: Jobs – Berufe

Auch hier sollst du die englischen Wörter für die Berufe eintragen.

teacher	Lehrer/-in	butcher	Metzger	dentist	Zahnarzt
doctor	Arzt/Ärztin	postman	Postbote	farmer	Bauer
policeman	Polizist	fireman	Feuerwehrmann	cook	Koch
baker	Bäcker	gardener	Gärtner	painter	Maler
musician	Musiker	hairdresser	Friseur		

Test 86: Hobbies – Hobbys

Fill in the answers: What's your hobby?

My hobby is playing tennis.

Test 87: Hobbies – Hobbys

What are they doing? Trage die Wörter ein.

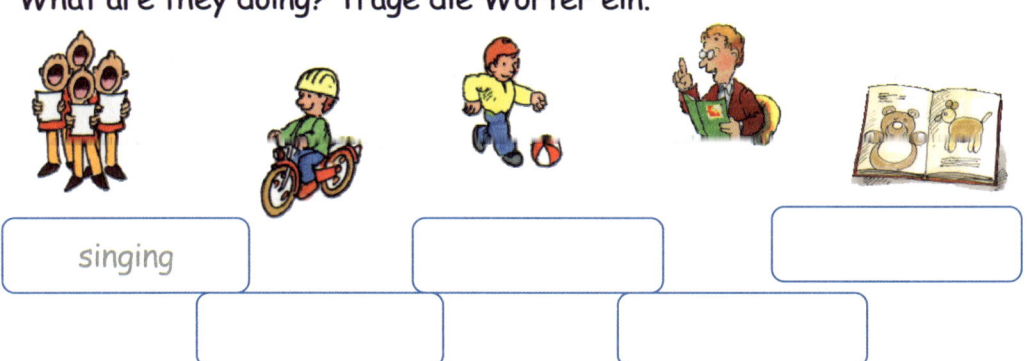

singing

answers	Antworten	play the saxophone	Saxofon spielen
What's your hobby?	Welches Hobby hast du?	dance	tanzen
play tennis	Tennis spielen	riding a horse	ein Pferd reiten
play the piano	Klavier spielen	ride a bicycle	Fahrrad fahren
sing	singen	play football	Fußball spielen
reading a book	ein Buch lesen	draw pictures	Bilder zeichnen

Test 88: Numbers – Zahlen

Schreibe hier die englischen Zahlwörter von 1 bis 10 auf:

1		**2**	
3		**4**	
5		**6**	
7		**8**	
9		**10**	

Test 89: Numbers – Zahlen

Male die richtige Anzahl von Kegeln/pins, Bananen/bananas und Blumen/flowers in die Kästchen:

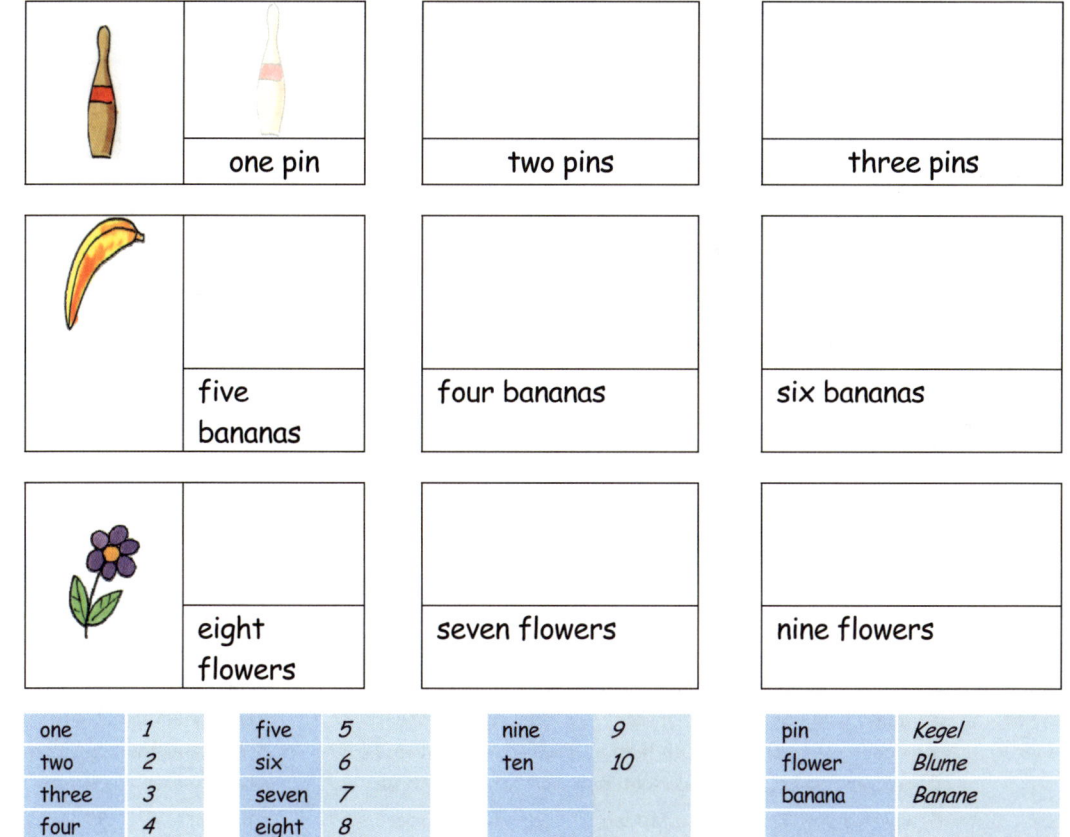

one pin	two pins	three pins
five bananas	four bananas	six bananas
eight flowers	seven flowers	nine flowers

one	*1*	five	*5*	nine	*9*	pin	*Kegel*
two	*2*	six	*6*	ten	*10*	flower	*Blume*
three	*3*	seven	*7*			banana	*Banane*
four	*4*	eight	*8*				

Test 90: Numbers – Zahlen

Schreibe hier die englischen Zahlwörter von 11 bis 30 auf:

11		**12**	
13		**14**	
15		**16**	
17		**18**	
19		**20**	
21		**22**	
23		**24**	
25		**26**	
27		**28**	
29		**30**	

Test 91: Numbers – Zahlen

Trage die richtige Zahl ein = fill in the correct number.

eight [.]   ten [ ]   fifteen [ ]

eleven [ ]   twelve [ ]   fourteen [ ]

one	1	seven	7	thirteen	13
two	2	eight	8	fourteen	14
three	3	nine	9	fifteen	15
four	4	ten	10	sixteen	16
five	5	eleven	11	seventeen	17
six	6	twelve	12	eighteen	18

nineteen	19	twenty-five	25
twenty	20	twenty-six	26
twenty-one	21	twenty-seven	27
twenty-two	22	twenty-eight	28
twenty-three	23	twenty-nine	29
twenty-four	24	thirty	30

Test 92: Etwas mit Farben beschreiben

Ergänze die Sätze so wie im ersten Beispiel.

	The **pig** is pink. Das Schwein ist rosa/pink.
	The **frog** is _ _ _ _ _ . Der Frosch ist grün.
	The _ _ _ _ _ _ is _ _ _ _ _ _ . Die Banane ist gelb.
	The _ _ _ _ _ _ _ _ _ . Das Auto ist blau.
	The **strawberry** is _ _ _ . Die Erdbeere ist rot.

Test 93: Etwas mit Farben beschreiben

Was ist deine Lieblingsfarbe?

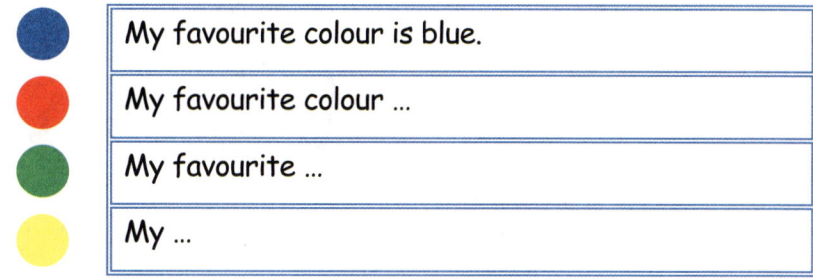

My favourite colour is blue.
My favourite colour ...
My favourite ...
My ...

pig	Schwein	strawberry	Erdbeere
frog	Frosch	pink	rosa
banana	Banane	car	Auto

Test 94: Colours – Farben

Beantworte diese Fragen:

	Question/Frage:	Answer/Antwort:
	What colour is the sun?	The sun is yellow.
	What colour is the frog?	The frog is_____.
	What colour is the dog?	The _____ is _____.
	What colour is this rose?	This rose __ ___.
	What colour is the orange?	The orange is o____.

Test 95: True or false?

Schreibe ein T für true oder ein F für false.

The colour of a dog is green. ☐

The colour of the sun is yellow. ☐

This is a red car. ☐

A pig is pink. ☐

A frog is blue. ☐

what	was/welche	rose	Rose	pig	Schwein
colour	Farbe	orange	Orange/Apfelsine	red	rot
dog	Hund	sun	Sonne	question	Frage
frog	Frosch	car	Auto	answer	Antwort

Test 96: Shopping – Einkaufen

Übersetze. Was sagen die Leute?

I need to go to the butcher´s.

Ich muss zum Metzger gehen.

Where can I find the milk?

Wo kann ich _____ finden?

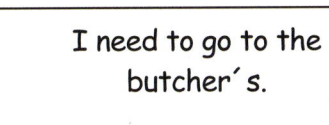

How much is the butter?

Was kostet _____?

I would like a piece of cheese, please.

Ich möchte gern ein Stück _____.

Test 97: Shopping – Einkaufen

Translate – übersetze:

	How much is the milk?	
	I would like a piece of butter, please.	
	Where can I find the cheese?	

I need to go to the	Ich muss zum/zur ...	butcher´s	Metzgerei
Where can I find ...?	Wo finde ich ...?	milk	Milch
How much is the ...?	Was kostet ...?	cheese	Käse
I would like a piece of ... please.	Ich hätte gern ein Stück	butter	Butter

Test 98: Shopping – Einkaufen

Aufgaben:

Trage die richtigen Nummern in die Kästchen ein:

1

A) I need to go to the butcher´s. ☐

2

B) I need to go to the supermarket. ☐

3

C) I need to go to the greengrocery. ☐

4

D) I need to go to the bakery. ☐

Test 99: Shopping – Einkaufen

Schreibe den Einkaufszettel mit den englischen Wörtern.

two oranges

oranges	Orangen	sausages	Würstchen	butcher´s	Metzgerei
bananas	Bananen	tomatoes	Tomaten	bakery	Bäckerei
greengrocery	Gemüsehandlung	supermarket	Supermarkt	shop	Geschäft/Laden

100 At school – In der Schule

Trage die englischen Namen ein:

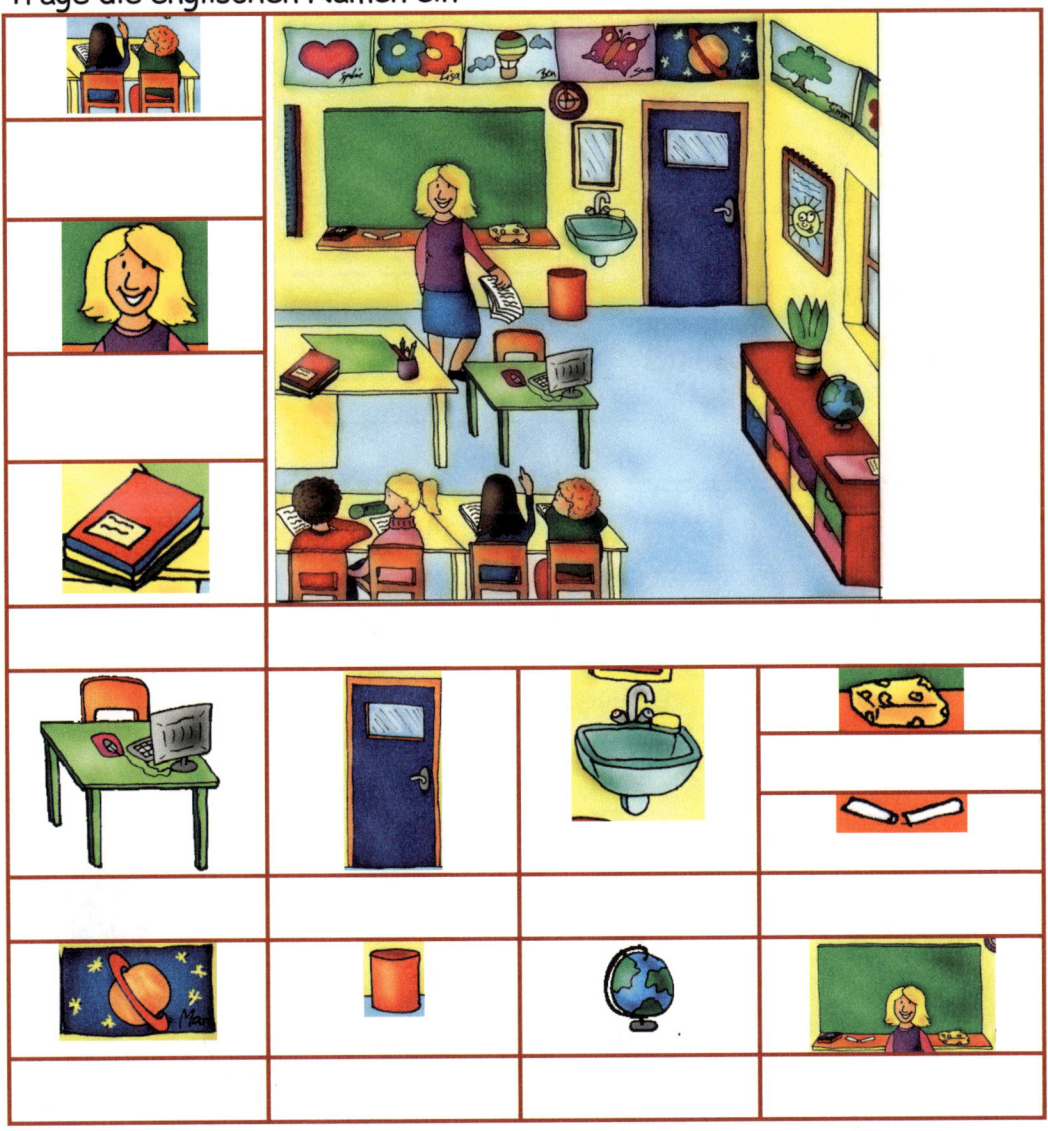

teacher	Lehrer	computer table	Computertisch	standing	stehen
desk	Schreibtisch	door	Tür	painting	Bild/Gemälde
sitting	sitzen	sink	Waschbecken	wastebasket	Papierkorb
pupils	die Schüler	sponge	Schwamm	globe	Globus
exercise book	Schulheft	chalk	Kreide	chalkboard	Tafel
poster	Plakat/Poster				

Test 101: At school – In der Schule

Bilde Sätze.

	This is the _ _ _ _ _ _ _ .
	This is a _ _ _ _ _ _ _ _ .
	This _ _ the _ _ _ _ _ .
	_ _ _ _ _ is a _ _ _ _ _ _ .
	This _ _ t_ _ wastebasket.
	T _ _ _ i _ _ _ _ _ _ _ _ .

Test 102: At school – In der Schule

What is in your schoolbag?

I have got a _ _ _ _ in my schoolbag.

I have got an _ _ _ _ _ _ in my schoolbag.

I have got a _ _ _ _ _ _ _ _ _ _ _ _ in my schoolbag.

I have got a _ _ _ _ _ _ _ _ _ in my schoolbag.

a book	ein Buch	mobile phone	Handy
pencil case	Federmäppchen	dictionary	Wörterbuch
an apple	ein Apfel	calendar	Kalender
pocket calculator	Taschenrechner	an exercise book	ein Schulheft

Test 103: At school

What is in your pencil case?

I have got a _____ in my pencil case.

I have got a _____ in my pencil case.

I have got a _____ in my pencil case.

I have got a _____ in my pencil case.

I have got a _____ in my pencil case.

I have got a _____ in my pencil case.

I have got a _____ in my pencil case.

Test 104: At school

Please colour this picture in with the right colours.

pocket calculator	*Taschenrechner*	pencil	*Bleistift*
ruler	*Lineal*	brush	*Pinsel*
ball pen	*Kugelschreiber*	pen	*Füller*
crayon	*Buntstift*	rubber	*Radiergummi*

Test 105: What do you like? – Was magst du?

Lisa und Bill unterhalten sich darüber, was sie mögen und was nicht.
Übersetze:

Test 106: What do you like? – Was magst du?

What do you like? Bilde ganze Sätze.

	I like presents.	Ich mag Geschenke.
	I	Ich mag Feuerwerk.
		Ich mag Kirschen.

What do you like?	Was magst du?	little	klein/wenig	presents	Geschenke
I like ...	Ich mag ...	homework	Hausaufgaben	fireworks	Feuerwerk
I don't like ...	Ich mag nicht ...	frogs	Frösche	cherries	Kirschen
soccer	Fußball	cats	Katzen		

Test 107: What do you like?

What do you like? – Was magst du?

A I like …

a) I like _____.

b) I _____ _____.

c) I _____ _____.

 (strawberry)

Test 108: What don't you like?

B I don't like …

a) I don't like _____.

b) I _____ _____ _____.

c) I _____ _____ _____.

French fries	Pommes frites	salad	Salat
candy	Bonbon	singing	singen
strawberry	Erdbeere		
carrots	Möhren		

Test 109: Where do you come from? – Woher kommst du?

Schreibe die deutsche Übersetzung in die Sprechblasen.

Test 110: Countries – Länder

Verbinde die deutschen mit den dazugehörenden englischen Ländernamen.

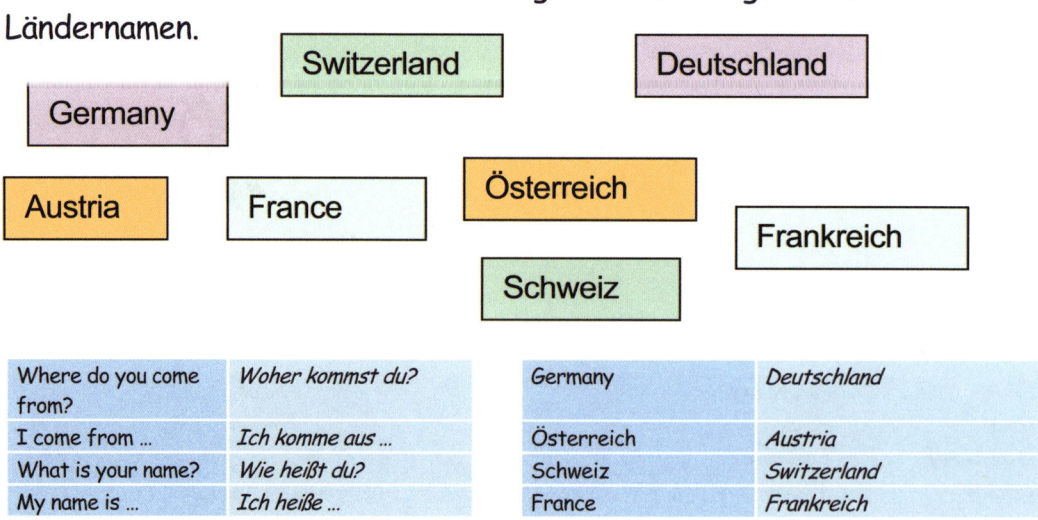

Where do you come from?	Woher kommst du?		Germany	Deutschland
I come from ...	Ich komme aus ...		Österreich	Austria
What is your name?	Wie heißt du?		Schweiz	Switzerland
My name is ...	Ich heiße ...		France	Frankreich

Test 111: Where do you come from?

Beantworte diese Fragen, als würden sie dir gestellt:

Where do you come from?

I co _ _ f r _ _ _____.

What is your name?

My n _ _ _ i s _____.

How old are you? – Wie alt bist du?

I am _____ years old.

Test 112: Where do you come from?

Noch mehr Fragen:

What is the name of your school?
The name of my school is _____.

Do you have a brother?
Yes, his name is _____.

Do you have a sister?
Yes, her name is _____.

What is the name ...?	Wie heißt ...?	her	ihr
brother	Bruder	his	sein
sister	Schwester		

Test 113: On holiday – Im Urlaub

Mit diesen Fragen und Antworten kannst du dich im Urlaub verständigen. Finde heraus, was die Kinder sagen ...

Do you speak English?

_____

Yes, a little bit.

_____

Do you like it in ...?

_____

Yes, I like it very much.

_____

How long are you staying in ...

_____

Test 114: On holiday – Im Urlaub

Dieser Urlaubsflieger fliegt auf dem Kopf. Kannst du trotzdem lesen, welche Wörter auf seinem Banner geschrieben stehen?

Do you speak English?	*Sprichst du Englisch?*	How long are you staying in ...?	*Wie lange bleibst du in ...?*
Yes, a little bit.	*Ja, ein wenig.*	I speak French.	*Ich spreche französisch.*
Do you like it in ...?	*Gefällt es dir in ...?*	I speak Spanish.	*Ich spreche spanisch.*
Yes, I like it very much.	*Ja, mir gefällt es sehr gut.*	Do you speak German?	*Sprichst du deutsch?*
holiday	*Urlaub*	beach	*Strand*
sun	*Sonne*	swimming	*schwimmen*

Test 115: On holiday – Im Urlaub

Beantworte bitte diese Fragen im ganzen Satz:

Do you speak French? (No)

_____

Do you speak English? (A little bit)

_____

I don't speak French but I speak _____.(deutsch)

Test 116: On holiday – Im Urlaub

Hier sind einige Länder und Sprachen versteckt. Finde sie und kreise die gefunden Wörter ein.

G	F	R	E	N	C	H	A	G	O
E	F	R	S	P	A	N	I	S	H
R	O	R	P	P	I	Z	Y	K	T
M	F	R	A	N	C	E	W	E	S
A	O	I	I	N	T	T	U	R	R
N	P	E	N	G	L	I	S	H	T

but	aber	German	Deutsch
Spain	Spanien	France	Frankreich
Spanish	Spanisch	French	Französisch
Germany	Deutschland		

Test 117: Fragen und Antworten

Beantworte die Fragen so, als ob sie dir gestellt würden. Antworte mit *Yes, I am* oder *No, I am not.*

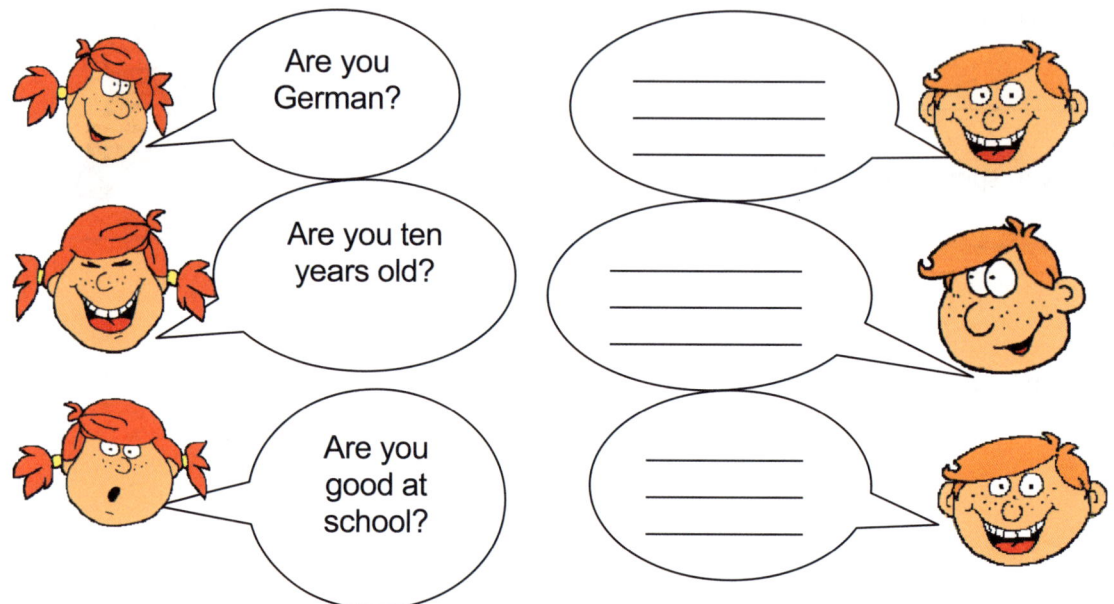

Test 118: Fragen und Antworten

Verbinde die englischen Wörter mit dem richtigen Bild und mit der deutschen Übersetzung.

Are you ...	Bist du ...		monkey	Affe
... ten years old?	... zehn Jahre alt?		donkey	Esel
good at school	gut in der Schule		dog	Hund
German	Deutsch		sheep	Schaf
fox	Fuchs		horse	Pferd
			pig	Schwein

Test 119 Auf dem Spielplatz – At the playground

Trage die richtigen Wörter zu den Nummern ein:

1		**2**	
3		**4**	

Test 120: Spielplatz – Playground

Vokabeltest:

slide		swing	
teeter-totter		merry-go-round	
playground		play	

teeter-totter	*Wippe*	swing	*Schaukel*
slide	*Rutsche*	merry-go-round	*Karussell*
playground	*Spielplatz*	play	*spielen*

Test 121: Move your body! – Beweg dich!

Trage die englischen Wörter ein:

The boy is _____.

This girl is _____.

The girls are _____.

The girls are _____.

Test 122: Move your body! – Beweg dich!

True or false?

This girl is playing hockey.

This boy is swinging.

The boys are playing a game.

jumping	springen	turning	drehen
dancing	tanzen	running	laufen
playing	spielen	hockey	Hockey
reading	lesen		

Test 123: Europe – Europa

Trage die englischen Ländernamen zu den Flaggen ein:

Germany

Test 124: Europe – Europa

Welche Länder verbergen sich in der Wortschlange auf dieser Fahne?

Germany	Deutschland	Switzerland	Schweiz
Netherlands	Niederlande	Belgium	Belgien
France	Frankreich	Austria	Österreich
Italy	Italien	Spain	Spanien
Great Britain	Großbritannien		

Test 125: What are they doing? – Was machen sie gerade?

Ordne die Bilder den Sätzen zu.

A

The woman is sleeping.

Die Frau

1

B

The teacher is sitting.

Der Lehrer

2

C

The man is reading.

Der Mann liest.

3

D

The man is writing.

Der Mann schreibt.

4

Test 126: What are they doing? – Was machen sie gerade?

Was machen die Kinder? Trage ein:

The children are having a _____.

These children are _____ at the playground.

The boys are _____ baseball.

These boys are playing _____.

playing	spielen	read	lesen
playground	Spielplatz	write	schreiben
snowball fight	Schneeballschlacht	sleep	schlafen
table tennis	Tischtennis	sit	sitzen

Test 127: What is it? – Was ist das?

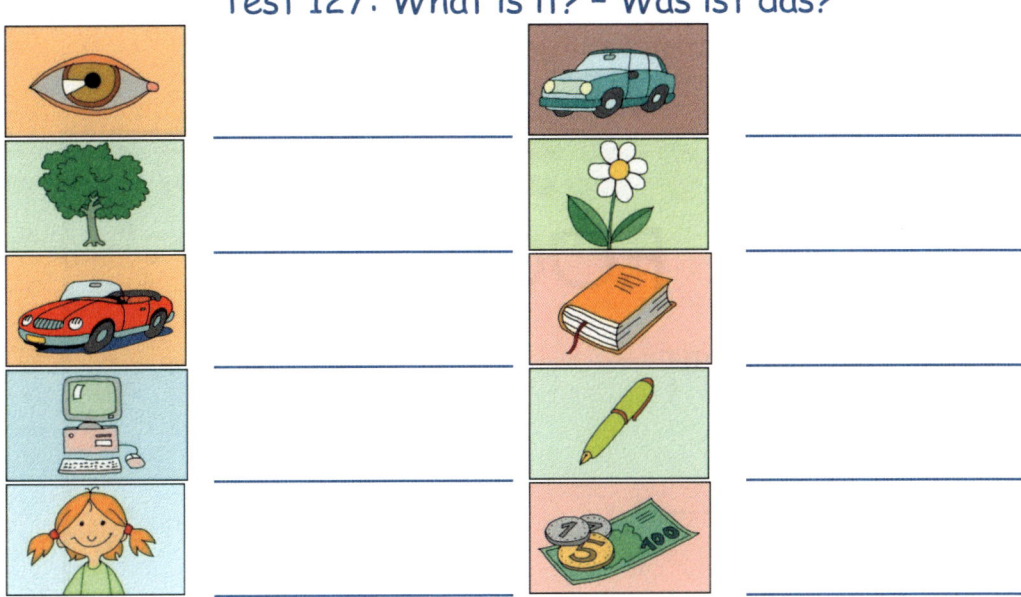

_____   _____

_____   _____

_____   _____

_____   _____

_____   _____

Test 128: What is it? – Was ist das?

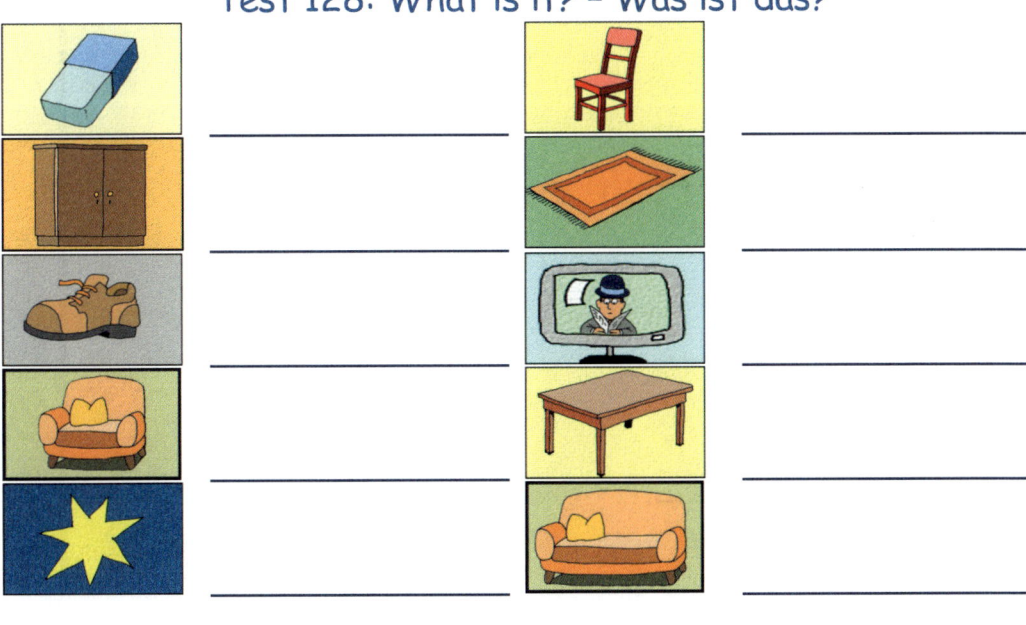

_____   _____

_____   _____

_____   _____

_____   _____

_____   _____

car	*Auto*	house	*Haus*	eye	*Auge*
horse	*Pferd*	book	*Buch*	table	*Tisch*
bicycle	*Fahrrad*	pen	*Füller*	armchair	*Sessel*
tree	*Baum*	computer	*Computer*	sofa	*Sofa*
flower	*Blume*	money	*Geld*	girl	*Mädchen*
shoe	*Schuh*	carpet	*Teppich*	television	*Fenseher*
wardrobe	*Kleiderschrank*	table	*Tisch*	rubber	*Radiergummi*
chair	*Stuhl*				

Test 129: Food – Lebensmittel

Trage die Namen der Lebensmittel ein:

1 <u>cheeseburger</u>

2 _____

3 _____

4 _____

5 _____

6 _____

7 _____

8 _____

9 _____

10 _____

11 _____

12 _____

cheeseburger	*Cheeseburger*	milk	*Milch*	ice cream	*Eis*
cake	*Kuchen*	ketchup	*Ketchup*	bananas	*Bananen*
French fries	*Pommes frites*	cherries	*Kirschen*	coke	*Cola*
apples	*Äpfel*	hamburger	*Hamburger*	orange	*Orange*

Test 130: Präpositionen

Ordne zu:

 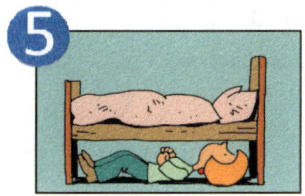 

A The teacher is sitting on his desk.
B The woman is standing near the tree.
C The man is sitting in front of the mirror.
D This man is lying in his bed.
E The teacher is sitting behind the desk.
F The woman is lying under the bed.

Test 131: Präpositionen

Setze ein.

The man is standing _____ his car.

The woman is lying _____ the bed.

The man is dancing _____ the table.

The man is standing _____ the tree.

teacher	Lehrer	under	unter	standing	stehen
desk	Schreibtisch	lying	liegen	bed	Bett
sitting	sitzen	sitting	sitzen	tree	Baum
mirror	Spiegel	behind	hinter	next to	bei/neben
in front of	vor	near	nahe bei		

75

Test 132: Christmas – Weihnachten

Ordne zu:

1 a Christmas present

2 Mary with the Holy Child

3 Santa Claus

4 the Christmas tree

A

B

C

D

Test 133: Christmas – Weihnachten

Schreibe die richtigen Vokabeln zu den Bildern.

Christmas	Weihnachten	Santa Claus	Weihnachtsmann	Christmas tree	Weihnachtsbaum
present	Geschenk	tree	Baum	cookie	Plätzchen
Mary	Maria	snowman	Schneemann	bell	Glocke
holy	heilig	angel	Engel	child	Kind
carolers	Weihnachtssänger				

Test 134: Vokabeltest: Weihnachten

Verbinde die richtigen Wörter.

present
bell
snowman
tree
Christmas
angel
cookie

Schneemann
Baum
Weihnachten
Geschenk
Glocke
Plätzchen
Engel

Test 135: Weihnachten

Diese Wörter wurden versehentlich zerrissen. Füge sie wieder zusammen.

Christmas tree	Weihnachtsbaum	Father Christmas	Weihnachtsmann	Christmas Eve	Heiligabend
bell	Glocke	sledge	Schlitten		
reindeer	Rentier	angel	Engel		
present	Geschenk	cookie	Plätzchen		

Test 136: Christmas – Weihnachten

Beschrifte diese Weihnachtsgegenstände:

_____   _____   _____   _____

_____   _____   _____   _____

Test 137: Christmas – Weihnachten

In jeder Reihe findest du ein Wort, das nicht zur Weihnachtszeit passt.
Streiche das jeweilige Wort durch und schreibe die Übersetzung in die
rechte Spalte.

reindeer	candle	car	angel	
present	school	bell	snowman	
Christmas Eve	sledge	Santa Claus	telephone	
Holy Child	singing	winter	ice cream	

Christmas tree	Weihnachtsbaum	Father Christmas	Weihnachtsmann	Christmas Eve	Heiligabend
bell	Glocke	sledge	Schlitten		
reindeer	Rentier	angel	Engel		
present	Geschenk				

78

Test 138: English is fun – Englisch macht Spaß

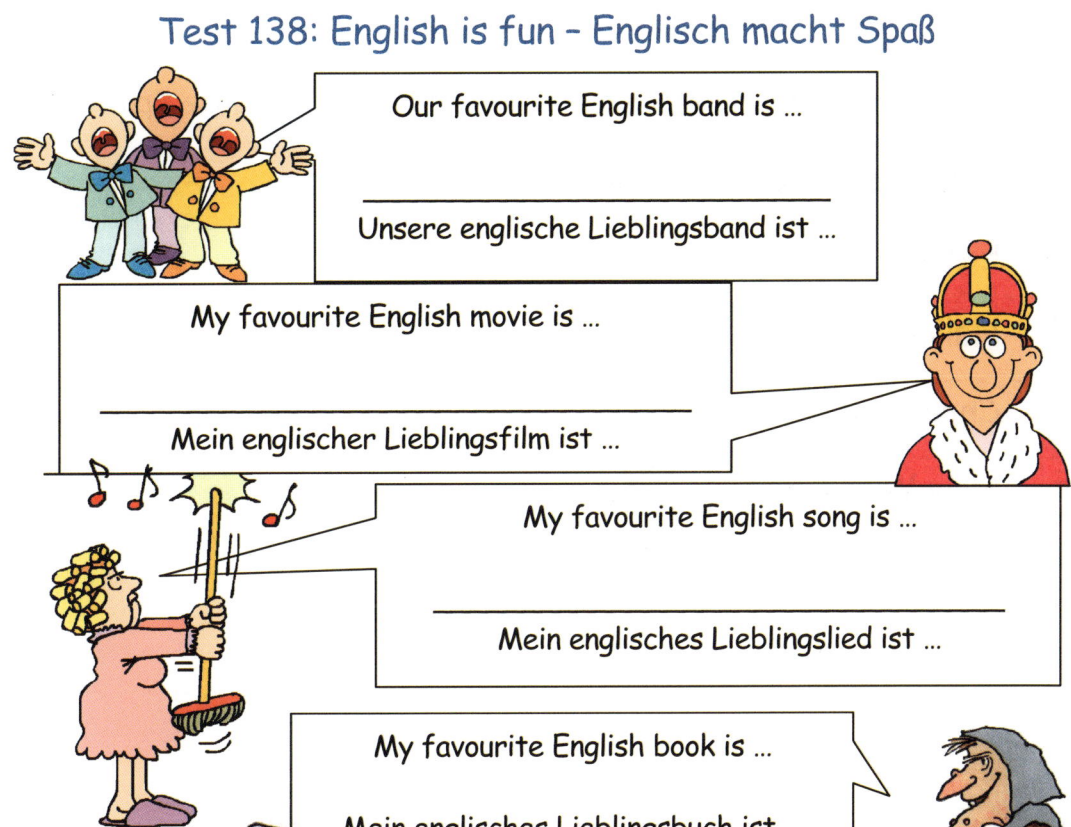

Our favourite English band is …

_____

Unsere englische Lieblingsband ist …

My favourite English movie is …

_____

Mein englischer Lieblingsfilm ist …

My favourite English song is …

_____

Mein englisches Lieblingslied ist …

My favourite English book is …

Mein englisches Lieblingsbuch ist …

Test 139: English is fun – Englisch macht Spaß

Do you know the name of this famous wizard? A boy, living in Hogwarts?

book	Buch	our	unser/unsere/unseres
favourite	Lieblings...	song	Lied
movie	Film	English	Englisch
my	mein/meine/meines	wizard	Zauberer
Do you know the name of ...	Kennst du den Namen von ...	living	leben
boy	Junge	famous	berühmt

Test 140: Special days – Feiertage

Schreibe die deutschen Namen dieser Feiertage in die rechte Spalte.

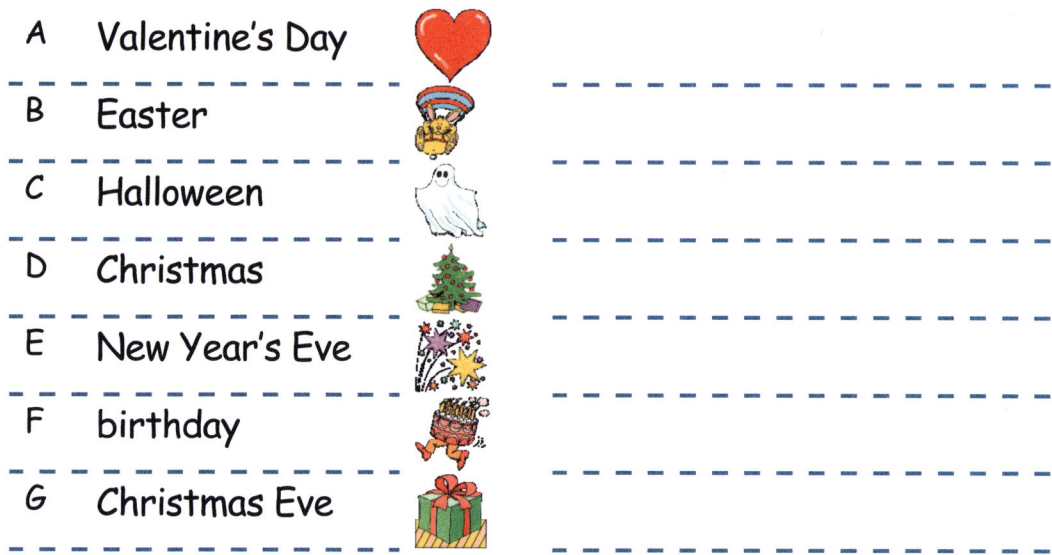

A	Valentine's Day	
B	Easter	
C	Halloween	
D	Christmas	
E	New Year's Eve	
F	birthday	
G	Christmas Eve	

Test 141: Special days – Feiertage

Welcher special day ist gemeint? Trage die richtigen Buchstaben von oben ein:

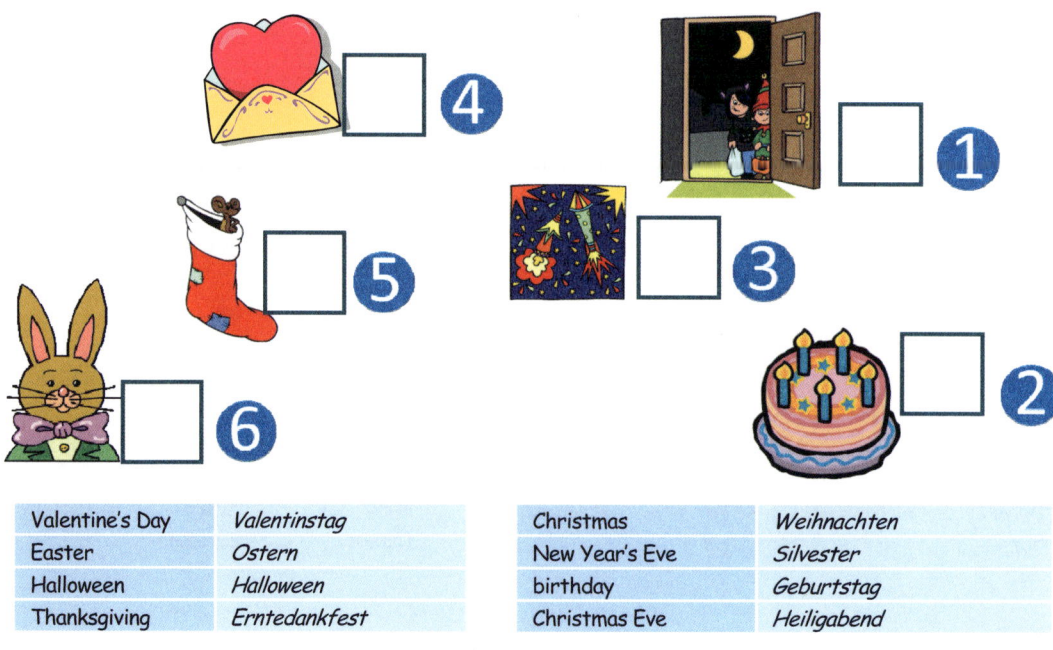

Valentine's Day	Valentinstag	Christmas	Weihnachten
Easter	Ostern	New Year's Eve	Silvester
Halloween	Halloween	birthday	Geburtstag
Thanksgiving	Erntedankfest	Christmas Eve	Heiligabend

Test 142: Favourites

What is your favourite English book? Maybe Harry Potter? – Vielleicht Harry Potter?

What is your favourite book?

What is your favourite video game?

What is your favourite English movie?

What is your favourite English band?

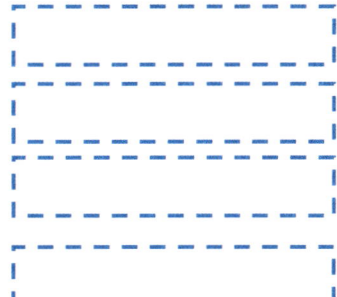

Test 143: Favourites

book	Buch	our	unser/unsere/unseres	song	Lied/Song
favourite	Lieblings...	video game	Computerspiel	rhyme	Reim/Gedicht
maybe	vielleicht	movie	Kinofilm	singer	Sänger/-in
my	mein/meine/meines	band	Musikgruppe		

Test 144: Special days

Welcher Satz passt zu welchem Anlass?

1 Congratulations

2 Happy Easter

3 Happy birthday

4 Merry Christmas

A

B

C

D

Test 145: Special days

Diese Wörter sind alle rückwärts geschrieben. Finde heraus, welche Wörter es sind, und schreibe sie richtig herum in die Kästchen.

YADHTRIB

TNESERP

SNOITALUTARGNOC

YPPAH

RETSAE

Happy birthday	Alles Gute zum Geburtstag	Merry Christmas	Frohe Weihnachten
Happy Easter	Frohe Ostern	Congratulations	Herzlichen Glückwunsch
present	Geschenk	happy	glücklich

Test 146: Halloween

Trage die englischen Wörter für diese Dinge ein:

Mit welchem Satz begrüßen Kinder an Halloween die Erwachsenen?

a) Happy Halloween! ☐   b) Trick or treat! ☐

Test 147: Halloween

Unterstreiche alle Wörter, die nicht zu Halloween passen.

fairy   ghost   reindeer

pumpkin

witch

flower   ghost

skeleton	Skelett	bat	Fledermaus	flower	Blume
pumpkin	Kürbis	fairy	Fee	reindeer	Rentier
ghost	Geist	broom	Besen	trick or treat	Süßes oder Saures
vampire	Vampir	witch	Hexe		

Test 148: Halloween

True or false?

Are the following sentences true or false?

☐ A) Halloween is in winter.   ☐ B) Halloween is in autumn.

☐ C) Zu Halloween rufen die Kinder „trick or treat".

☐ D) Treat bedeutet Streich.   ☐ E) Trick bedeutet Streich.

Test 149: Halloween

Ergänze die fehlenden Buchstaben:

W _ _ _ H

G _ O _ T

SPI _ _ _

B _ _

P _ MPK _ N

V _ _ PI _ E

spider	Spinne	bat	Fledermaus	trick	Streich
pumpkin	Kürbis	fairy	Fee	treat	Süßes
ghost	Geist	broom	Besen	autumn	Herbst
vampire	Vampir	witch	Hexe	winter	Winter

Test 150: What are they doing? – Was tun sie?

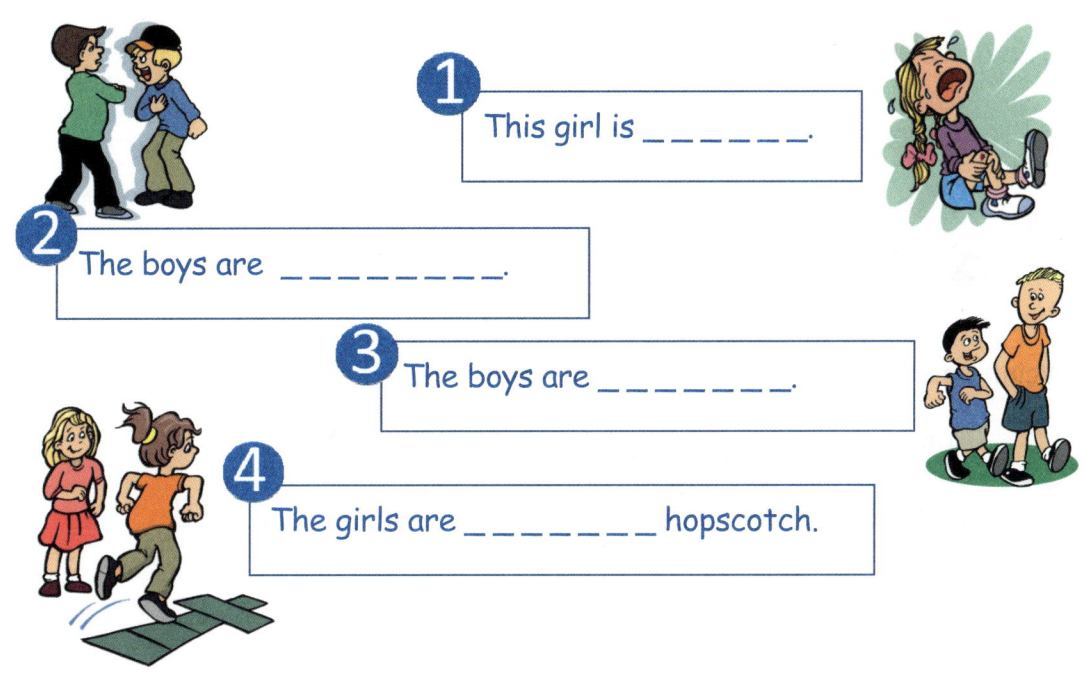

1 This girl is _ _ _ _ _ _ _.

2 The boys are _ _ _ _ _ _ _ _ _.

3 The boys are _ _ _ _ _ _ _.

4 The girls are _ _ _ _ _ _ _ _ hopscotch.

Test 151: What are they doing? – Was tun sie?

True or false?

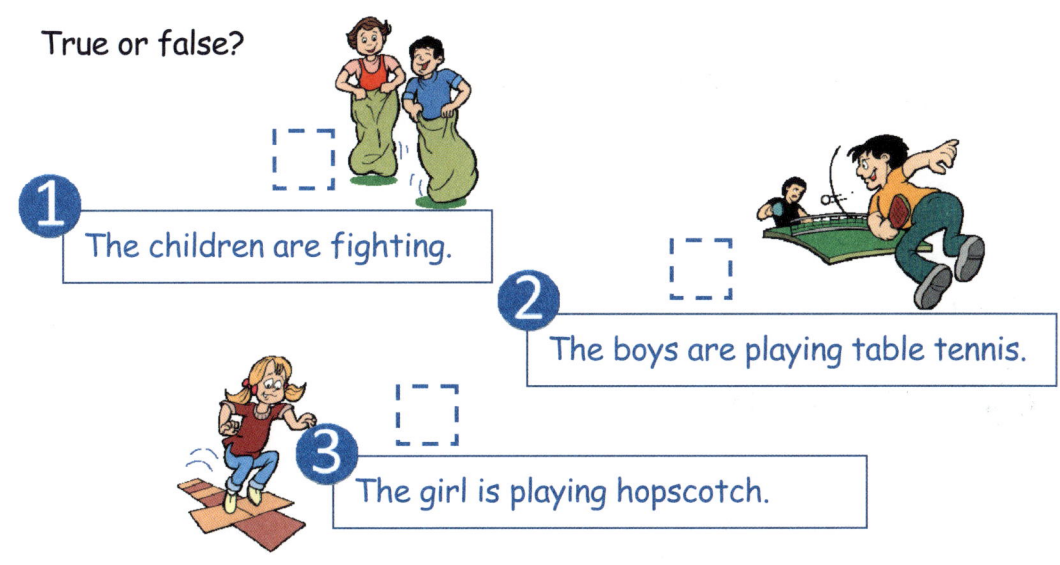

1 The children are fighting.

2 The boys are playing table tennis.

3 The girl is playing hopscotch.

crying	weinen	piano	Klavier
reading	lesen	hopscotch	Himmel und Hölle
fighting	streiten/kämpfen	table tennis	Tischtennis
playing	spielen	walking	gehen

Test 152: What are the children doing?

True or false?

Is this boy reading a book?

    a) Yes, the boy is reading a book. ☐

    b) No, the boy is not reading a book. ☐

Weint dieser Junge? – Is this boy crying?

    a) Yes, the boy is crying. ☐

    b) No, the boy is playing the piano. ☐

Test 153: What are the children doing?

What is this girl doing?

The girl is playing _____.

The girl is taking a _____.

reading a book	*ein Buch lesen*	playing the piano	*Klavier spielen*
playing hopscotch	*Himmel und Hölle spielen*	taking a photo	*ein Foto machen*
boy	*Junge*	children	*Kinder*
girl	*Mädchen*		

Test 154: Plural – Mehrzahl

Von vielen englischen Wörtern wird die Mehrzahl einfach durch Anhängen eines „s" gebildet, zum Beispiel car/cars.

car – cars

flower – f_____

shoe – s _ _ _ _

Test 155: Plural – Mehrzahl

Bei einigen Wörtern wird die Mehrzahl aber anders gebildet. Trage die Mehrzahl mithilfe der Tabelle ein:

man – _ _ _

foot – _ _ _ _

child – _____

Singular	Plural
car	cars
shoe	shoes
flower	flowers

Singular	Plural
man	men
foot	feet
child	children

Test 156: At home – Zu Hause

Welche Dinge gehören in welchen Raum? Trage die englischen Namen bei den passenden Räumen ein:

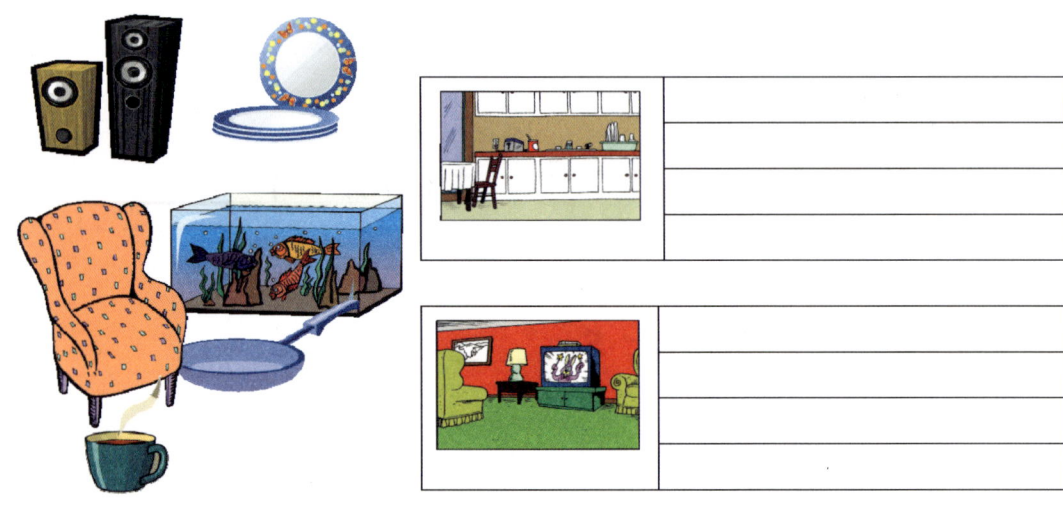

Test 157: At home – Zu Hause

Welche Dinge gehören ins Badezimmer, welche in die Garage? Trage die englischen Namen ein:

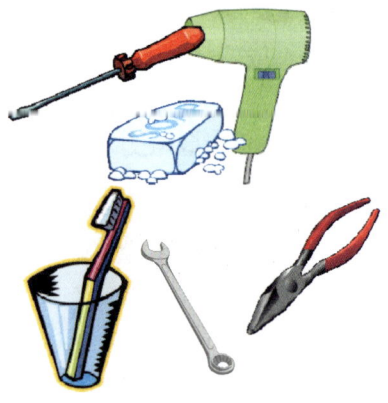
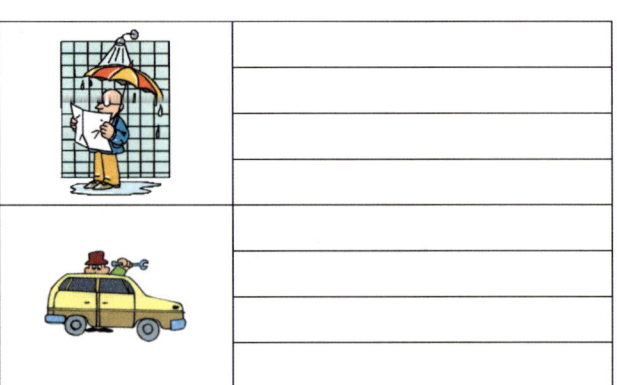

armchair	*Sessel*	hair dryer	*Haartrockner*	pliers	*Zange*
fish tank	*Aquarium*	toothbrush	*Zahnbürste*	screwdriver	*Schraubenzieher*
loudspeaker	*Lautsprecher*	soap	*Seife*	plates	*Teller*
pan	*Pfanne*	wrench	*Schraubenschlüssel*		

Test 158: Back to school – Wieder in der Schule

Zwischen diesen Buchstaben sind die Schul-Wörter versteckt, die darunter aufgeschrieben sind. Finde sie und kreise sie rot ein. Beachte bitte, dass die Wörter senkrecht, waagrecht und auch diagonal angeordnet sein können.

```
S D C C P R A R M L O S O L I Y A D C O R V Q E E
O N B S C L A S S R O O M S C N S D R P A N E U M
S W N P A L R E M L O O S V E S R C A E M R U L E
I O G E W M O T H T F E O T E A K W E E I O F A P
P M N O S T U D E N T B O E P O D Z C I J D S R N
C R K S O R C E L P G O N T O B R S E R L M T E T
N E I E R R N P S E S R N B M O A A O T S C E D B
B S L O E O I H Y M S S E H S P R T E N X O Y O O
D Y R D P B Q E V F M T L T O P O A O O E W U J T
N O L N A O A E M F O R I U E O C Y K Y L A R A O
M O O N P E F A R N E M C L E H A R L E W R T N E
F S Y H R W E E I C K R N P E R A S E R R A P I T
U O E N E H L L O B Y N E R C L S X A V D O T F C
O O O N S A E O Y A P A P C H O A O R N B S L G L
T T S M T O C Y F R B E B J L O T F G O K T E E T
```

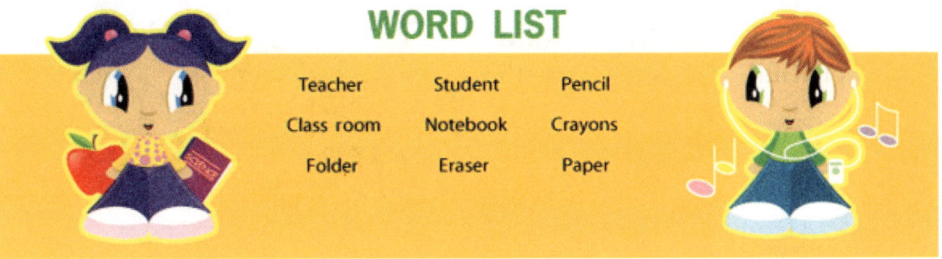

WORD LIST

Teacher	Student	Pencil
Class room	Notebook	Crayons
Folder	Eraser	Paper

teacher	Lehrer/-in	notebook	Notizblock
student	Schüler/-in oder Student/-in	eraser	Radiergummi
class room	Klassenzimmer	pencil	Stift
folder	Ordner	crayons	Buntstifte

Test 159: The human body – Der menschliche Körper

Hier sind die englischen Bezeichnungen für einige Körperteile versteckt.
Finde sie und kreise sie grün ein. Beachte bitte, dass die
Wörter senkrecht, waagrecht und auch diagonal angeordnet sein können.

Human Body

```
E  P  F  L  S  R  E  A  Y  R  E  W  R  E  L  R  E  N  P  V
E  R  E  Y  A  P  A  A  H  R  Q  T  N  E  I  E  H  E  E  E
N  A  S  N  F  A  C  E  Y  E  I  A  O  C  C  O  E  G  P  E
H  R  R  E  I  C  A  S  E  N  E  I  R  N  Z  O  L  A  R  I
J  I  A  M  N  E  W  R  E  E  O  R  E  C  D  E  D  N  N  N
V  A  I  A  G  H  A  A  Y  E  I  E  I  N  F  O  O  T  I  O
H  H  O  E  E  Y  E  W  I  S  S  T  A  E  H  D  E  N  A  S
E  T  I  N  R  O  O  A  A  C  I  H  R  A  E  X  B  N  I  E
S  E  N  A  T  A  E  J  S  C  H  E  L  R  R  S  A  D  I  R
E  A  F  N  R  R  A  E  S  E  I  G  M  A  O  R  I  S  S  A
```

Word List

NOSE	EYE	FOOT
TOE	HAND	ARM
FINGER	EAR	HAIR

nose	Nase		hand	Hand
toe	Zeh		ear	Ohr
finger	Finger		foot	Fuß
eye	Auge		hair	Haar(e)

Test 160: Nature – Natur

Trage die englischen Namen dieser Dinge ein:

Test 161: Nature – Natur

Trage die englischen Namen dieser Dinge ein:

grass	Gras		rose	Rose		oak leaf	Eichenblatt
tree	Baum		forest	Wald		beech leaf	Buchenblatt
bed	Beet		maple leaf	Ahornblatt			
flower	Blume		birch leaf	Birkenblatt			

Test 162: What is it? – Was ist das?

Fill in the blanks.

Cows like to eat _ _ _ _.

A _ _ _ _ is a flower with thorns.

A tree with this leaf is an _ _ _ tree.

A tree with this leaf   is a _ _ _ _ _ _ tree.

Robin Hood lives in Sherwood _ _ _ _ _ _ _.

Test 163: What is it? – Was ist das?

1		2	
3		4	
5		6	
7			

tent	Zelt	compass	Kompass	torch	Taschenlampe
campfire	Lagerfeuer	camping stove	Campingkocher	thorns	Dornen
backpack	Rucksack	matches	Streichhölzer	rose	Rose
cows	Kühe	eat	essen	grass	Gras
leaf	Blatt	tree	Baum	flower	Blume

Test 164: Flowers – Blumen

Trage die englischen Namen dieser Blumen ein:

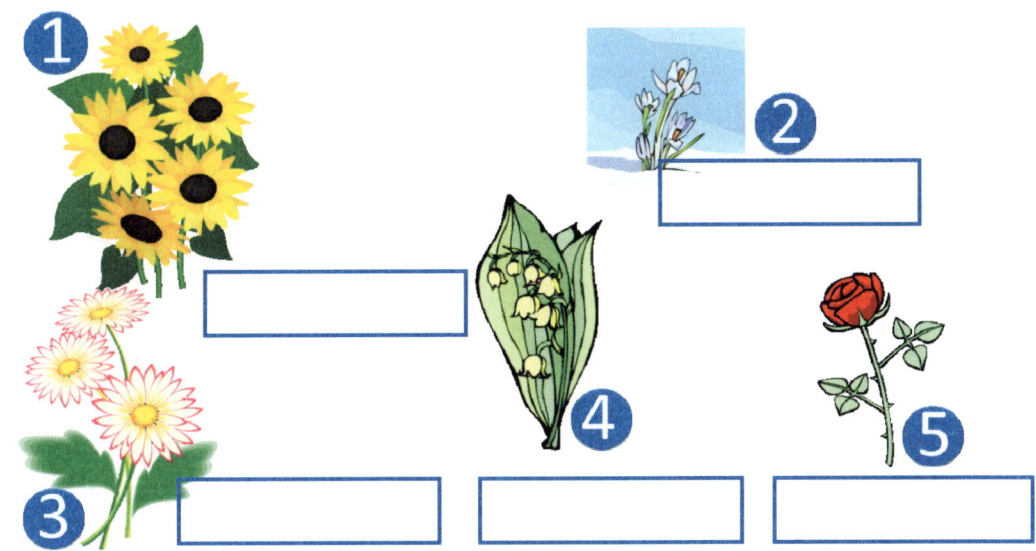

Test 165: Flowers – Blumen

D	A	I	S	Y	G	R	T	Z
X	R	T	R	O	S	E	M	R
S	U	N	F	L	O	W	E	R
S	N	O	W	D	R	O	P	U
R	E	P	A	N	S	Y	M	N
D	A	N	D	E	L	I	O	N

rose	*Rose*	lily of the valley	*Maiglöckchen*	daisy	*Gänseblümchen*
snowdrop	*Schneeglöckchen*	dandelion	*Löwenzahn*		
sunflower	*Sonnenblume*	pansy	*Stiefmütterchen*		

Test 166: On the beach – Am Strand

Was gehört wozu?

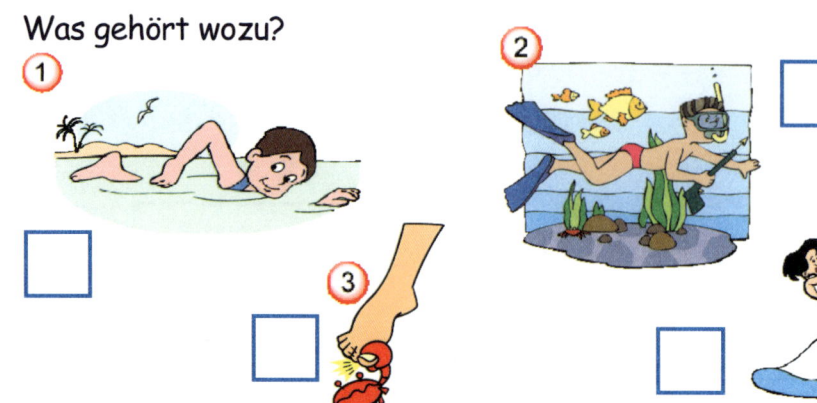

A	The boy is diving.	B	The boy is surfing.
C	The boy is swimming.	D	The crab is biting.

Test 167: On the beach – Am Strand

Wie heißen diese Dinge auf Englisch?

swim	schwimmen	bite	beißen	shells	Muscheln
dive	tauchen	ship	Schiff	crab	Krabbe
surf	surfen	sailing ship	Segelschiff	sand castle	Sandburg

Test 168: On the beach – Am Strand

Schreibe die richtige Nummern in die Kästchen.

A	shark		C	fish
B	swimsuit		D	bathing trunks

Test 169: On the beach – Am Strand

True or false?

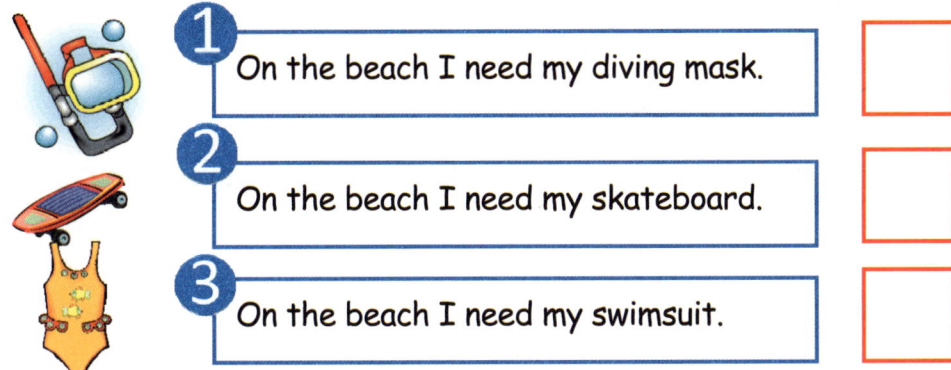

1. On the beach I need my diving mask.

2. On the beach I need my skateboard.

3. On the beach I need my swimsuit.

shark	*Hai*		skateboard	*Skateboard*		the beach	*der Strand*
swimsuit	*Badeanzug*		dive	*tauchen*		fish	*Fisch*
diving mask	*Tauchermaske*		bathing trunk	*Badehose*		on	*am*

Test 170: My family – Meine Familie

Ergänze die Sätze:

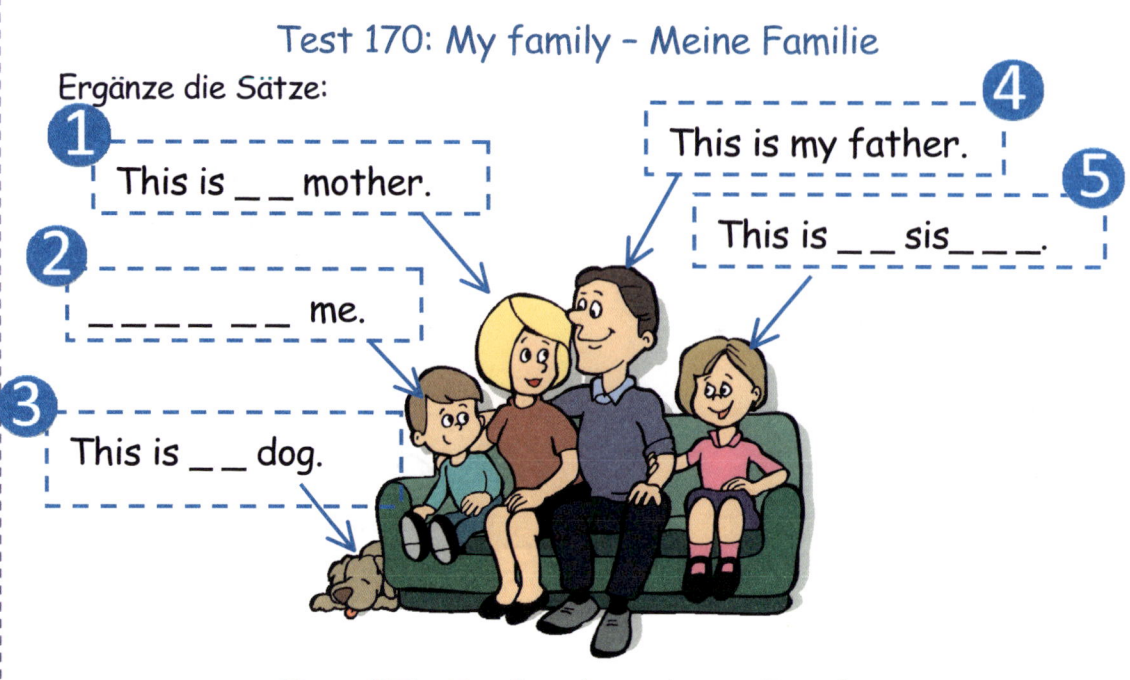

1 This is _ _ mother.

2 _ _ _ _ _ _ _ me.

3 This is _ _ dog.

4 This is my father.

5 This is _ _ sis_ _ _.

Test 171: My family – Meine Familie

Ordne zu:

A	My grandma loves her cat.	C	I like to go shopping with my grandma.
B	My grandma likes baking cookies.		

father	*Vater*	grandma	*Oma*	baking	*backen*
mother	*Mutter*	grandpa	*Opa*	cookies	*Plätzchen*
brother	*Bruder*	shopping	*einkaufen*	me	*ich*
sister	*Schwester*	cat	*Katze*	dog	*Hund*

Test 172: That's me – Das bin ich

Setze die richtigen Wörter ein:

1 Are you _ _ _ _ _ _ ?

2 Yes, I come from _ _ _ _ _ _ _ _ .

3 What is your _ _ _ _ _ ?

4 My _ _ _ _ _ is Jana.

5 How _ _ _ are you?

6 I am 10 _ _ _ _ _ _ old.

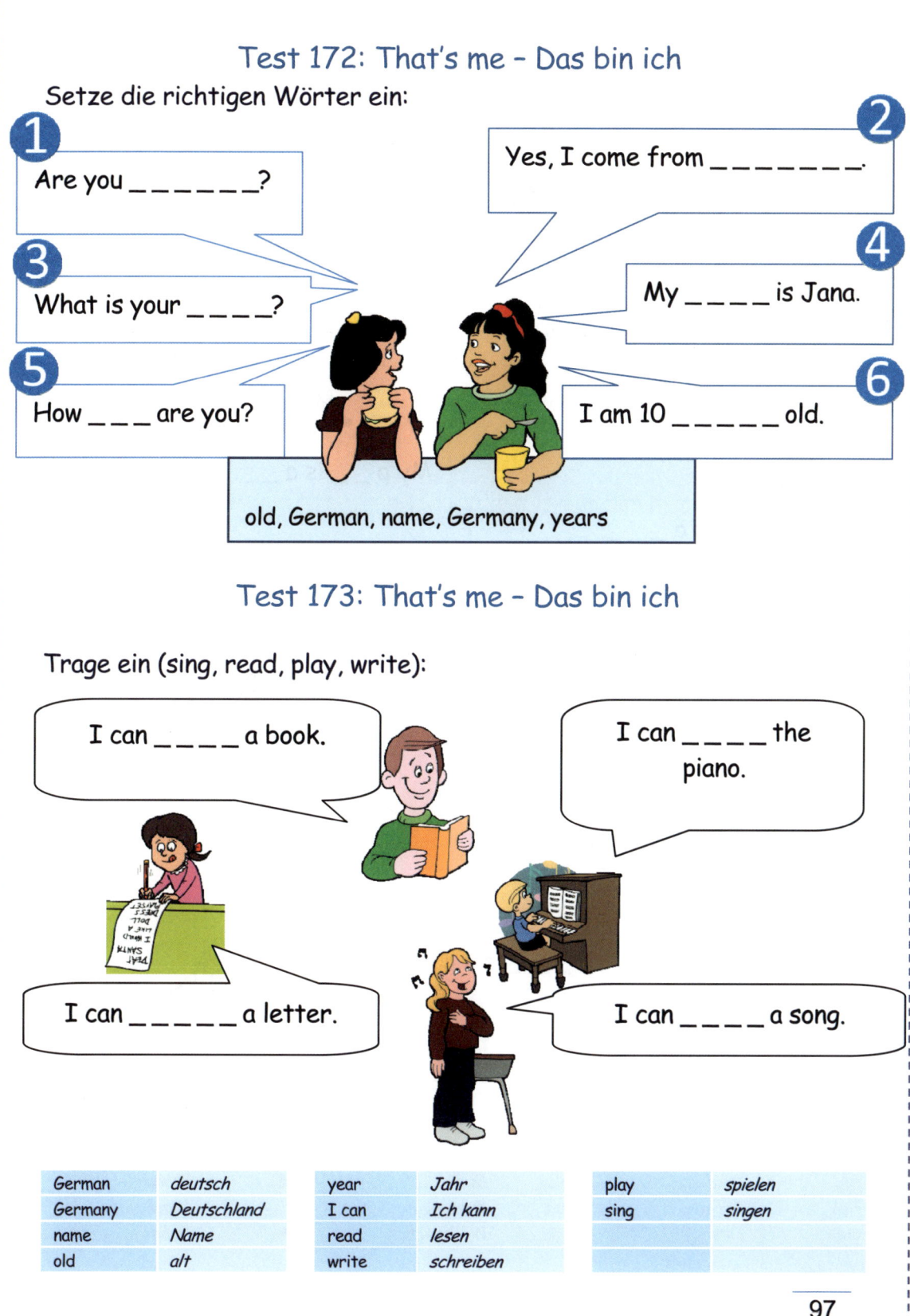

old, German, name, Germany, years

Test 173: That's me – Das bin ich

Trage ein (sing, read, play, write):

I can _ _ _ _ _ a book.

I can _ _ _ _ _ the piano.

I can _ _ _ _ _ _ a letter.

I can _ _ _ _ _ a song.

German	deutsch	year	Jahr	play	spielen
Germany	Deutschland	I can	Ich kann	sing	singen
name	Name	read	lesen		
old	alt	write	schreiben		

Test 174: My pet – Mein Haustier

Ergänze die Sätze.

My pet is a cat.

My _ _ _ is a bunny.

M _ _ _ _ is a duck.

My p _ _ is a _ _ _ _ .

My p _ _ is a _ _ _ _ _ _ .

My p _ _ is a _ _ _ _ .

Test 175: My pet – Mein Haustier

This is a horse.

This is a b _ _ _ .

T _ _ _ _ is a c _ _ _ _ .

T _ _ _ _ is a d _ _ _ _ _ _ .

cat	Katze	mouse	Maus	parrot	Papagei
dog	Hund	donkey	Esel	have	haben
fish	Fisch	rabbit	Kaninchen	bird	Vogel
duck	Ente	budgie	Wellensittich	cock	Hahn

Test 176: My pet – Mein Haustier

Ergänze die Sätze mit den Haustieren in der Tabelle.

What pet have you got?

I have got a _ _ t.    I have got a r_ _ _ _ _ _.

I have got a m _ _ s _.   I have got a _ o _.

Test 177: My pet – Mein Haustier

Have you got a ham _ _ _ _? Yes, I have got a hamster.

Have you got a pa _ _ _ t? No, I don't have a parrot.

Have you got a r _ _. Yes, _ h _ _ _ got a rat.

Have you got a rab_ _ _ ? N_, I don't h _ _ _ a rabbit.

cat	Katze	mouse	Maus	parrot	Papagei
dog	Hund	rat	Ratte	have	haben
guinea pig	Meerschweinchen	rabbit	Kaninchen		
hamster	Hamster	budgie	Wellensittich		

Test 178: My feelings – Meine Gefühle

Ergänze die Sätze.

I feel s _ _.

I am s _ _.

I am h _ _ _ _.

I am pr _ _ _.

I am an _ _ _.

Test 179: My feelings – Meine Gefühle

Ordne zu:

traurig

happy

glücklich

proud

stolz

sad

einsam

lonely

happy	glücklich	shy	schüchtern	angry	wütend
sad	traurig	excited	aufgeregt	jealous	eifersüchtig
scared	erschrocken	nervous	nervös		
lonely	einsam	proud	stolz		

Test 180: My toys – Mein Spielzeug

Ordne richtig zu:

	ball
	book
	car

	doll
	rocket
	ship

Test 181: My toys – Mein Spielzeug

What is your favourite toy?

My favourite toy is _____.

What colour is this toy?

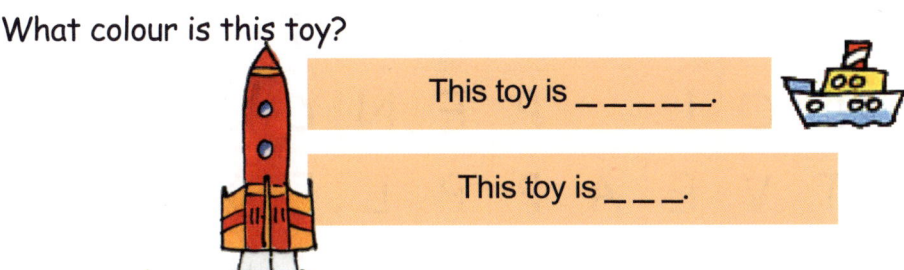

This toy is _ _ _ _ _.

This toy is _ _ _.

toy	Spielzeug		favourite	Lieblings...		white	weiß
rocket	Rakete		colour	Farbe		red	rot
ship	Schiff		doll	Puppe			
car	Auto		book	Buch			

Test 182: What do you put in your schoolbag?

Bilde Sätze.

	I put a book in my schoolbag.
	I put a _ _ _ _ _ _ _ _ _ _ in my schoolbag.
	_ _ _ _ _ an _ _ _ _ _ _ in my school _ _ _.
	I put my pencil _ _ _ _ _ in my schoolbag.
	I put a water _ _ _ _ _ _ _ in my schoolbag.

Test 183: What do you put in your schoolbag?

Hier haben sich noch einige Dinge versteckt, die auch in eine Schultasche gehören.

P	E	N	C	I	L	C	A	S	E
X	T	R	R	P	E	N	T	U	N	T
B	X	R	U	B	B	E	R	T	U	V
O	L	O	L	P	E	N	C	I	L
O	T	V	E	A	P	P	L	E	X	M
K	A	R	R	X	R	U	M	T	L	T

I	ich	book	Buch	water pistol	Wasserpistole
put	stellen/legen	sandwich	Sandwich	pencil case	Federmappe
schoolbag	Schultasche	apple	Apfel	my	mein/meine

Test 184: My alphabet – Mein Alphabet

Mit welchen Anfangsbuchstaben beginnen die englischen Namen dieser Dinge?

_OY

_TRAWBERRY

_ONKEY

_RANGE

_IRL

_HIP

Test 185: My alphabet – Mein Alphabet

Die Anfangsbuchstaben dieser Wörter ergeben den Namen einer Stadt in England.

_ion   _wl   _ecklace   _oll   _nion   _anny

boy	Junge	girl	Mädchen	onion	Zwiebel
strawberry	Erdbeere	ship	Schiff	necklace	Halskette
monkey	Affe	doll	Puppe	owl	Eule
orange	Orange	nanny	Kindermädchen	lion	Löwe

Test 186: Asking questions – Fragen stel

Was sagen diese Kinder?

? What's your name?

? How are you today?

? How old are you?

? Where do you come from?

? Do you like school?

? How many pets do you have?

? What is your favourite colour?

Test 187: Asking questions – Fragen stel

Schreibe auf Englisch.

1. Wie geht es dir heute?
2. Gehst du gern zur Schule?
3. Was ist deine Lieblingsfarbe?

What's your name?	Wie heißt du?	Do you like school?	Magst du die Schule?
How are you today?	Wie geht es dir heute?	How many pets do you have?	Wie viele Haustiere hast du?
How old are you?	Wie alt bist du?	What ist your favourite colour?	Welche ist deine Lieblingsfarbe?
Where do you come from?	Woher kommst du?		

Test 188: Listen carefully! – Gut aufgepasst!

Übersetze mithilfe der Vokabeltabelle.

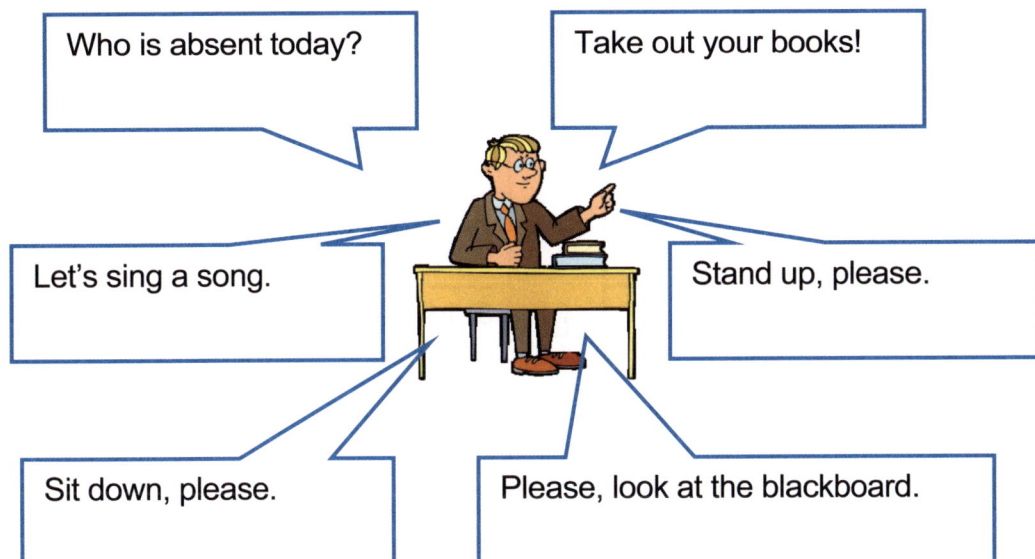

Test 189: Listen carefully! – Gut aufgepasst!

Trage hier die deutschen Sätze ein:

Who is absent today?	Wer fehlt heute?	stand up	aufstehen	come	kommen
Take out your books!	Holt eure Bücher raus!	look	schauen/gucken	all	alle
Let's sing a song.	Lasst uns ein Lied singen.	blackboard	Tafel	together	gemeinsam
Sit down please.	Setzt euch bitte.	stop talking	hört auf zu reden	please	bitte
speak	sprechen	louder	lauter		

Test 190: At school – In der Schule

Ordne zu:

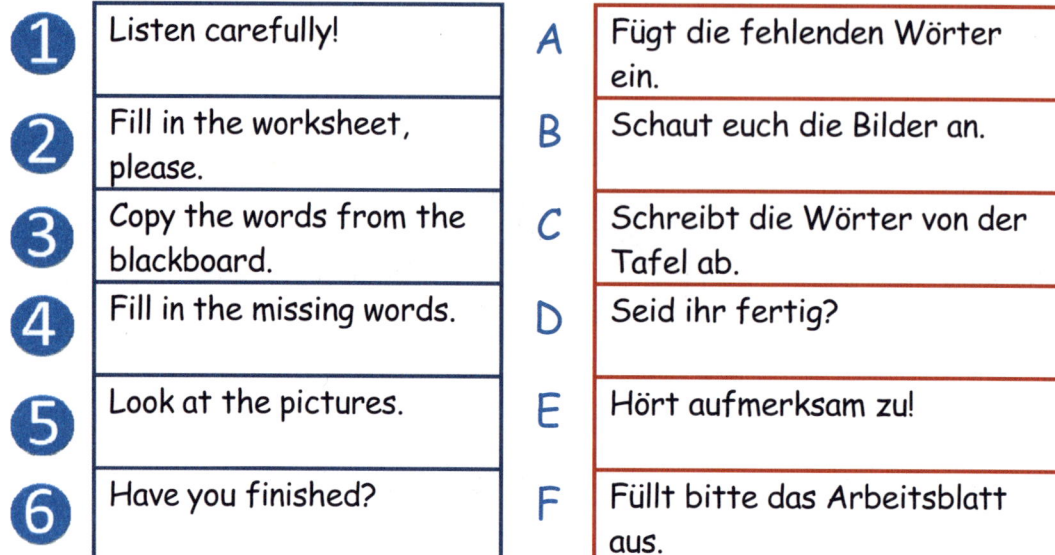

#			
1	Listen carefully!	**A**	Fügt die fehlenden Wörter ein.
2	Fill in the worksheet, please.	**B**	Schaut euch die Bilder an.
3	Copy the words from the blackboard.	**C**	Schreibt die Wörter von der Tafel ab.
4	Fill in the missing words.	**D**	Seid ihr fertig?
5	Look at the pictures.	**E**	Hört aufmerksam zu!
6	Have you finished?	**F**	Füllt bitte das Arbeitsblatt aus.

Test 191: At school – In der Schule

Schreibe die Übersetzung in die Sprechblasen.

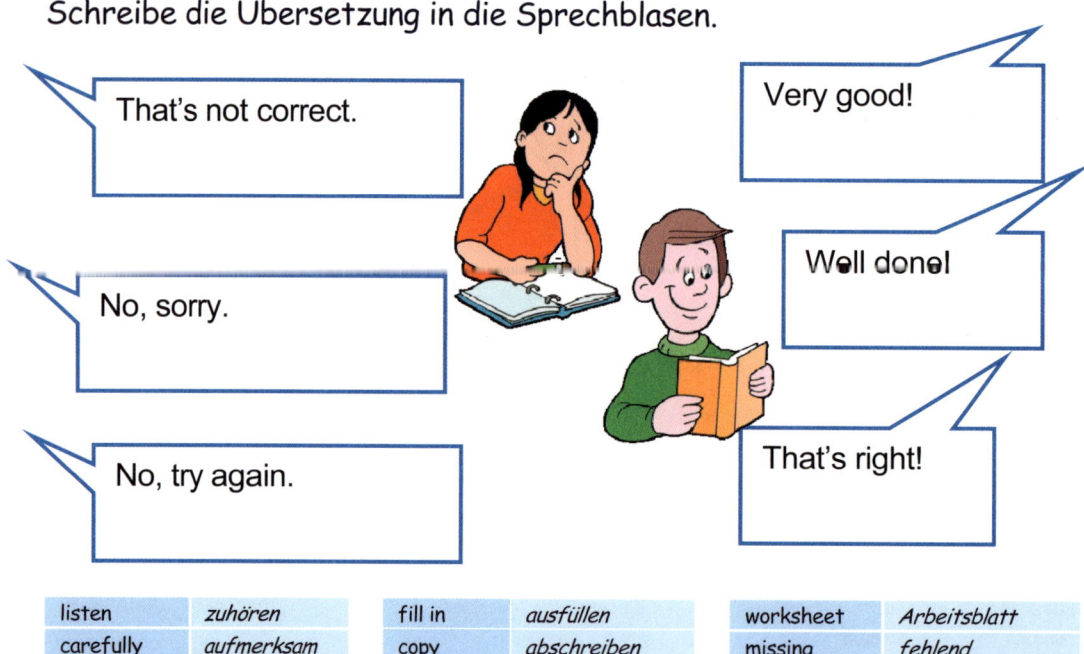

- That's not correct.
- No, sorry.
- No, try again.
- Very good!
- Well done!
- That's right!

listen	*zuhören*	fill in	*ausfüllen*	worksheet	*Arbeitsblatt*
carefully	*aufmerksam*	copy	*abschreiben*	missing	*fehlend*
look	*schauen*	pictures	*Bilder*	finished	*fertiggestellt*
correct	*richtig*	sorry	*tut mir leid*	again	*noch einmal*
very good	*sehr gut*	well done	*gut gemacht*	That's right!	*Richtig!*

Test 192: The family – Die Familie

1 Ehemann 6 Tante   9 Kinder
2 Ehefrau 7 Onkel   10 Schwester
3 Bruder   8 Mutter
4 Vater
5 Eltern

wife	*Ehefrau*	aunt	*Tante*	sister	*Schwester*
husband	*Ehemann*	uncle	*Onkel*	father	*Vater*
brother	*Bruder*	mother	*Mutter*	children	*Kinder*

Test 193: At the circus – Im Zirkus

Fill in:

Test 194: At the circus – Im Zirkus

Fill in:

circus	*Zirkus*		fire eater	*Feuerschlucker*		artist	*Artist/-in*
tightrope walker	*Seiltänzer/-in*		lion tamer	*Löwenbändiger*		magician	*Magier*
juggler	*Jongleur*		clown	*Clown*			

Test 195: Dresses – Kleider

Male die Kleider der Kinder aus.

My hair is black. I am wearing red shoes, a pink dress and a green scarf.

I am wearing brown shoes, green trousers and a red shirt.
My hair is blonde.

Test 196: Dresses – Kleider

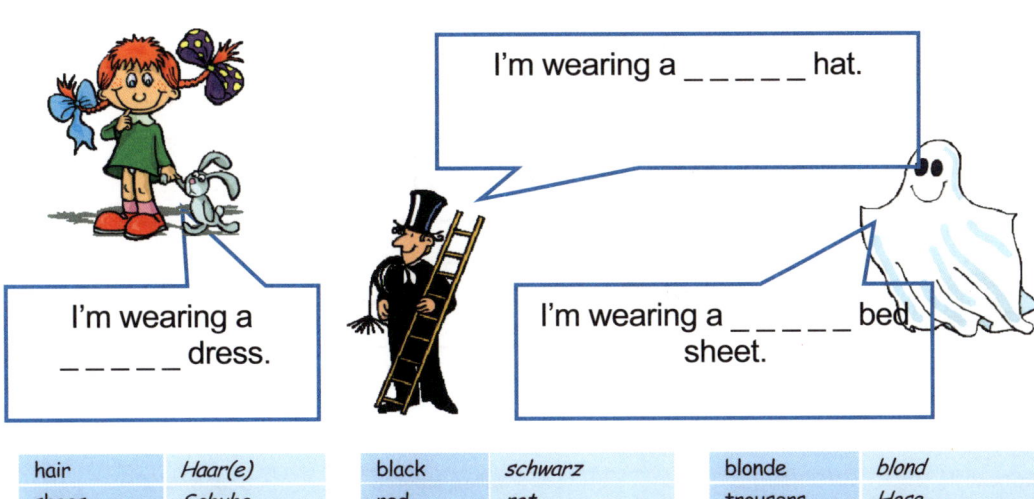

I'm wearing a _ _ _ _ _ dress.

I'm wearing a _ _ _ _ _ hat.

I'm wearing a _ _ _ _ _ bed sheet.

hair	Haar(e)	black	schwarz	blonde	blond
shoes	Schuhe	red	rot	trousers	Hose
dress	Kleid	green	grün	shirt	Hemd
scarf	Schal	brown	braun	hat	Hut

Test 197: Pirates

Ergänze die Sätze.

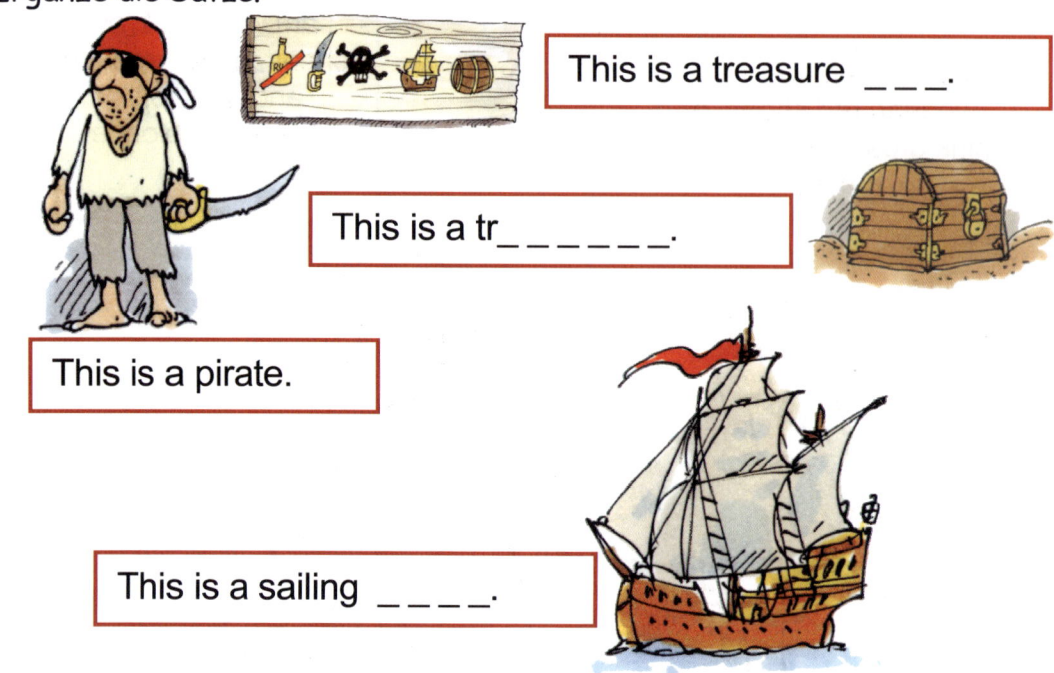

This is a treasure _ _ _.

This is a tr_ _ _ _ _ _.

This is a pirate.

This is a sailing _ _ _ _.

Test 198: Pirates

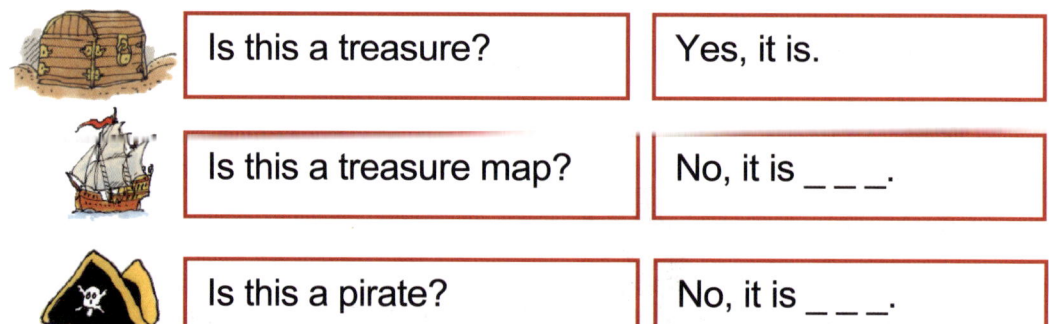

Is this a treasure?   Yes, it is.

Is this a treasure map?   No, it is _ _ _.

Is this a pirate?   No, it is _ _ _.

pirate	Pirat	sailing ship	Segelschiff
treasure map	Schatzkarte	treasure	Schatz
ship	Schiff	sail	segeln
map	Karte		

Test 199: Amusement parks – Freizeitparks

Was ist das?

Test 200: Amusement parks – Freizeitparks

Ergänze die Sätze:

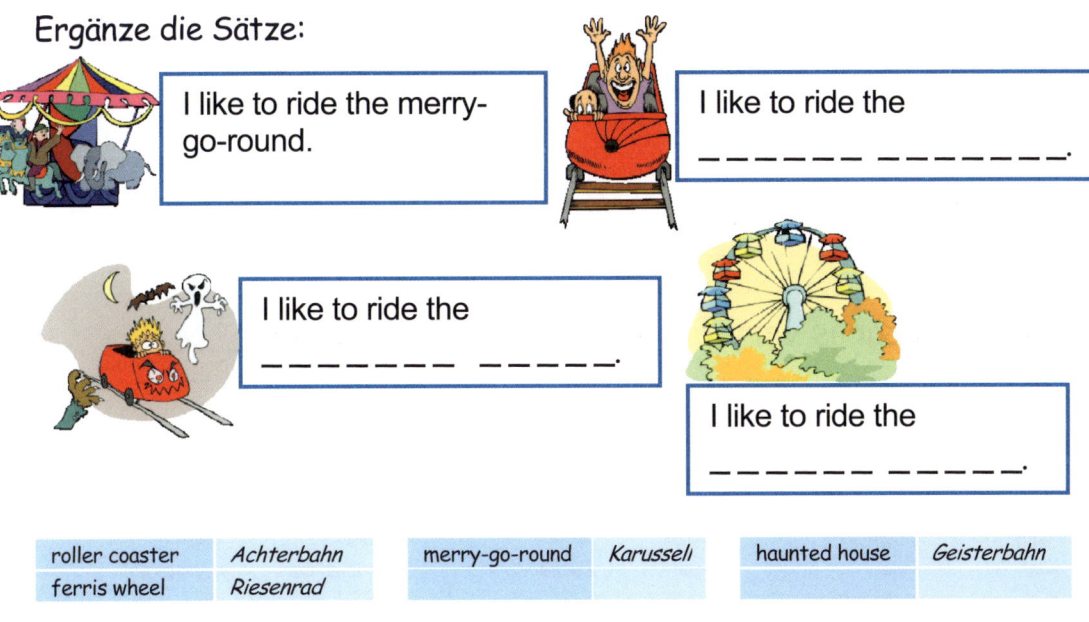

I like to ride the merry-go-round.

I like to ride the
_ _ _ _ _ _ _ _ _ _ _ _ _.

I like to ride the
_ _ _ _ _ _ _ _ _ _ _.

I like to ride the
_ _ _ _ _ _ _ _ _ _.

| roller coaster | Achterbahn | merry-go-round | Karussell | haunted house | Geisterbahn |
| ferris wheel | Riesenrad | | | | |

111

Test 201: Opposites – Gegensätze

Trage die passenden Gegensätze ein:

big	s _ _ _ _	sweet	s _ _ _

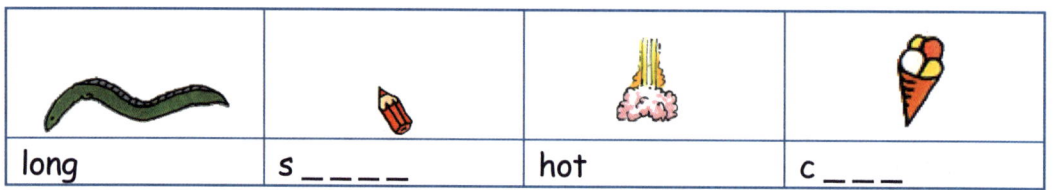

long	s _ _ _ _	hot	c _ _ _

sad	h _ _ _ _	fast	s _ _ _

Test 202: Opposites – Gegensätze

Fill in:

A giant is very b _ _.

Sugar is s _ _ _ t.

A racing car is very f _ s _.

A snail is very s _ _ _.

big	groß	small	klein	sweet	süß
sour	sauer	long	lang	short	kurz
hot	heiß	cold	kalt	sad	traurig
happy	glücklich	fast	schnell	slow	langsam
giant	Riese	sugar	Zucker	racing car	Rennwagen
snail	Schnecke				

Test 203: What do you like?

Trage ein: „I like" oder „I hate".

📕	reading	I like reading.
	doing homework	
⚽	playing football	
🌙	sleeping	
🎮	playing computer games	
👜	shopping	
🧹	cleaning up my room	

Test 204: What do you like?

Bilde eigene Sätze mit diesen Vokabeln:

watching TV, singing, learning, going to school, listening to music

I	like	
I	_ _ _ _	watching _ _.
I	_ _ _ _	lear _ _ _ _.
I	_ _ _ _	go _ _ _ _ _ sch _ _ _.
I	_ _ _ _	list _ _ _ _ _ _ to m _ _ _ _.

like	mögen	doing homework	Hausaufgaben machen
do not like	nicht mögen	playing football	Fußball spielen
hate	hassen	sleeping	schlafen
reading	lesen	playing computer games	Computerspiele spielen.

Test 205: What do you like?

Beantworte die Fragen mit „Yes, I like ..." oder „No, I don't like ..."

Do you like hamburgers?

_ _ _ _ _ _ _ _ _ _ _ _ _ _ _

Do you like cherries?

_ _ _ _ _ _ _ _ _ _ _ _ _ _ _

Do you like chocolate?

_ _ _ _ _ _ _ _ _ _ _ _ _ _ _

Do you like jam?

_ _ _ _ _ _ _ _ _ _ _ _ _ _ _

Do you like fruits?

_ _ _ _ _ _ _ _ _ _ _ _ _ _ _

Test 206: What would you like for dinner?

Beantworte die Fragen mit „I would like ..." oder „I don't like ...".

(salad)

_ _ _ _ _ _ _ _ _ _ _ _ _ _ _ _ _

(fish)

_ _ _ _ _ _ _ _ _ _ _ _ _ _ _ _ _

(bread)

_ _ _ _ _ _ _ _ _ _ _ _ _ _ _ _ _

(rice)

_ _ _ _ _ _ _ _ _ _ _ _ _ _ _ _ _

(orange juice)

_ _ _ _ _ _ _ _ _ _ _ _ _ _ _ _ _

I like ...	Ich mag ...	I would like ...	Ich hätte gerne ...	fish	Fisch
				cherries	Kirschen
I love ...	Ich liebe .../Ich mag ... sehr ...	I would like ... instead.	Ich hätte stattdessen gern ...	bread	Brot
				chocolate	Schokolade
				rice	Reis
I don't like ...	Ich mag ... nicht ...	salad	Salat	orange juice	Orangensaft
I hate ...	Ich hasse ...	jam	Marmelade	fruits	Obst

Test 207: The house – Das Haus

Trage die englischen Wörter in das Kreuzworträtsel ein:

1 Keller, 2 Wohnzimmer, 3 Dachboden, 4 Badezimmer, 5 Küche,
6 Treppe, 7 Arbeitszimmer, 8 Dach, 9 Schlafzimmer

kitchen	*Küche*	stairs	*Treppen(haus)*	study	*Arbeitszimmer*
cellar	*Keller*	bathroom	*Badezimmer*	livingroom	*Wohnzimmer*
roof	*Dach*	bedroom	*Schlafzimmer*	garret	*Dachboden, Mansarde*

Test 208: Breakfast

Trage hier die englischen Namen der Lebensmittel ein:

Test 209: Breakfast

egg	Ei	coffee	Kaffee	orange juice	Orangensaft
jam	Marmelade	milk	Milch	croissant	Croissant
toast	Toast	fried egg	Spiegelei	cheese	Käse
corn flakes	Cornflakes				

Test 210: Lunch

Trage die englischen Namen dieser Lebensmittel ein:

Test 211: Drinks – Getränke

fish	Fisch	potatoes	Kartoffeln	apple juice	Apfelsaft
pizza	Pizza	tomatoes	Tomaten	coffee	Kaffee
pasta	Pasta/Nudeln	water	Wasser	tea	Tee
sausages	Würstchen	lemonade	Limonade	spaghetti	Spaghetti

Test 212: What do you like? – Was magst du?

Setze ein: I like … (Ich mag …) oder I don't like … (Ich mag ich nicht …)

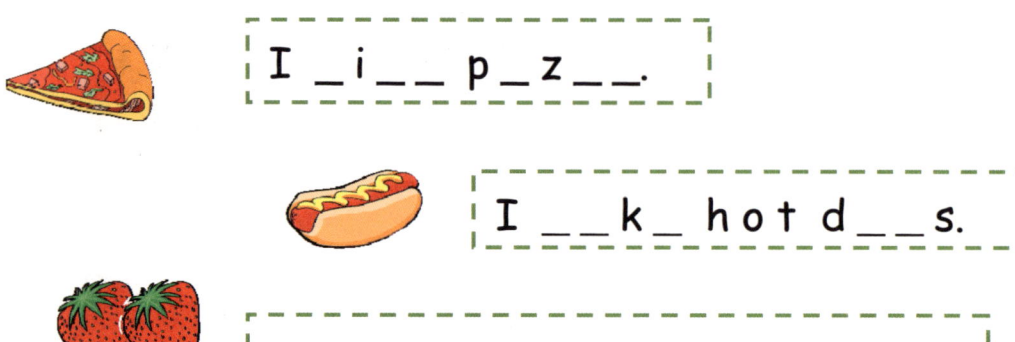

I _ i _ _ p _ z _ _ .

I _ _ k _ hot d _ _ s.

Test 213: Gespräche beim Essen

Übersetze ins Englische:

Gib mir bitte die Butter.

Bitte sehr.

Reich mir bitte das Salz.

Hier, bitte.

Can I have the butter, please?	Kann ich bitte die Butter haben?	Here you are.	Bitte sehr. Bitteschön.	Pass the salt, please.	Reich mir bitte das Salz.
I like	Ich mag	pizza	Pizza	Here you go.	Hier, bitte.
hot dogs	Hotdogs	strawberries	Erdbeeren		

Test 214: Tea Time

Trage die englischen Namen dieser Lebensmittel ein:

Test 215: Knife, fork and spoon

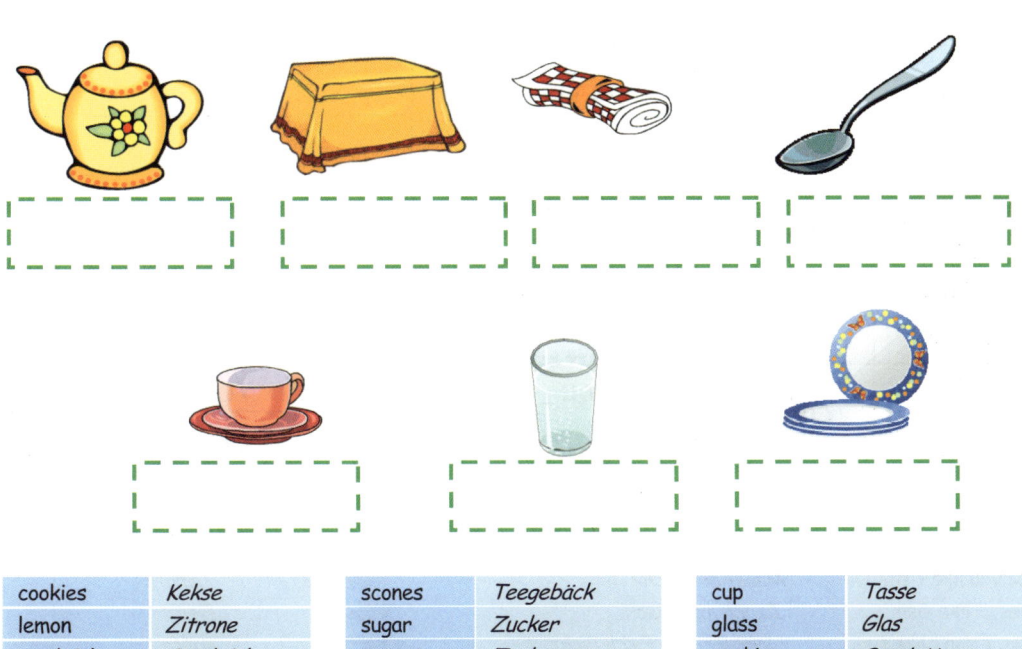

cookies	Kekse	scones	Teegebäck	cup	Tasse
lemon	Zitrone	sugar	Zucker	glass	Glas
sandwich	Sandwich	teapot	Teekanne	napkin	Serviette
milk	Milch	tablecloth	Tischdecke	teaspoon	Teelöffel
plate	Teller	knife	Messer	tea bag	Teebeutel

Test 216: Beim Essen

Trage die englischen Fragen und Antworten ein:

Do you _ _ _ _
_ _ _ _ ?

Mögen Sie Fisch?

Yes, I _ _ _ _ _ _ _ _ _ .

Ja, ich mag Fisch.

Do you _ _ _ _ _
_ _ _ _ _ _ ?

Mögen Sie Käse?

No, I don't _ _ _ _ _
_ _ _ _ _ _ .

Nein, ich mag Käse nicht.

Test 217: Beim Essen

Bilde eigene Sätze.

	milk	Do you like milk?	Yes, I like milk.
			No, I don't like milk.
	tomatoes	Do you like _ _ _ _ _ _ _ _ ?	Yes, ...
			No, ...
	cheese	_ _ you like _ _ _ _ _ _ ?	Yes, ...
			No, ...
	eggs	Do you like _ _ _ _ ?	Yes, ...
			No, ...
	coffee	Do you _ _ _ _ _ _ _ _ _ _ _ ?	Yes, ...
			No, ...

fish	Fisch	cheese	Käse
Do you like fish?	Magst du Fisch?	tomatoes	Tomaten
Yes, I like fish.	Ja, ich mag Fisch.	eggs	Eier
No, I don't like fish.	Nein, ich mag Fisch nicht.	coffee	Kaffee

Test 218: Spot the difference – Finde die Unterschiede

Finde die Unterschiede zwischen den Bildern auf der linken und denen auf der rechten Seite.

_____ . _____

_____ . _____

_____ . _____

Test 219: Spot the difference – Finde die Unterschiede

_____ . _____

_____ . _____

_____ . _____

| Spot the difference. | _Finde die Unterschiede._ | Fun House | _Spaßhaus_ |

Test 220: At the farm – Auf dem Bauernhof

This is uncle Ben's farm.
Das ist Onkel Bens Bauernhof.

Welche Tiere findest du auf dem Bauernhof?

three p _ _ _	one h _ _ _ _ _
one c _ _	four ch _ _ _ _ _ _
one d _ _	one sh _ _ _

Test 221: At the farm – Auf dem Bauernhof

	At the farm there is a cow.

pigs	Schweine	cat	Katze	mouse	Maus
horse	Pferd	dog	Hund	duck	Ente
hens	Hühner	cow	Kuh		
sheep	Schaf	donkey	Esel		

Test 222: More animals – Noch mehr Tiere

Der Zoowärter soll auf alle Schilder mit den englischen
Tiernamen auch die deutschen Namen schreiben. Kannst
du ihm helfen?

Test 223: More animals – Noch mehr Tiere

Trage zu diesen Tieren die englischen Namen ein:

fish	Fisch	squirrel	Eichhörnchen	turtle	Schildkröte
hare	Hase	mole	Maulwurf	ant	Ameise
hedgehog	Igel	bird	Vogel	snake	Schlange
frog	Frosch	goat	Ziege		

Test 224: At the zoo – Im Zoo

Find the animals:

1. _ _ _ _ _ _ _ _   2. _ _ _ _ _ _ _ _   3. _ _ _ _ _ _ _
4. _ _ _ _ _ _ _ _   5. _ _ _ _ _ _ _   6. _ _ _ _ _ _ _

Test 225: At the zoo – Im Zoo

How many animals do you count?

hippopotamus _four_ _ _ _   giraffes _ _ _ _ _ _   monkeys _ _ _ _ _
elephants _ _ _ _ _ _ _   lions _ _ _ _ _   bears _ _ _ _ _

bear	*Bär*	crocodile	*Krokodil*	lion	*Löwe*
dolphin	*Delfin*	hippopotamus	*Flusspferd*	monkey	*Affe*
shark	*Hai*	giraffe	*Giraffe*	elephant	*Elefant*
koala bear	*Koalabär*	zebra	*Zebra*	How many animals do you count?	*Wie viele Tiere zählst du?*

Test 226: How many?

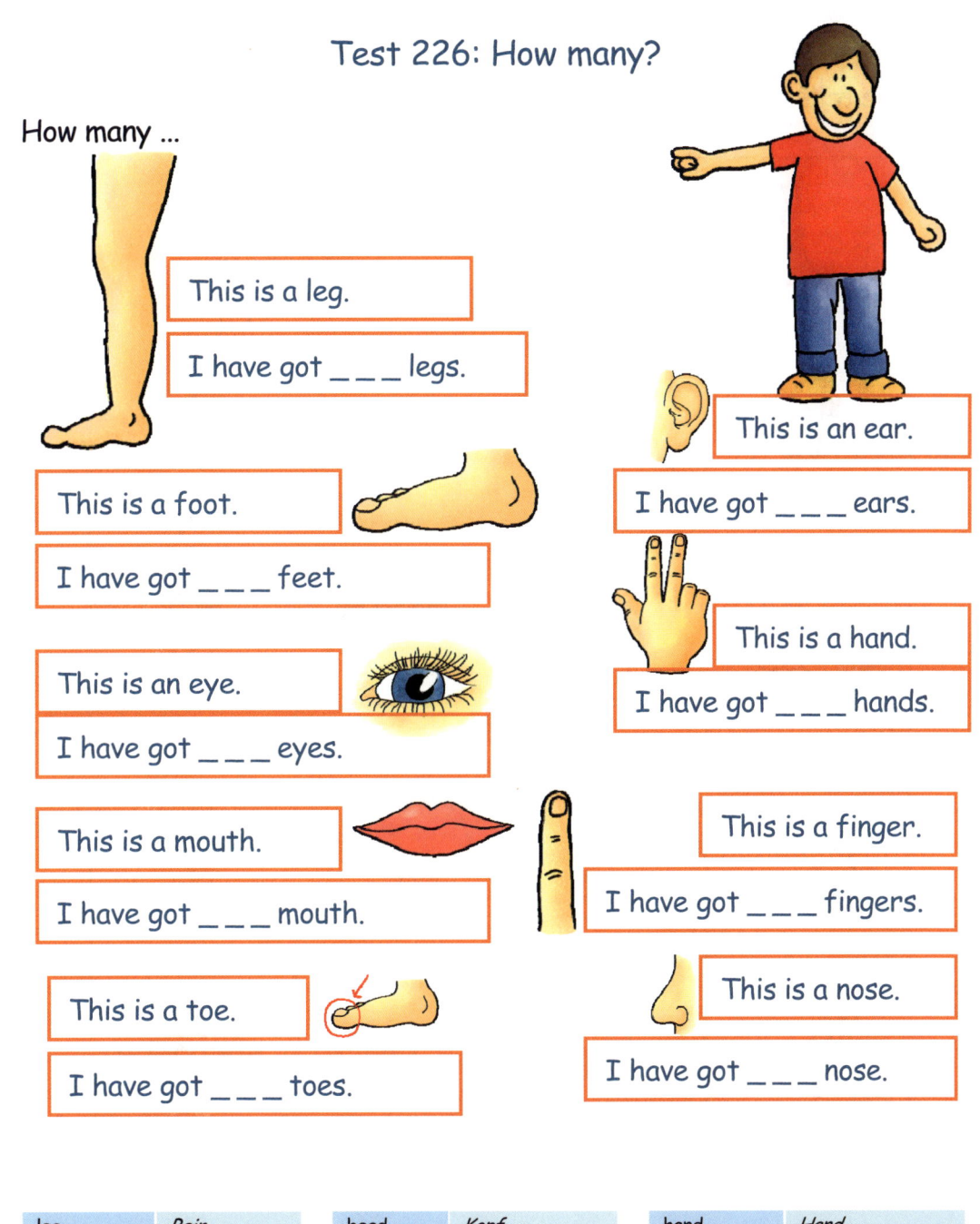

How many ...

This is a leg.

I have got _ _ _ legs.

This is an ear.

I have got _ _ _ ears.

This is a foot.

I have got _ _ _ feet.

This is a hand.

I have got _ _ _ hands.

This is an eye.

I have got _ _ _ eyes.

This is a mouth.

I have got _ _ _ mouth.

This is a finger.

I have got _ _ _ fingers.

This is a toe.

I have got _ _ _ toes.

This is a nose.

I have got _ _ _ nose.

leg	*Bein*		head	*Kopf*		hand	*Hand*
knee	*Knie*		hair	*Haare*		arm	*Arm*
foot	*Fuß*		neck	*Hals*		ear	*Ohr*
toe	*Zeh*		finger	*Finger*		nose	*Nase*
eye	*Auge*		mouth	*Mund*		one	*einer/eine/eines*
two	*zwei*		ten	*zehn*			

Test 227: Parts of the body – Körperteile

Trage jeweils das englische Wort zu jedem Körperteil ein:

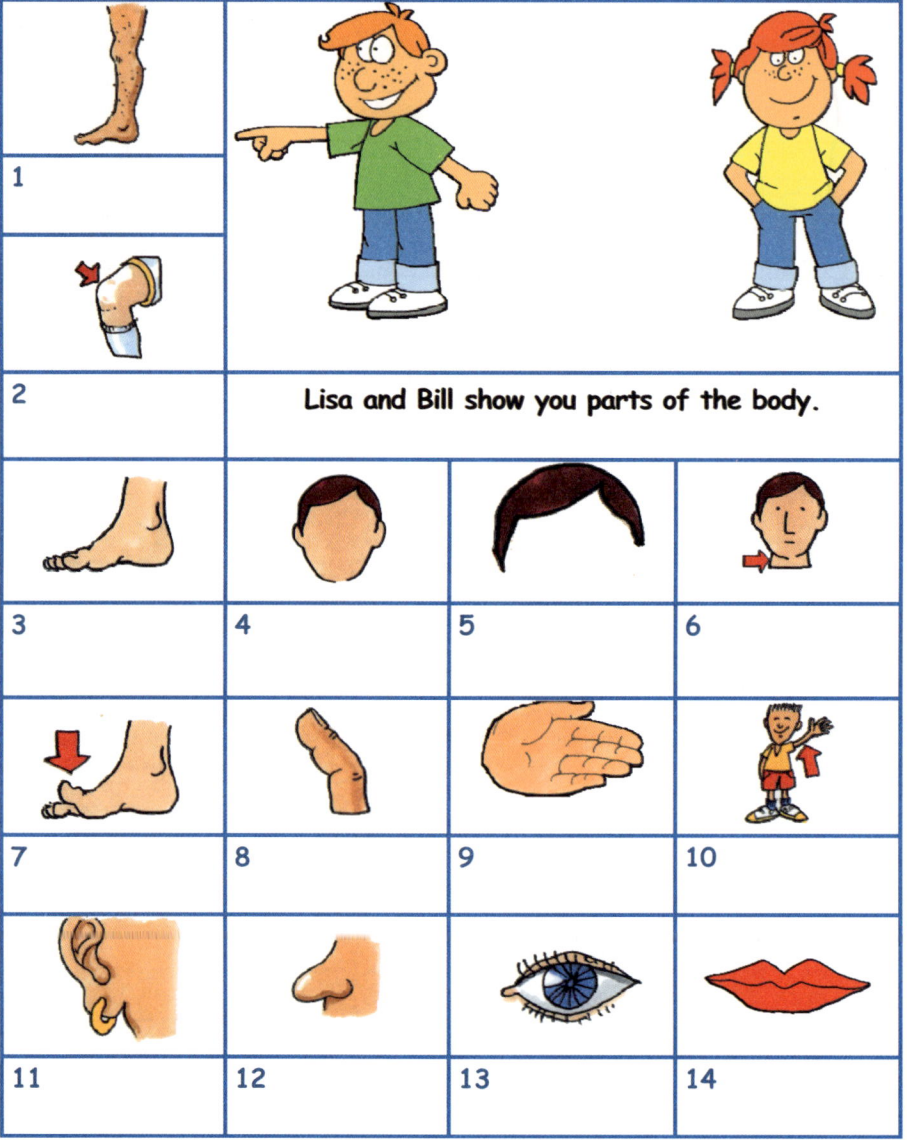

Lisa and Bill show you parts of the body.

leg	Bein		head	Kopf		hand	Hand
knee	Knie		hair	Haare		arm	Arm
foot	Fuß		neck	Hals		ear	Ohr
toe	Zeh		finger	Finger		nose	Nase
eye	Auge		mouth	Mund			

Test 228: Parts of the body – Körperteile

Beschrifte:

Test 229: Winter

Beschrifte diese Winter-Wörter.

Test 230: Winter

Kreise alle Winter-Wörter ein.

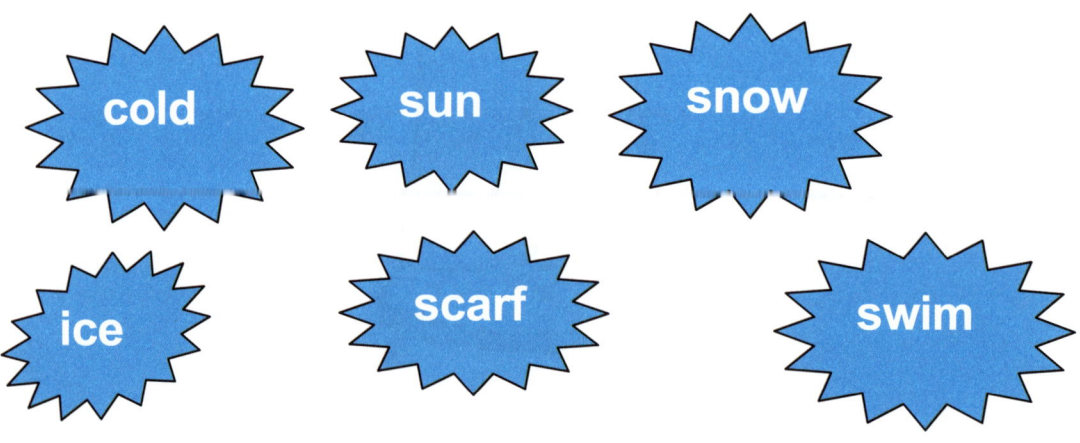

snowman	Schneemann		cold	kalt		snow	Schnee
snowball	Schneeball		ice	Eis		sun	Sonne
sledge	Schlitten		scarf	Schal			
ski	Ski		swim	schwimmen			

128

Test 231: Asking for help – Um Hilfe bitten

Manchmal kann es vorkommen, dass man in einem fremden Land Hilfe
benötigt. Mit den folgenden Sätzen kannst du darum bitten. Trage die
deutschen Übersetzungen in die Sprechblasen ein:

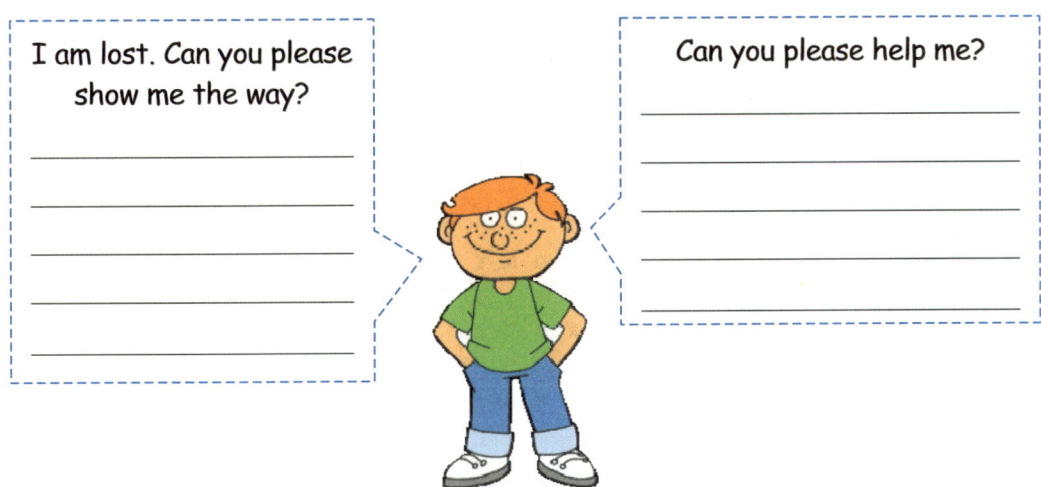

I am lost. Can you please
show me the way?

_____
_____
_____
_____
_____

Can you please help me?

_____
_____
_____
_____
_____

Test 232: Sagen, dass man etwas nicht versteht

Speak slowly, please.

_____
_____
_____

Sorry, I don't
understand you.

_____
_____
_____

I am lost.	Ich habe mich verlaufen.	Can you show me the way, please?	Können Sie mir bitte den Weg zeigen?
Speak slowly, please.	Sprechen Sie bitte langsam.	Sorry, I don't understand you.	Entschuldigung, ich verstehe Sie nicht.

Test 233: Farm Animals – Tiere auf dem Bauernhof

Hier haben sich einige Tiere zwischen den Buchstaben versteckt. Kannst du sie finden? Beachte bitte, dass die Wörter senkrecht, waagrecht und auch diagonal angeordnet sein können.

Farm Animals

```
N D P I A S I G E G B O D H C
R U B W U D P O N Y I A C P I
O U V U G O A T I G C D O D H
E C E H A S R G O E I N C B E
I X E P R P K P S A B O T D E
W K T E E O H B C H I T E O O
N K I E G K R G I P H K U C H
P A C H B T A T F K C U D H V
I B G S C S B O B A W O K I N
T H R B S S B C E S P I O C T
T P G P K E I E T G O A V K A
U C A S O S T E X I O T C E W
E R H K W P G E C S G G I N R
S P H O R S E T E X T P N O T
S N E K C U W U S H W O C O C
```

WORD LIST

PONY	COW	HORSE
PIG	GOAT	SHEEP
DUCK	RABBIT	CHICKEN

pony	Pony	cow	Kuh	horse	Pferd
pig	Schwein	goat	Ziege	sheep	Schaf
duck	Ente	rabbit	Kaninchen	chicken	Huhn

Test 234: The weather – Das Wetter

Trage die englischen Übersetzungen ein:

1 Regen	**2** Es regnet.	**3** Sonne	**7** Schnee
4 Wind	**5** Wolken	**6** Schirm	

Test 235: The weather – Das Wetter

Ordne zu:

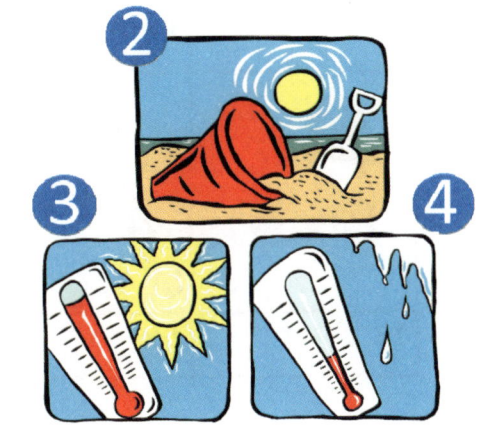

A   It's sunny.   – – –

B   It's rainy.   – – –

C   It's hot.   – – –

D   It's cold.   – – –

It's raining.	*Es regnet.*	wind	*Wind*	it's	*es ist*
rain	*Regen*	clouds	*Wolken*	sunny	*sonnig*
rainy	*regnerisch*	umbrella	*Regenschirm*	hot	*heiß*
sun	*Sonne*	snow	*Schnee*	cold	*kalt*

Test 236: Toys – Spielsachen

Trage die englischen Namen dieser Spielsachen ein:

1	2	3	4
5	6	7	8
9	10	11	12
13	14	15	16

ball	Ball	car	Auto	teddy bear	Teddybär
clown	Clown	dolphin	Delfin	dinosaur	Dinosaurier
airplane	Flugzeug	video game	Videospiel	lorry	Lastwagen
cards	(Spiel-)Karten	pins	Kegel	locomotive	Lokomotive
lens	Lupe	doll	Puppe	robot	Roboter
balloon	Ballon				

Test 237: The haunted house – Das Geisterhaus

Schreibe die englischen Namen in die Kästen.

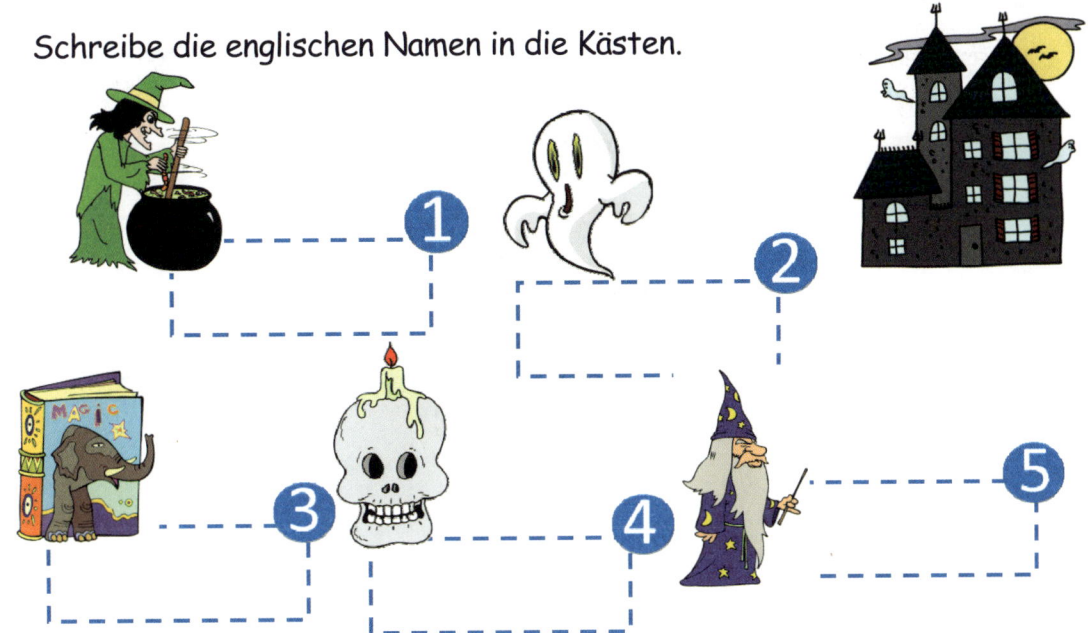

Test 238: Ergänze die Sätze.

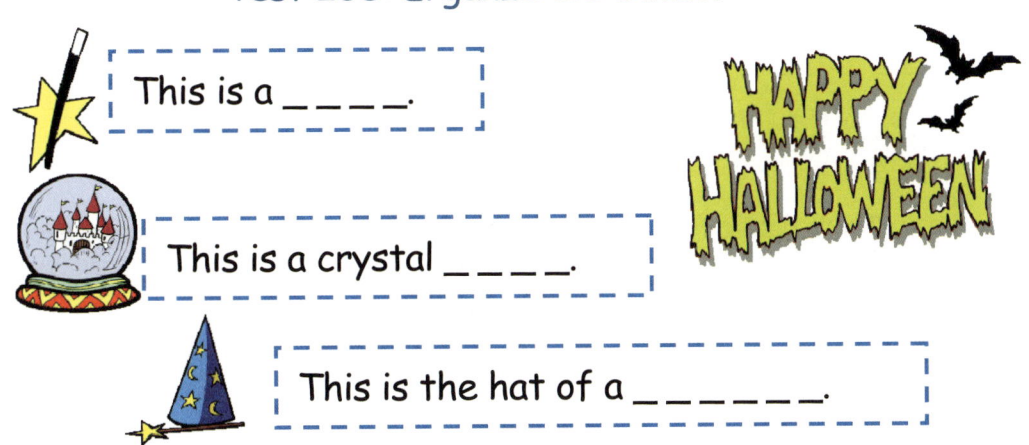

This is a _ _ _ _.

This is a crystal _ _ _ _.

This is the hat of a _ _ _ _ _ _ _.

haunted house	Geisterhaus	wizard	Zauberer	wand	Zauberstab
witch	Hexe	torch	Fackel	crystal ball	Zauberkugel
ghost	Geist	skull	Totenschädel	hat	Hut
magic book	Zauberbuch			wizard	Zauberer

Test 239: What the teacher says – Was der Lehrer sagt

Trage die deutschen Übersetzungen ein:

1
Please, read out this word.

– – – – – – – –

– – – – – – – –

– – – – – – – –

2
Close your books, please.

– – – – – – – –

– – – – – – – –

– – – – – – – –

3
Colour the frog green.

– – – – – – – –

– – – – – – – –

– – – – – – – –

4
Draw a picture of a cow, please.

– – – – – – – –

– – – – – – – –

– – – – – – – –

Test 240: What the teacher says – Was der Lehrer sagt

Trage auch hier die passenden deutschen Sätze ein:

1
Very good!

– – – – – – – –

– – – – – – – –

2
Try again, please.

– – – – – – – –

– – – – – – – –

3
That's right.

– – – – – – – –

– – – – – – – –

4
Stop talking, please!

– – – – – – – –

– – – – – – – –

Please, read out this word.	Lies dieses Wort vor.	Close your books, please.	Schließt bitte eure Bücher.
Colour the frog green.	Male den Frosch grün aus.	Draw a picture of a cow, please.	Zeichne bitte eine Kuh.
Very good!	Sehr gut!	That's right.	Das ist richtig.
Try again, please.	Versuche es bitte noch einmal.	Stop talking, please!	Hör(t) bitte auf zu reden!

Test 241: Saying goodbye – Sich verabschieden

Trage die passenden englischen Sätze ein:

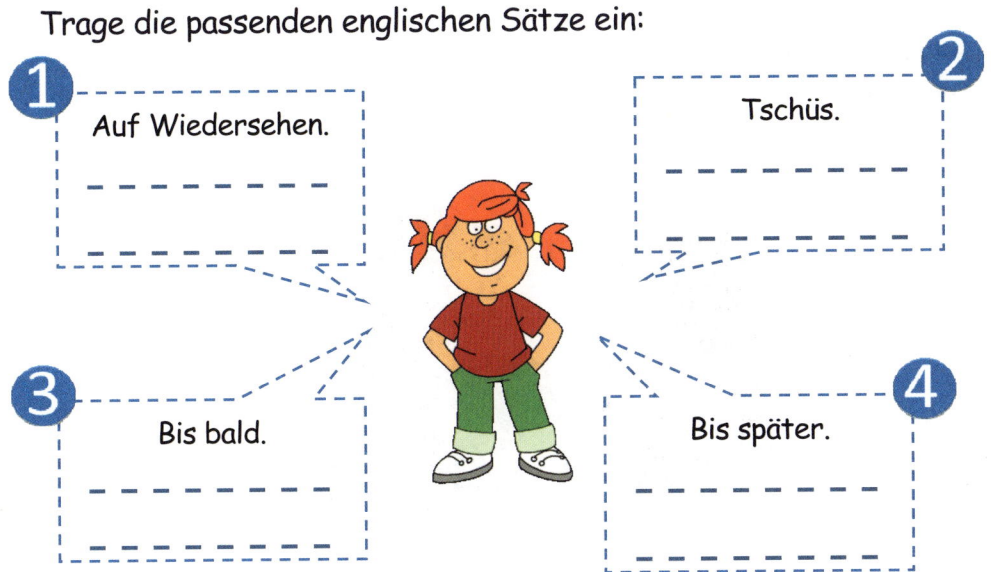

1 Auf Wiedersehen.

2 Tschüs.

3 Bis bald.

4 Bis später.

Test 242: Um Hilfe bitten

Trage die deutschen Sätze in die Sprechblasen ein:

1 My parents and me stay at the ... hotel.

2 Can you please take me to the next police station?

Goodbye	Auf Wiedersehen.	See you later.	Bis später.
Bye-bye	Tschüs.	Cheers.	Mach's gut.
See you soon.	Bis bald.	My parents and me stay at the ... hotel.	Meine Eltern und ich wohnen im ... Hotel.
See you	Bis bald./Tschüs.	Can you take me to the next police station, please?	Können Sie mich bitte zur nächsten Polizeiwache bringen?

Test 243: Nach der Telefonnummer fragen

1 What's your telephone number?

`_ _ _ _ _`
`_ _ _ _ _`
`_ _ _ _ _`

2 five, five, six, eight, four, one

`_ _ _ _ _`
`_ _ _ _ _`

Und wer ruft mich an?

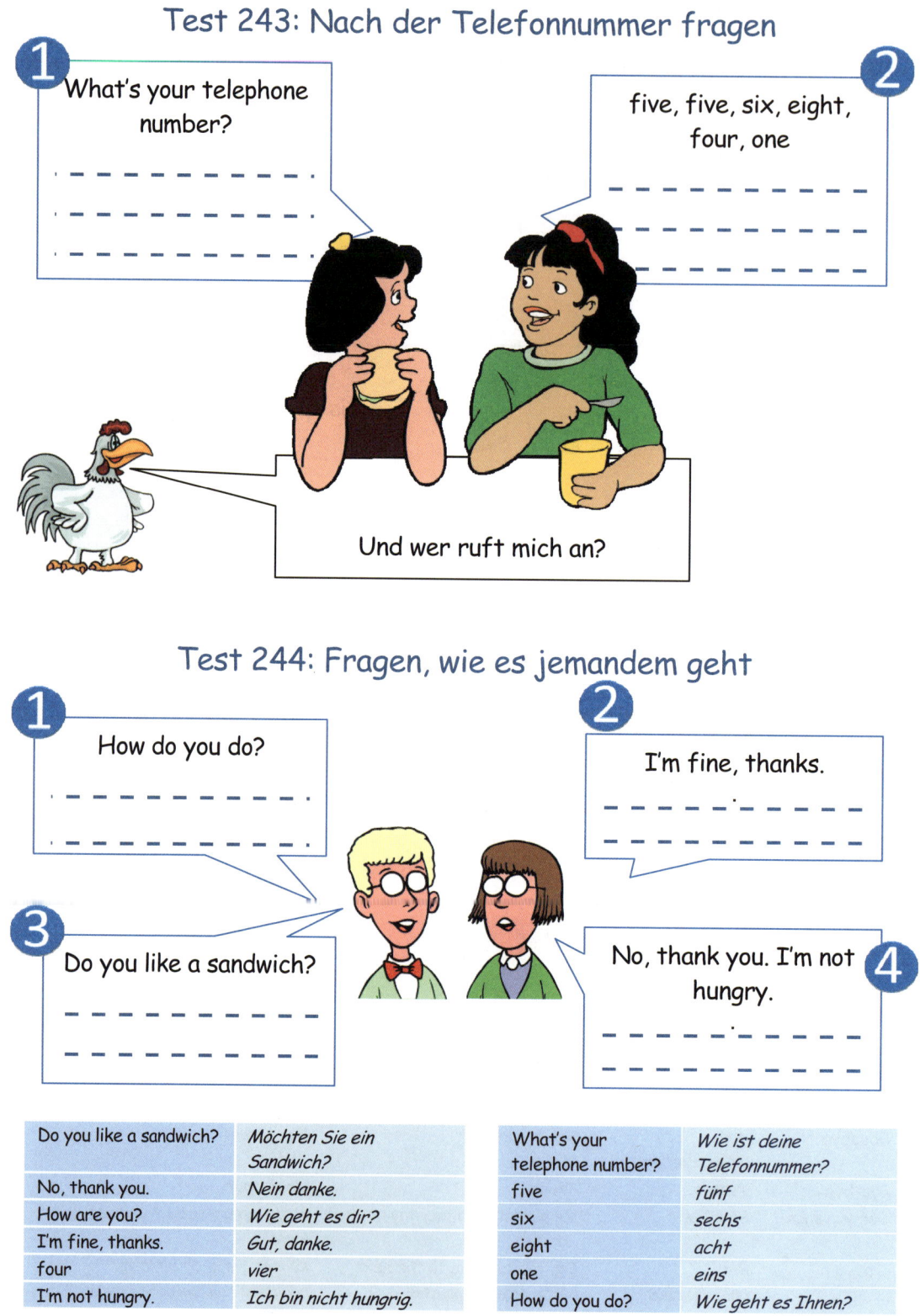

Test 244: Fragen, wie es jemandem geht

1 How do you do?

`_ _ _ _ _`
`_ _ _ _ _`

2 I'm fine, thanks.

`_ _ _ _ _ .`
`_ _ _ _ _`

3 Do you like a sandwich?

`_ _ _ _ _`
`_ _ _ _ _`

4 No, thank you. I'm not hungry.

`_ _ _ _ _ . _`
`_ _ _ _`

Do you like a sandwich?	Möchten Sie ein Sandwich?	What's your telephone number?	Wie ist deine Telefonnummer?
No, thank you.	Nein danke.	five	fünf
How are you?	Wie geht es dir?	six	sechs
I'm fine, thanks.	Gut, danke.	eight	acht
four	vier	one	eins
I'm not hungry.	Ich bin nicht hungrig.	How do you do?	Wie geht es Ihnen?

Test 245: The Street – Die Straße

Schreibe die deutschen Namen der Geschäfte in die Kästchen.

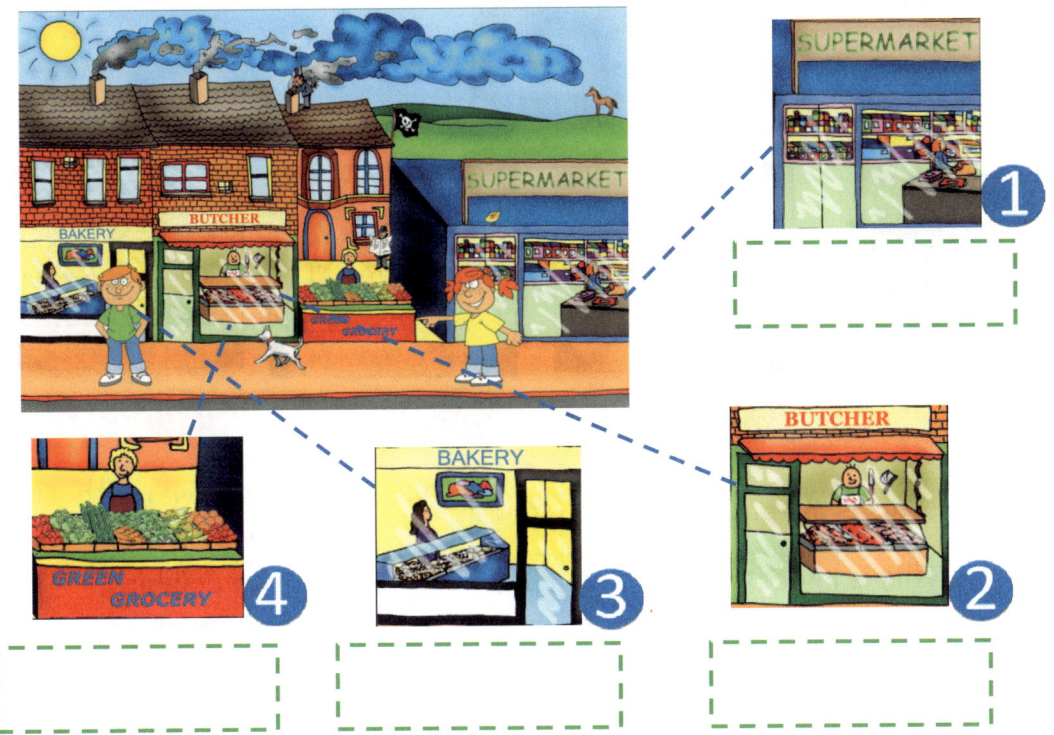

Test 246: Lebensmittel

Trage hier die englischen Namen der Lebensmittel ein:

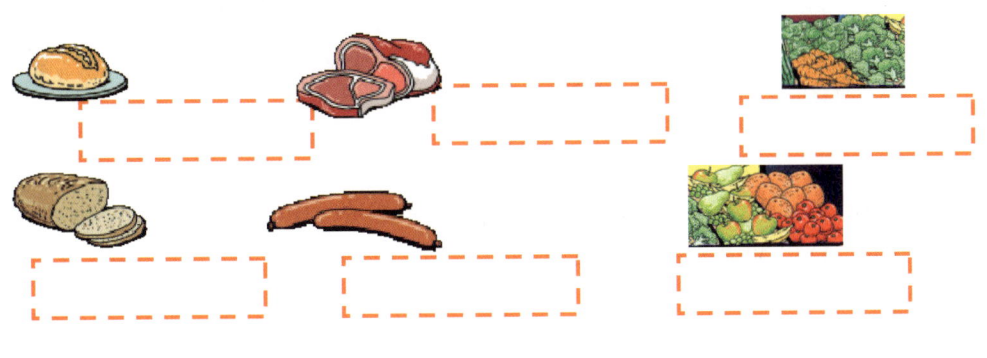

bakery	*Bäckerei*	bread	*Brot*	fruit	*Obst*
butcher	*Metzger*	rolls	*Brötchen*	meat	*Fleisch*
greengrocery	*Gemüsehändler*	sausages	*Würstchen*	butchery	*Metzgerei*
supermarket	*Supermarkt*	vegetable	*Gemüse*		

Test 247: Fotografieren

Lisa hat mit ihrer neuen Kamera Fotos gemacht. Ordne die Nummern den Fotos zu.

① ☐ **②** ☐ **③** ☐ **④** ☐

A	This is my dog, Sam.	C	This is my friend Tina with her dog, Bill.
B	This is my cat, Moses.	D	These are two dolphins.

Test 248: Fotografieren

☐ **①** ☐ **②** ☐ **③** ☐ **④**

Wo bzw. wann wurden diese Fotos gemacht? a) in summer, b) in winter, c) at the zoo, d) in the mountains. Ordne die richtigen Buchstaben zu.

camera	(Foto-)Kamera	this	das	is	ist
my	mein(e)	friend	Freund/-in	dog	Hund
with	mit	her	ihr(e)	cat	Katze
dolphins	Delfine				

Test 249: Birds – Vögel

Hier haben sich viele verschiedene Vogelarten zwischen den Buchstaben versteckt. Kannst du sie finden? Beachte bitte, dass die Wörter senkrecht, waagrecht und auch diagonal angeordnet sein können.

```
H M L O E R N A I R T E I Z R O A T N O E D H L I
A O K P W O C R S M N O U R F E L E S F K R E B A
D E K P O W H U P K P U L N E I L S A L D O N S O
A D W U O E I A A D N I B O R D N C F H I O N V D
W A I R D N C L R L W G R A E H I C I E R K B U R
R Z L P P O K P R L O O K U O V V P H E L L U K L
O L M L E C E K O W L N R N L U Y N H E U G C T F
N W H E C K N I W X N A I C W L A J A E S U A K L
O C F M K R I O S A T I W R H T A A J W D A M E C
O K E A E E P O O A H P A R A U E A D E S K U E A
L O S R R T M C A R D I N A L R Y W H W B O N A Q
C G O T D P E L I C A N M H L E N N M E L U A N B
I K O I N W A A D R I B G N I M M U H S W K W M V
K N G N E F R F L A M I N G O B L C R N O C E L P
N A R D N R R W L W I L G J M P R C N N R I A L W
```

WORD LIST

ROBIN	BLUEJAY	WOODPECKER
CROW	CARDINAL	OWL
FINCH	HUMMINGBIRD	SPARROWS
EAGLE	HAWK	
VULTURE	HERON	PELICAN
FLAMINGO	LOON	GOOSE
DUCK	SWAN	CHICKEN

robin	Rotkehlchen	vulture	Geier	woodpecker	Specht
crow	Krähe	heron	Reiher	swan	Schwan
finch	Fink	hummingbird	Kolibri	goose	Gans
eagle	Adler	hawk	Falke	owl	Eule
sparrow	Spatz			duck	Ente

Test 250: On the street – Auf der Straße

Trage die englischen Namen aus der Wortliste ein:

Test 251: On the street – Auf der Straße

bicycle	Fahrrad	bus	Bus	train	Zug
traffic lights	Ampel	airplane	Flugzeug	station	Bahnhof
stop sign	Stoppschild	street	Straße		
car	Auto	stop	anhalten		

Test 252: At the beach – Am Strand

Am Strand gibt es viel zu sehen. Findest du die Wörter aus der Wortliste zwischen den vielen Buchstaben? Beachte bitte, dass die Wörter senkrecht, waagrecht und auch diagonal angeordnet sein können.

```
H N C V L C K W R I Y S E F A E E O A I
Z N P S N E E D B F C V I B R I H Y N S
E S S E A O N E D I T L J B E I A A L U
R L V A L S O L L S L I C F S Z P D C N
V E L S N I C E N H C L E K E A S V G W
N Q C H A D C S O T E O C A D U S A O E
I S R E L G C A F N C A C N F N A C W W
C E A L S E D N N E N A N G C S M N C A
C F B L I Z C L S A V S S E J A R I C L
H W A V E S C O D E N A E C O N N D A D
```

WORD LIST

SUN	PELICAN	WAVES
SEASHELL	OCEAN	SAND
CRAB	FISH	TIDE

sun	Sonne	ocean	Meer/Ozean
seashell	Muschel	fish	Fisch
crab	Krabbe	waves	Wellen
pelican	Pelikan	sand	Sand

Test 253: Creepy Crawlies – Gruselige Kriecher

Hier hat sich alles versammelt, was kriechen und fliegen kann. Kannst du Insekten aus der Wortliste in dem Buchstabengewirr finden? Beachte bitte, dass die Wörter senkrecht, waagrecht und auch diagonal angeordnet sein können.

Creepy Crawlies

```
U H R O B U V R H P E P Q E X S E E O S I G H W S
Q Y F A A D A F R S U U W A E B R K J A Y X X J L
E R L S T P D N Y M P V B U U I A G O I R N T R R
E N Z L X Y T B T T L B Y T G O O Y R T E M S A T
D G R E P R O A C H R T T S G T D L E O P T E E G
E O N H I S I L P I D E H N I B U E F R P R I U R
R U E E E N E Q B R O L U E E R C S B O E L R T
L A A T L Q G C R F A E Q E E O G L E S H T F P L
S A B T I R E Y L Y G S B O B G E H P E S L E X L
L E E E L P G Y H T O E S B L E D I X G S H R R F
I E F T Q E S Q P M N R E T A U D R G E A L I A S
B D F O A L U L E N F L I U A E F N N D R E F C A
L N N M G P A A T Q L T L B R M W M E B G T N O J
T F L A D Y B U G A Y N F L D J O D I N C D B Y B
U L E Y X R E F H Y Z E S Y R F E N E T L R C O F
```

 **WORD LIST**

ANT	BEE	ROACH
FLIES	SPIDER	BEETLE
LADYBUG	MOSQUITO	FIREFLIES
DRAGONFLY	GRASSHOPPER	BUTTERFLY

ant	Ameise	bee	Biene	roach	Schabe
fly/flies	Fliege(n)	spider	Spinne	beetle	Käfer
ladybug	Marienkäfer	mosquito	(Stech-)Mücke	fireflies	Glühwürmchen/Leuchtkäfer
dragonfly	Libelle	grasshopper	Grashüpfer	butterfly	Schmetterling

Erklärung der Fachbegriffe

In der Grundschule findet noch kein systematischer Fremdsprachenunterricht statt, wie man ihn von den weiterführenden Schulen her kennt.
Deshalb findet in der Regel auch keine systematische Einführung in die Grammatik der englischen Sprache statt.
Im Vordergrund stehen vielmehr Motivation und Spaß bei der Anwendung des Gelernten.
Die Betrachtung der Grammatik der englischen Sprache erfolgt frühestens zu dem Zeitpunkt, an dem die entsprechenden Begriffe für die deutsche Sprache verwendet werden.

Im Folgenden werden die wichtigsten Begriffe erklärt und durch Beispiele erläutert. Alle grammatischen Begriffe werden mit ihren deutschen und lateinischen Bezeichnungen vorgestellt. Beachten Sie bitte, dass in den weiterführenden Schulen vermehrt oder ausschließlich die lateinischen Namen verwendet werden, statt „Namenwort" also „Nomen" oder statt „Tunwort" „Verb" und so weiter. Im späteren Englischunterricht werden zum Teil auch die entsprechenden englischen Fachbegriffe verwendet. Sie helfen Ihrem Kind also, wenn Sie spätestens im 3. oder 4. Schuljahr darauf achten, dass es diese Fachbegriffe kennt und anwenden kann. Die maßgeblichen Namen sind im Folgenden jeweils <u>unterstrichen</u> dargestellt.

Buchstaben und Laute:

Selbstlaute/<u>Vokale</u>
Als Vokale werden die Laute a, e, i, o und u bezeichnet.

Mitlaute/<u>Konsonanten</u>
Als Konsonanten werden die übrigen Laute wie b, c, d, f ... bezeichnet.

Wortarten:

Bindewort/Konjunktion:
Beispiele: and, or, though, besides, because, so

Wiewort/Adjektiv/Eigenschaftswort
Adjektive beschreiben Eigenschaften von Dingen oder Personen.

Beispiele: big, blue, large, short

Adjektive können gesteigert werden:

Beispiel: big, bigger, biggest

Namenwort/Nomen/Substantiv
Nomen benennen Dinge und Personen

Beispiele: dog, man, house, school

Nomen verändern sich, je nachdem, wie sie benutzt werden.

Einzahl/Singular: the book
Mehrzahl/Plural: the books

Begleiter/Artikel:
Bestimmter Artikel: the
Unbestimmter Artikel: a, an („an" wird verwendet, wenn das darauffolgende Wort mit einem Vokal (Selbstlaut) beginnt, ansonsten verwendet man „a")

Beispiele: a horse, an apple, a flower, an ant

Fürwort/Pronomen:
Wörter, die statt eines Nomens verwendet werden.
Beispiele: he, she, it …

Eine besondere Form von Pronomen sind die besitzanzeigenden
Pronomen (Possessivpronomen).
Beispiele: my, your, their …

Tunwort/Verb/Tuwort/Tätigkeitswort/Zeitwort
Beispiele: run, write, sing

Umstandswort/Adverb:
Mit Adverbien wird beschrieben, wie, wann oder wo eine Tätigkeit
ausgeführt wird.
Beispiele: yesterday, silently, here

Verhältniswort/Präposition:
Mit Präpositionen wird das Verhältnis zwischen Personen, Gegenständen
und Sachverhalten bestimmt.
Beispiele: in, on, under, over …

Vokabelliste:

Englisch	Deutsch
... o'clock	... Uhr
a	ein
afternoon	Nachmittag
airplane	Flugzeug
album	Album, Musik-CD/Platte
along	entlang
am	bin
and	und
angel	Engel
animal	Tier
answer	Antwort
ant	Ameise
apple	Apfel
april	April
arm	Arm
armchair	Sessel
around	herum
August	August
aunt	Tante
Australia	Australien
Austria	Österreich
autumn	Herbst
baker	Bäcker
bakery	Bäckerei
ball	ball
balloon	Luftballon
banana	Banane
band	Musikgruppe
basin	Waschbecken
bat	Fledermaus
bath	Badewanne
bathroom	Badezimmer
bean	Bohne
bear	Bär
bed	Bett
bed	Beet
bedroom	Schlafzimmer
beech	Buche
behind	hinter
bell	Glocke
billy goat	Ziegenbock
birch	Birke
bird	Vogel
birthday	Geburtstag

Englisch	Deutsch
black	schwarz
blue	blau
body	Körper
book	Buch
bookshelf	Bücherregal
bookstore	Buchhandlung
bread	Brot
break	Pause
breakfast	Frühstück
broccoli	Brokkoli
brother	Bruder
brown	braun
brush	Pinsel
bunny	Häschen
bus	Bus
bus stop	Bushaltestelle
but	aber
butcher's	Fleischerei
buy	kaufen
bye bye	tschüs
cabinet	Schrank
can	kann
Canada	Kanada
candle	Kerze
candy	Bonbon
cap	Mütze
car	Auto
cards	Karten
carpet	Teppich
carrot	Karotte
casting	Auswahl
cat	Katze
cauliflower	Blumenkohl
celebrate	feiern
cellar	Keller
chair	Stuhl
chalk	Kreide
chalkboard	Tafel
cheers	mach's gut
cheers	prost
cheese	Käse
cherry	Kirsche
chicken	Huhn
child	Kind
children	Kinder

Englisch	Deutsch	Englisch	Deutsch
chips	Pommes frites	eight	acht
Christmas	Weihnachten	eighteen	achtzehn
Christmas Eve	Heiligabend	elephant	Elefant
Christmas tree	Weihnachtsbaum	eleven	elf
church	Kirche	evening	Abend
cinema	Kino	every	alles/jedes
classroom	Klassenzimmer	everything	alles
clock	Uhr	excercise book	Heft
clothes	Kleidung	excuse me	Entschuldigung
clouds	Wolken	eye	Auge
coat	Mantel/Jacke	fairy	Fee
coke	Cola	family	Familie
colours	Farben	far	weit
come	kommen	far away	weit weg
commode	Kommode	farm	Bauernhof
computer	Computer	father	Vater
congratulations	Herzlichen Glückwunsch	Father Christmas	Weihnachtsmann
contrabass	Kontrabass	favourite	bevorzugt
cookies	Kekse	February	Februar
corner	Ecke	fifteen	fünfzehn
cow	Kuh	fight	Kampf
crayons	Buntstifte	fight	kämpfen
crocodile	Krokodil	find	finden
cross	überqueren/kreuzen	finger	Finger
cry	weinen	fire department	Feuerwehr
cup	Tasse	fish	Fisch
cupboard	Schrank	fit	gesund
dance	tanzen	five	fünf
day	Tag	flower	Blume
December	Dezember	foot	Fuß
desk	Schreibtisch	fork	Gabel
delicious	lecker	forest	Wald
dinner	Abendessen	four	vier
dinosaur	Dinosaurier	fourteen	vierzehn
dish	Gericht	France	Frankreich
DJ	Plattenaufleger	French	Französisch
do	tun	Friday	Freitag
dog	Hund	fridge	Kühlschrank
doll	Puppe	frog	Frosch
dolphin	Delfin	from	von
donkey	Esel	fruit	Obst
door	Tür	garret	Dachboden
draw	zeichnen	German	Deutsch
dress	Kleid	Germany	Deutschland
drums	Schlagzeug	ghost	Gespenst
duck	Ente	giraffe	Giraffe
ear	Ohr	girl	Mädchen
Easter	Ostern	glass	Glas
egg	Ei	globe	Globus

Englisch	Deutsch
gloves	Handschuhe
go	gehen
good	gut
good afternoon	guten Tag
goodbye	auf Wiedersehen
good evening	guten Abend
good morning	guten Morgen
grandfather	Großvater
grandmother	Großmutter
gras	Gras
Great Britain	Großbritannien
green	grün
greengrocery	Obst- und Gemüsehandlung
guitar	Gitarre
hair	Haare
half	halb
Halloween	Halloween
hand	Hand
hands	Uhrzeiger
hare	Hase
harp	Harfe
have got	haben
haunted house	Geisterhaus
have lost	habe verloren
he	er
head	Kopf
heart	Herz
hedgehog	Igel
hello	hallo
hi	grüß dich
hippopotamus	Nilpferd
homework	Hausaufgaben
honey	Honig
hopscotch	Hüpfekästchen, Himmel und Hölle
horse	Pferd
hospital	Krankenhaus
house	Haus
how	wie
How are you?	Wie geht es dir?
How do you do?	Wie geht es Ihnen?
husband	Ehemann
I	ich
I'm fine, thanks.	Gut, danke.
ice	Eis
in	in

Englisch	Deutsch
in front of	vor
India	Indien
is	ist
January	Januar
July	Juli
jump	springen
June	Juni
keep	bleiben
keyboard	Keyboard
kitchen	Küche
kiwi fruit	Kiwi
knee	Knie
knife	Messer
koala bear	Koalabär
label	Etikett, Plattenfirma
leaf	Blatt
left	links
leg	Bein
lemon	Zitrone
lens	Lupe
like	mögen
lilac	lila
lion	Löwe
little	klein
living room	Wohnzimmer
locomotive	Lokomotive
lollipop	Lutscher
lorry	Lkw
lunch	Mittagessen
magic	magisch
man	Mann
map	Stadtplan
maple	Ahorn
March	März
marmelade	Orangenmarmelade
May	Mai
maybe	vielleicht
meat	Fleisch
mice	Mäuse
milk	Milch
mirror	Spiegel
Miss	Fräulein
Mister	Herr
Mistress	Frau
mobile phone	Handy
mole	Maulwurf
Monday	Montag
monkey	Affe
morning	Morgen

Englisch	Deutsch
mother	Mutter
mouse	Maus
mouth	Mund
movie	Kinofilm
museum	Museum
mushroom	Pilz
my	mein
name	Name
near	neben
neck	Hals
need	Benötigen
New Year's Eve	Silvester
next to	neben
nine	neun
nineteen	neunzehn
no	nein
noodles	Nudeln
nose	Nase
not	nicht
Not too bad.	Ganz gut.
November	November
oak	Eiche
October	Oktober
of	von
on	auf
one	eins
orange	Apfelsine
orange	orange
orange juice	Orangensaft
our	unsere
oven	Herd
over	über
over there	da drüben
paint	malen
painting	Gemälde
pair of compasses	Zirkel
pair of trousers	Hose
pan	Pfanne
parents	Eltern
parrot	Papagei
past	nach
pay	bezahlen
pen	Stift
pencil case	Federmappe
pencil sharpener	Anspitzer
penguin	Pinguin
perform	aufführen
piano	Klavier

Englisch	Deutsch
piece	Stück
pig	Schwein
pillow	Kissen
pin	Kegel
pineapple	Ananas
pink	rosa
plate	Teller
play	spielen
playground	Spielplatz
please	bitte
police department	Polizei
police man	Polizist
pop music	Popmusik
present	Geschenk
pumpkin	Kürbis
pupils	Schüler
quarter	viertel
question	Frage
rain	Regen
read	lesen
red	rot
red pepper	rote Paprika
refrigerator	Kühlschrank
reindeer	Rentier
rice	Reis
right	rechts
road	Straße
rolls	Brötchen
room	Zimmer
rose	Rose
rubber	Radiergummi
ruler	Lineal
run	rennen
salad	Salat
Saturday	Samstag
sausage	Wurst
saxophone	Saxofon
scarf	Schal
school	Schule
screen	Leinwand
seasons	Jahreszeiten
see	sehen
see you	tschüs
see you later	bis später
see you soon	bis bald
September	September
seven	sieben
seventeen	siebzehn
shark	Hai

Englisch	Deutsch
sheep	Schaf
shirt	Hemd
shoes	Schuhe
shop	Geschäft
shopping	einkaufen
shopping bag	Einkaufstasche
shopping cart	Einkaufswagen
shorts	kurze Hose
shower	Dusche
sing	singen
sink	Waschbecken
sister	Schwester
six	sechs
sixteen	sechszehn
skeleton	Skelett
skirt	Rock
skull	Totenkopf
sledge	Schlitten
sleep	schlafen
slow	langsam
sneakers	Turnschuhe
snow	Schnee
snowball	Schneeball
soap	Seife
soccer	Fußball
socks	Socken
sofa	Sofa
soft drinks	alkoholfreie Getränke
some	einige
songwriter	derjenige, der die Songs schreibt
sorry	Entschuldigung
sound	Ton oder Klang
soup	Suppe
Spanish	Spanisch
speak	sprechen
special	besonders
spider	Spinne
sponge	Schwamm
spoon	Löffel
spring	Frühling
squirrel	Eichhörnchen
stairs	Treppenhaus
stay	bleiben
straight ahead	geradeaus
strawberry	Erdbeere
street	Straße
study	Arbeitszimmer
summer	Sommer

Englisch	Deutsch
sun	Sonne
Sunday	Sonntag
supermarket	Supermarkt
sweets	Süßigkeiten
Switzerland	Schweiz
table	Tisch
talk	sprechen
taxi	Taxi
tea	Tee
teacher	Lehrer
ten	zehn
thank you	danke
thanksgiving	Thanksgiving
the	der, die, das
there	dort
these	diese
thing	Ding
thirteen	dreizehn
thirty	dreißig
this	dies
three	drei
thunderstorm	Gewitter
Thursday	Donnerstag
ticket	Eintrittskarte
tiger	Tiger
time	Zeit
to	bis
toe	Zeh
toilet	Toilette
toilet paper	Toilettenpapier
tomato	Tomate
too	auch
toothbrush	Zahnbürste
torch	Fackel
towel	Handtuch
toys	Spielsachen
tree	Baum
trick or treat	Streich oder etwas Süßes
trumpet	Trompete
Tuesday	Dienstag
turkey	Truthahn
turn	biegen
turtle	Schildkröte
TV	Fernseher
twelve	zwölf
twenty	zwanzig
two	zwei
umbrella	Regenschirm
uncle	Onkel

Englisch	Deutsch
under	unter
until	bis
Valentine'sDay	Valentinstag
vampire	Vampir
vegetable	Gemüse
very	sehr
violin	Geige
wake up	aufwachen
wash	waschen
wastebasket	Papierkorb
water	Wasser
way	Weg
weather	Wetter
Wednesday	Mittwoch
what	was, wie
where	woher, wo

Englisch	Deutsch
white	weiß
wife	Ehefrau
wind	Wind
window	Fenster
winter	Winter
witch	Hexe
wizard	Zauberer
work	arbeiten
workroom	Arbeitszimmer
years	Jahre
yellow	gelb
yes	ja
your	dein
zebra	Zebra
zoo	Zoo

Lösungen

2	5 lion	1 hippopotamus	6 tiger	3 elephant	2 parrot	4 rhinoceros
3	The elephant is in cage 3.	The parrot is in cage 2.	The tiger is in cage 6.	The rhinoceros is in cage 4.	The hippopotamus is in cage 1.
4	1 monkey	2 leopard	3 bear	4 zebra	5 koala bear	6 giraffe	7 crocodile	8 eagle
5	4 This is a zebra.	7 This is a crocodile.	2 This is a leopard.	3 This is a bear.	1 This is a monkey.	8 This in an eagle.
6	Tina is from Cologne.	Susan is from London.	Steve is from London.	Tim is from Munich.
7	* Individuelle Lösungen
8	lilac	blue	yellow	orange	green	pink	red	brown
9	
10	bedroom	study	living room	bathroom	cellar	kitchen	garret	stairs
11	living room	bathroom	study	kitchen	garret	stairs
12	false	false	true	true
13	nose	eye	mouth/lips	ear	head	glasses	hair
14	f = m	t = o	t = u	f = t	f = h – Lösungswort: mouth
15	chair, cup, table	spoon, knife, plate	glass, fork
16	In our kitchen we have got a spoon/fork/glass/plate.
17	kettle	microwave	toaster	oven	refrigerator	dishwasher
18	f = di	t = sh	f = wa	t = sh	f = er – Lösungswort: dishwasher
19	window, guitar, sofa, carpet, armchair, book, cupboard, television, painting
20	television set, sofa
21	1 curtain	2 clock	3 bookshelf	4 computer	5 mirror	6 commode	7 desk	8 pillow	9 bed
22	In my room there is a window.	In my room there is a carpet.	In my room there is a computer.
23	This is my commode.	This is my bed.	This is my mirror.
24	1 lamp	2 poster	3 dog	4 schoolbag	5 wardrobe	6 window
25	This is Bill's lamp.	This is Bill's pillow.
26	1 shower	2 bath tub	3 basin	4 mirror	5 towel	6 toilet paper	7 toilet
27	cat – Katze

28	towels | toilet | basin | toothbrush | mirror | bath tub
29	senkrecht: shower, toilet | waagerecht: mirror, basin, towel
30	a) bobby b) Tee
31	3 1 2 4
32	CD/DVD | Jeans | Cheeseburger | Hamburger | Baby | Computer | Ketchup
33	chips, shampoo, pullover
34	trumpet, drums, guitar, violin, keyboard, harp, saxophone
35	t = mu | f = s | f = ic – Lösungswort: music
36	I play the trumpet/guitar/drums/keyboard/piano.
37	microphone, DJ, dancer, singer
38	cap, shoes, scarf, shirt, pullover/sweater, sneakers, gloves, coat
39	hat true | shirt false | gloves false | skirt false
40	Monday – Montag | Tuesday – Dienstag | Wednesday – Mittwoch | Thursday – Donnerstag | Friday – Freitag | Saturday – Samstag | Sunday – Sonntag
41	Wednesday, Tuesday, Sunday, Monday, Saturday, Friday, Thursday
42	Monday, Thursday, Wednesday, Sunday, Saturday, Friday
43	On Monday I play tennis. | On Tuesday I eat a banana. | On Wednesday I go to school. | On Thursday I sleep. | On Saturday I read the news.
44	June, November, August, March | December, April, February, September | July, October, May, January
45	4 April | 5 May | 6 June | 7 July | 8 August | 9 September | 10 October | 11 November | 12 December
46	January – March | February – September | April – November | October – December
47	* Individuelle Lösungen
48	spring | summer | winter | autumn
49	Senkrecht: May, April | Waagerecht: January, August, March, July, February
50	false, false, true, true, true
51	* Individuelle Lösungen
52	comet | planet | telescope | star | moon | astronaut | sun | orbit | meteor
53	sun, rocket, star, moon
54	It is 12/8/1/7/2/10 o'clock.
55	 half past 5 a quarter to 10 3 o'clock a quarter past 9 half past 6 half past 12

56	true - false | true - false | false - false
57	a) Tim wakes up at 7 o'clock. b) He has breakfast at a quarter past 7 c) He goes to school at 8 o'clock. d) School is out at half past 12. e) He has his dinner at 7 o'clock. f) He goes to bed at 8 o'clock.
58	apple, lemon, strawberry, pineapple | orange, banana, cherry
59	mushroom, red pepper, cauliflower, carrot | salad, tomato, bean, broccoli
60	false, true, false, true
61	a) banana | b) orange | c) strawberry/cherry | d) orange
62	coke, water, orange juice, milk, coffee, tea
63	cheese, jam, honey, bread, butter, egg
64	fruit, muesli, salami, roll, yoghurt
65	For breakfast I like …(*individuelle Lösungen)
66	← turn left ↑ straight ahead ↱ turn right
67	Turn left B | Turn right A | Cross the street C | Go straight ahead D
68	true, true, false
69	go along | turn left | along
70	1A, 2C, 3B, 4D, 5E, 6F
71	go along | straight ahead | turn right | turn left
72	spring 2 | summer 4, 5, 6, 8, 9, 13 | autumn 1, 7, 11, 12 | winter 2, 10
73	Silvester: 31.12. | Weihnachten: 24.12. | Halloween: 31.10.
74	rain, cold, snow, storm, hot, wind
75	How is the weather? It's stormy | It's rainy | It's sunny.
76	Blackroad | Woodstreet | Riverstreet | Georgeplace | Blueberrystreet
77	true, false, false, false, true
78	
79	* Individuelle Lösungen

80	Good morning | Good afternoon | Good evening
81	Goodbye | Bye | Goodbye | Bye-bye
82	Bill Strawberry is 12 years old. | Jenny Davis is 38 years old. | Jenny's family name is Davis. | Mrs. Strawberry's given name is Lisa.
83	My given name is … . My family name is … . I am … years old.
84	baker, cook, gardener, farmer, policeman, fireman, postman, dentist
85	musician, hairdresser, teacher, painter
86	My hobby is playing the piano. | My hobby is playing the saxophone. | My hobby is horse riding. | My hobby is dancing.
87	singing | bicycle riding | playing football | reading a book | drawing a picture
88	one, two, three, four, five, six, seven, eight, nine, ten
89	two pins: three pins: five bananas: four bananas six bananas eight flowers: seven flowers nine flowers
90	eleven, twelve, thirteen, fourteen, fifteen, sixteen, seventeen, eighteen, nineteen, twenty, twenty-one, twenty-two, twenty-three, twenty-four, twenty-five, twenty-six, twenty-seven, twenty-eight, twenty-nine, thirty
91	8, 10, 15 | 11, 12, 14
92	The frog is green. | The banana is yellow. | The car is blue. | The strawberry is red.
93	My favourite colour is red. | My favourite colour is green. | My favourite colour is yellow.
94	The frog is green. | The dog is brown. | This rose is red. | The orange is orange.
95	false true true true false
96	Wo kann ich die Milch finden? | Was kostet die Butter? | Ich möchte gern ein Stück Käse.
95	Was kostet die Milch? | Ich möchte ein Stück Butter, bitte. | Wo kann ich den Käse finden?
98	A3, B2, C1, D4
99	four bananas | three sausages | five tomatoes
100	classroom, pupils, teacher, exercise books, desk, door, basin, sponge, chalk, poster, wastebasket, globe, chalkboard
101	This is the teacher. | This is a poster. | This is the globe. | This is a sponge. | This is the wastebasket. | This is the basin.
102	a book/an apple/a mobile phone/a calendar.
103	a brush/rubber/ruler/pocket calculator/pen/pencil/crayon.

104	
105	Ich spiele gerne Fußball. | Ich mag Katzen. | Ich mag keine Frösche. | Ich mag Peter nicht.
106	I like fireworks. | I like cherries.
107	I like french fries. | I like candy. | I like strawberries.
108	I don't like carrots. | I don't like salad. | I don't like singing.
109	Woher kommst du? Ich komme aus Deutschland. | Wie ist dein Name? Mein Name ist Lisa.
110	Deutschland – Germany | Schweiz – Switzerland | Österreich – Austria | Frankreich – France
111	I come from _____. My name is _____. I am _____ years old. (* Individuelle Lösungen)
112	* Individuelle Lösungen
113	Sprichst du Englisch? Ja, ein bisschen. | Gefällt es dir in ...? Ja, es gefällt mir sehr gut. | Wie lange bleibst du in ...?
114	holiday – Urlaub | beach – Strand | sun – Sonne | swimming – schwimmen
115	No, I don't speak French. | Yes, a little bit. | I don't speak French but I speak German.
116	waagerecht: French Spanish France English | senkrecht: German
117	* Individuelle Lösungen
118	dog – Hund | donkey – Esel | sheep – Schaf | horse – Pferd | fox – Fuchs | monkey – Affe
119	1 slide | 2 swing | 3 merry-go-round | 4 teeter-totter
120	slide – Rutsche | swing – Schaukel | teeter-totter – Wippe | merry-go-round – Karussell | playground – Spielplatz | play – spielen
121	The boy is jumping. | This girl is running. | The girls are turning. | The girls are dancing.
122	true, true, true
123	Netherlands, France, Italy, Great Britain, Switzerland, Austria, Spain
124	Germany, France, Spain, Italy, Belgium, Austria
125	A2 | B3 | C1 | D4
126	The children are having a snowball fight. | These children are playing at the playground. | The boys are playing baseball. | These boys are playing table tennis.
127	eye, car, tree, flower, car, book, computer, pen, girl, money
128	rubber, chair, wardrobe, carpet, shoe, television, armchair, table, star, sofa

129	2 french fries | 3 apples | 4 glass of milk | 5 ketchup | 6 cherries | 7 cake | 8 hamburger | 9 ice cream | 10 bananas | 11 glass of coke | 12 orange
130	1A, 2C, 3B, 4D, 5F, 6E
131	The man is standing next to his car. | The woman is lying in the bed. | The man is dancing on the table. | The man is standing behind the tree.
132	1B, 2A, 3D, 4C
133	1 snowman | 2 bell | 3 angel | 4 carolers
134	present – Geschenk | bell – Glocke | snowman – Schneemann | tree – Baum | Christmas – Weihnachten | angel – Engel | cookie – Plätzchen
135	snowman, present, Christmas
136	tree, candle, Santa Claus, present | bell, angel, sledge, reindeer
137	car – Auto | school – Schule | telephone – Telefon | ice cream – Eis
138	* Individuelle Lösungen
139	Harry Potter
140	A Valentinstag | B Ostern | C Halloween | D Weihnachten | E Silvester | F Geburtstag | G Heiligabend
141	1C, 2F, 3E, 4A, 5D, 6B
142	* Individuelle Lösungen
143	* Individuelle Lösungen
144	1D, 2B, 3A, 4C
145	birthday, present, congratulations, happy, easter
146	ghost, pumpkin, skeleton | vampire, witch, bat | b
147	flower,fairy, reindeer
148	A false, B true, C true, D false, E true
149	witch, ghost, spider, bat, pumpkin, vampire
150	crying, fighting, walking, playing
151	1 false, 2 true 3 true
152	1a, 2b
153	The girl is playing hopscotch. | The girl is taking a photo.
154	flower - flowers | shoe - shoes
155	man - men | foot - feet | child - children
156	kitchen: pan, cup, plates | living room: loudspeaker, armchair, fish tank
157	bathroom: hair dryer, soap, toothbrush | garage: wrench, screwdriver, pliers
158	teacher | student | pencil | class room | notebook | crayons | folder | eraser | paper
159	nose | eye | foot | toe | hand | arm | finger | ear | hair
160	grass, rose, forest, bed, flower
161	tree | maple leaf | birch leaf | oak leaf | beech leaf

162	Cows like to eat grass. | A rose is a flower with thorns. | A tree with this leaf is an oak tree. | A tree with this leaf is a maple tree. | Robin Hood lives in Sherwood Forest.
163	1 tent | 2 campfire | 3 backpack | 4 compass | 5 camping stove | 6 matches | 7 torch
164	1 sunflower | 2 snowdrop | 3 daisy | 4 lily of the valley | 5 rose
165	waagerecht: daisy, rose, sunflower, snowdrop, pansy, dandelion
166	1C, 2A, 3D, 4B
167	1 ship | 2 sailing ship | 3 sand castle | 4 shells
168	1A, 2D, 3B, 4C
169	1 true, 2 false, 3 true
170	1 my | 2 This is | 3 my | 5 my sister
171	1C, 2A, 3B
172	1 Are you German? | 2 Yes, I come from Germany. | 3 What is your name? | 4 My name is Jana. | 5 How old are you? | 6 I am 10 years old.
173	read a book | play the piano | write a letter | sing a song
174	pet | My pet | pet is a fish. | pet is a dog. | pet is a mouse.
175	This is a bird. | This is a cock. | This is a donkey.
176	I have got a cat/rabbit/mouse/dog.
177	Have you got a hamster/parrot/rat/rabbit? Yes, I have got …. No I don't have …
178	shy, sad, happy, proud, angry
179	traurig – sad | glücklich – happy | stolz – proud | einsam – lonely
180	1 ball | 2 ship | 3 book | 4 car | 5 rocket | 6 doll
181	My favourite toy is… | This toy is white. | This toy is red.
182	sandwich, apple, pencil case, water pistol
183	waagerecht: pencil case, pen, rubber, pencil, apple | senkrecht: book, ruler
184	B S M O G S
185	L O N D O N
186	Wie ist dein Name? | Wie geht es dir heute? | Wie alt bist du? | Woher kommst du? | Magst du die Schule? | Wie viele Haustiere hast du? | Welche ist deine Lieblingsfarbe?
187	How are you today? | Do you like school? | What is your favourite colour?
188	Wer fehlt heute? | Holt eure Bücher raus. | Lasst uns ein Lied singen. | Steht bitte auf. | Setzt euch bitte. | Seht bitte zur Tafel.
189	Bitte hört auf zu sprechen. | Nun alle zusammen. | Sprich/Sprecht bitte lauter. | Komm bitte zur Tafel.
190	1E, 2F, 3C, 4A, 5B, 6D
191	That's not correct. Das ist nicht richtig. | No, sorry. Nein. Tut mir leid. | No, try again. Nein, versuche es noch einmal. | Very good! Sehr gut! | Well done! Gut gemacht! | That's right! Das ist richtig!
192	1 husband | 2 wife | 3 brother | 4 father | 5 parents | 6 aunt | 7 uncle | 8 mother | 9 children | 10 sister
193	tightrope walker | fire eater | artist | clown

194	juggler | magician | lion tamer
195	
196	green dress | black hat | white bed sheet
197	map | treasure | ship
198	No it is not. | No it is not.
199	ferris wheel | roller coaster | merry-go-round | haunted house
200	roller coaster | haunted house | ferris wheel
201	big – small | sweet – sour | long – short | hot – cold | sad – happy | fast – slow
202	big | sweet | fast | slow
203	* Individuelle Lösungen
204	I like watching TV. | I like learning. | I like going to school. | I like listening to music.
205	* Individuelle Lösungen
206	* Individuelle Lösungen
207	1: cellar, 2: living room, 3: garret, 4: bathroom, 5: kitchen, 6: stairs, 7: study, 8: roof, 9: bedroom:
208	boiled egg | cup of coffee | glass of orange juice | toast with jam | glass of milk | croissant
209	toast | fried egg | cheese | cornflakes
210	potatoes, sausages, tomatoes, pizza, hot dog, spaghetti
211	water | orange juice | lemonade | cup of coffee | cup of tea
212	I like pizza. | I like hotdogs. | I like strawberries.
213	Can I have the butter, please? Here you are. | Pass the salt, please. Here you go.
214	tea bag, suger, lemon, cup of tea, sandwich, cookies, scone
215	teapot, tablecloth, napkin, spoon, cup, glass, plate
216	Do you like fish? Yes, I like fish. | Do you like cheese? No, I don't like cheese.
217	Do you like tomatoes? Yes, I like tomatoes. No, I don't like tomatoes. | Do you like cheese? Yes, I like cheese. No, I don't like cheese. | Do you like eggs? Yes, I like eggs. No, I don't like eggs. | Do you like coffee? Yes, I like coffee. No, I don't like coffee.
218	Schuhe des Mädchens, Position Junge, Farbe im Schriftzug "Fun House", Farbe des Zeltes, Ballonverkäufer hinter Junge
219	Farbe der Röhre, Farbe des Gerüsts, Farbe der Bälle die außerhalb liegen, Farben der Schuhe im Schuhregal
220	three pigs | one cat | one dog | one horse | four chickens/cocks | one sheep
221	At the farm there is a cow/pig/donkey/mouse/duck.
222	Frosch, Hase, Eichhörnchen, Schlange

223	goat, hedgehog, bird, ant
224	1 lion | 2 monkey | 3 giraffe | 4 elephant | 5 bear | 6 hippopotamus
225	giraffes: four | monkeys: six | elephants: three | lions: three | bears: three
226	two legs | two feet | two ears | two eyes | two hands | one mouth | ten fingers | ten toes | one nose
227	1 leg | 2 knee | 3 foot | 4 head | 5 hair | 6 neck | 7 toe | 8 finger | 9 hand | 10 arm | 11 ear | 12 nose | 13 eye | 14 mouth
228	1 hair | 2 eye | 3 ear | 4 mouth | 5 leg | 6 foot | 7 finger | 8 arm | 9 nose
229	1 snowman | 2 snowball | 3 sledge | 4 ski
230	cold, snow, ice, scarf
231	Ich habe mich verlaufen. Können Sie mir bitte den Weg zeigen? | Können Sie mir bitte helfen?
232	Sprechen Sie bitte langsam. Entschuldigung, ich verstehe Sie nicht.
233	pony | cow | horse | pig | goat | sheep | duck | rabbit | chicken
234	1 rain | 2 It's raining. | 3 sun | 4 wind | 5 clouds | 6 umbrella | 7 snow
235	1B, 2A, 3C, 4D
236	1 ball | 2 car | 3 teddy bear | 4 clown | 5 dolphin | 6 dinosaur | 7 airplane | 8 video game | 9 lorry | 10 cards | 11 pins | 12 locomotive | 13 balloon | 14 lens | 15 doll | 16 robot
237	1 witch | 2 ghost | 3 magic book | 4 skull | 5 wizard
238	This is a wand. | This is a crystal ball. | This is the hat of a wizard.
239	1 Lies bitte dieses Wort vor. | 2 Schließt bitte eure Bücher. | 3 Male den Frosch grün aus. | 4 Zeichne bitte eine Kuh.
240	1 Sehr gut! | 2 Versuche es bitte noch einmal. | 3 Das ist richtig. | 4 Hör(t) bitte auf zu reden!
241	1 Goodbye. | 2 Bye bye. | 3 See you soon. | 4 See you later.
242	1 Meine Eltern und ich wohnen im … Hotel. | 2 Können Sie mich bitte zur nächsten Polizeiwache bringen?
243	1 Wie ist deine Telefonnummer? | 2 fünf fünf sechs acht vier eins
244	1 Wie geht es Ihnen? | 2 Gut, danke | 3 Möchten Sie ein Sandwich? | 4 Nein danke. Ich bin nicht hungrig.
245	1 Supermarkt | 2 Metzger/Fleischer | 3 Bäckerei | 4 Gemüsehändler
246	rolls, meat, vegetables, bread, sausages, fruits
247	1C, 2A, 3B, 4D
248	1d, 2a, 3c, 4b
249	robin, crow, finch, eagle, vulture, flamingo, duck, bluejay, cardinal, hummingbird, hawk, heron, loon, swan, woodpecker, owl, sparrows, pelican, goose, chicken
250	bicycle | traffic light | stop sign | car | bus
251	1 bus | 1 bicycle | 2 airplane | 3 street | 4 car | 5 stop | 6 train | 7 station
252	sun, seashell, crab, pelican, ocean, fish, waves, sand, tide
253	ant, flies, ladybug, dragonfly, bee, spider, mosquito, grasshopper, roach, beetle, fireflies, butterfly

*Die Lösungen dieser Aufgaben sind individuell unterschiedlich, weil hier individuelle Angaben gemacht werden.